国民财富
与国际经济博弈

袁永科◎著

知识产权出版社
全国百佳图书出版单位
—北京—

图书在版编目（CIP）数据

国民财富与国际经济博弈/袁永科著. —北京：知识产权出版社，2021.5
ISBN 978-7-5130-7498-8

Ⅰ.①国… Ⅱ.①袁… Ⅲ.①国际经济—研究 Ⅳ.①F113

中国版本图书馆 CIP 数据核字（2021）第 068988 号

内容提要

本书以知识经济为背景，以当代国际经济秩序发生深刻变化为契机，运用知识转化与知识管理，对国民财富的性质和原因进行了深入分析，对国际经济交流活动的本质和原因进行了知识探索，将显性知识以及寄其于身的人力资源作为国民财富的根本和国际经济交流活动的动因，对国际贸易、国际投资及国际金融和国际组织等方面分别进行了介绍，从知识的角度对绝对优势、比较优势、要素禀赋、新要素理论及现代贸易理论和国际经济博弈等进行了重新阐释。本书内容浅显易懂，适合初学者和业余爱好者以及国际经济学专业的本科生等学习。

责任编辑：韩 冰 李 瑾	责任校对：谷 洋
封面设计：回归线（北京）文化传媒有限公司	责任印制：孙婷婷

国民财富与国际经济博弈

袁永科 著

出版发行：知识产权出版社有限责任公司	网　　址：http://www.ipph.cn
社　　址：北京市海淀区气象路 50 号院	邮　　编：100081
责编电话：010-82000860 转 8126	责编邮箱：hanbing@cnipr.com
发行电话：010-82000860 转 8101/8102	发行传真：010-82000893/82005070/82000270
印　　刷：北京九州迅驰传媒文化有限公司	经　　销：各大网上书店、新华书店及相关专业书店
开　　本：787mm×1092mm 1/16	印　　张：16
版　　次：2021 年 5 月第 1 版	印　　次：2021 年 5 月第 1 次印刷
字　　数：340 千字	定　　价：69.00 元
ISBN 978-7-5130-7498-8	

出版权专有　侵权必究
如有印装质量问题，本社负责调换。

目 录

第1章 总 论 ··········· 1
1.1 国际经济交往与战争伴随 ··········· 1
1.1.1 "一带一路"的雏形 ··········· 2
1.1.2 全球化的第一波浪潮(19世纪—1914年) ··········· 2
1.1.3 第二波、第三波全球化浪潮 ··········· 3
1.1.4 全球化4.0与经济博弈 ··········· 4
1.2 国际经济交往的关键词 ··········· 4
1.2.1 分工 ··········· 4
1.2.2 资本积累 ··········· 5
1.2.3 规模经济 ··········· 6
1.2.4 创新 ··········· 7
1.2.5 制度 ··········· 8
1.3 知识、知识管理与知识经济 ··········· 9
1.3.1 数据、信息与知识 ··········· 9
1.3.2 知识分类与转化 ··········· 10
1.3.3 知识管理与实践 ··········· 14
1.3.4 知识经济 ··········· 16
1.4 显性知识与经济博弈 ··········· 20
1.4.1 显性知识及其实现 ··········· 20
1.4.2 知识地图 ··········· 21
1.4.3 国际经济博弈与消费拉动的内循环 ··········· 23

第2章 经济学的显性知识 ··········· 26
2.1 消费者行为理论 ··········· 26
2.1.1 基数效用和序数效用 ··········· 26
2.1.2 无差异曲线 ··········· 33
2.1.3 预算线 ··········· 38
2.1.4 替代效应和收入效应 ··········· 40

2.2 生产者行为理论 44
2.2.1 生产理论 44
2.2.2 成本理论 53
2.2.3 收益与利润最大化 64
2.2.4 常见生产函数 66
2.3 供需理论 67
2.3.1 需求曲线 68
2.3.2 供给曲线 70
2.3.3 均衡 72
2.4 市场结构理论 77
2.4.1 完全竞争市场 77
2.4.2 完全垄断市场 79
2.4.3 垄断竞争市场 81
2.4.4 寡头垄断市场 83

第3章 国民财富的表现和本质 86
3.1 传统国际经济学理论发展简介 86
3.1.1 传统国际贸易理论的发展及其阶段划分 86
3.1.2 国际资本理论的发展简介 89
3.2 国民财富的表现 91
3.2.1 贵重金属与重商主义 92
3.2.2 显性知识与优势理论、相互需求理论 100
3.2.3 显性知识、要素禀赋理论与多要素理论 106
3.2.4 美好的前景：国内差距减小，国际差异均等化 119
3.3 新古典国际贸易理论的碰壁之路 119
3.3.1 列昂惕夫之谜 120
3.3.2 工资差距扩大之谜 123
3.3.3 产业内贸易之谜 125
3.3.4 解谜之路 130
3.4 国民财富的本质 133
3.4.1 人力资本说 133
3.4.2 供给角度下的国际贸易及其收益 134
3.4.3 需求角度下的国际贸易与国民利益 136

第4章 国民财富的转化 139
4.1 国民财富的外化 139
4.1.1 就业率 140

	4.1.2	价格	142
	4.1.3	通货膨胀	150
	4.1.4	国内生产总值	153
4.2	国民财富的内化		155
	4.2.1	汇率	155
	4.2.2	外汇储备	159
	4.2.3	特别提款权	162
4.3	利率平价与购买力平价		168
	4.3.1	利率平价	169
	4.3.2	绝对购买力平价	170
	4.3.3	相对购买力平价	171

第5章 国际经济学实践与知识外溢 173

5.1	国际贸易壁垒		173
	5.1.1	关税	173
	5.1.2	配额	179
	5.1.3	其他非关税壁垒	182
	5.1.4	贸易保护主义	186
5.2	国际要素流动		190
	5.2.1	国际贸易与经济增长	190
	5.2.2	生产要素的国际流动	193
5.3	国际投资		196
	5.3.1	国际投资简述	196
	5.3.2	国际投资新动向	198
	5.3.3	国际直接投资的主要方式	200
5.4	国际收支		203
	5.4.1	贸易收支的弹性	203
	5.4.2	弹性和 J 曲线	204
	5.4.3	汇率的贸易平衡	205

第6章 国际经济博弈 206

6.1	中美贸易与智猪博弈		206
	6.1.1	博弈模型	207
	6.1.2	中美贸易博弈	208
	6.1.3	智猪博弈	210
6.2	囚徒困境与国际经济法律制度		213
	6.2.1	囚徒困境	213

- 6.2.2 国际经济交往的囚徒困境——关税博弈 · 214
- 6.2.3 约束机制 · 215
- 6.3 文化博弈 · 217
  - 6.3.1 国际文化博弈的类型和现状 · 217
  - 6.3.2 博弈措施 · 219
  - 6.3.3 海外版抖音 TikTok 的博弈 · 220

第7章 国际组织与知识管理 · 223

- 7.1 特惠贸易与经济增长 · 223
  - 7.1.1 特惠贸易协定与知识共享 · 223
  - 7.1.2 北美自由贸易协定 · 225
  - 7.1.3 欧盟 · 228
- 7.2 世界银行 · 229
  - 7.2.1 宗旨原则 · 230
  - 7.2.2 股份原则 · 230
  - 7.2.3 资金来源 · 231
  - 7.2.4 主要目标 · 231
  - 7.2.5 理事会 · 232
- 7.3 国际货币基金组织 · 233
  - 7.3.1 组织宗旨 · 233
  - 7.3.2 会员资格 · 234
  - 7.3.3 议事规则 · 235
  - 7.3.4 运营资金 · 235
  - 7.3.5 组织机构 · 236
- 7.4 世界贸易组织 · 236
  - 7.4.1 历史沿革 · 236
  - 7.4.2 组织宗旨 · 237
  - 7.4.3 组织机构 · 238
  - 7.4.4 基本职能 · 239
  - 7.4.5 基本原则 · 240
  - 7.4.6 权利和义务 · 243
  - 7.4.7 法律框架 · 243
  - 7.4.8 争端解决 · 244

参考文献 · 245

第1章 总 论

学习目标
- 了解经济学的思想回顾
- 掌握生产要素的概念
- 了解数据、信息与知识
- 掌握知识的分类与转化

1.1 国际经济交往与战争伴随

在《旧唐书·魏征传》里，唐太宗李世民说过这样一句话："夫以铜为镜，可以正衣冠；以史为镜，可以知兴替；以人为镜，可以明得失。"我们学习国际经济学，首先要回顾历史中的国际经济交往，从而知道其中的兴替道理。

"一带一路"是"丝绸之路经济带"和"21世纪海上丝绸之路"的简称，2013年9月和10月中华人民共和国主席习近平分别提出建设"丝绸之路经济带"和"21世纪海上丝绸之路"的合作倡议。依靠中国与有关国家既有的双多边机制，借助既有的、行之有效的区域合作平台，"一带一路"旨在借用古代丝绸之路的历史符号，高举和平发展的旗帜，积极发展与沿线国家的经济合作伙伴关系，共同打造政治互信、经济融合、文化包容的利益共同体、命运共同体和责任共同体。

2019年，我国企业在"一带一路"沿线对56个国家非金融类直接投资150.4亿美元，占同期总额的13.6%，主要投向新加坡、越南、老挝、印度尼西亚、巴基斯坦、泰国、马来西亚、阿联酋、柬埔寨和哈萨克斯坦等国家。

对外承包工程方面，我国企业在"一带一路"沿线的62个国家新签对外承包工程项目合同6944份，新签合同额1548.9亿美元，占同期我国对外承包工程新签合同额的59.5%，同比增长23.1%；完成营业额979.8亿美元，占同期总额的56.7%，同比增长9.7%。

1.1.1 "一带一路"的雏形

1. 丝绸之路（公元前 1—公元 5 世纪，公元 13—14 世纪）

公元前 1 世纪，来自中国的奢侈品开始出现在欧亚大陆的另一端——罗马。货物经过几千公里的颠簸，途经丝绸之路，辗转来到目的地。自此，贸易不再局限于某个地区，逐渐变成了全球性的活动。对于贸易的参与者来说，最初的买入价和最终的卖出价常常会相差数十倍。

丝绸之路和国家的命运息息相关。几个世纪之后，丝绸之路繁荣不再，两大帝国也失去了往日的荣光。马可·波罗所记载的丝绸之路之所以能够在中世纪重新繁荣起来，有赖于蒙古帝国的崛起。这也正是我们在贸易史中常常见到的图景：贸易得到国家保护，就能够繁荣昌盛；否则，贸易将会衰败。

2. 香料之路（公元 7—15 世纪）

公元 7 世纪，新生的伊斯兰教从阿拉伯腹地向世界各地传播，贸易也随之繁荣起来。在中世纪，阿拉伯商人的主要贸易货物是香料。与丝绸不同，自古以来香料都是由水路运输的。在各种香料中，来自传说中的香料之岛——印度尼西亚的马鲁古岛的丁香和肉豆蔻是最主要的贸易货物。

欧洲对于这些香料的需求量同样巨大，价格自然也水涨船高。但在当时，香料和丝绸同属奢侈品，因此贸易总额一直较低。严格来说，全球化也并非从此时起源，但东西方之间的"一带（水路运输线路）一路（陆上丝绸之路）"已经初见雏形。

1.1.2 全球化的第一波浪潮（19 世纪—1914 年）

18 世纪末，英国不仅在地理上成为全球霸主，建立起"日不落帝国"，还凭借蒸汽机、工业纺织机等新的发明，在科学技术方面领先全球。这是第一次工业革命的时代。

19 世纪早期，全球出口贸易仅占全球 GDP 的 6%，而到 1914 年第一次世界大战前夕，这一数字提高到了 14%。

著名经济学家凯恩斯说过："伦敦的居民可以边在床上享用早茶，边打电话预订各种各样的产品，自由地决定数量。不仅如此，他们大可期待这些产品很快就会出现在家门口的台阶上。"凯恩斯还提到，在投资行业，情况也大体类似。这意味着，纽约、巴黎、伦敦或者柏林的投资者能够同时对同一家活跃的跨国公司进行投资。法国的苏伊士公司即是其中一例。

苏伊士公司承担了苏伊士运河的建设，将地中海和印度洋连接了起来，打通了全球贸易的新通路。其他跨国公司还在印度建造了铁路，在非洲殖民地开采矿物。外国直接投资也出现了全球化的趋势。

英国是从全球化中受益最大的国家,其资本和技术实力最强;其他国家通过出口货物,也获益颇丰。19世纪70年代,冷藏船的发明让阿根廷、乌拉圭等国进入了黄金年代,这些国家大量出口本土养殖的牛所产出的牛肉;其他国家也开始在其最具竞争力的领域进行专业化生产。

到1900年,非洲大陆独立的国家仅剩埃塞俄比亚。印度、中国、墨西哥、日本等曾经的贸易大国,纷纷无力或无法适应工业化、全球化的潮流。

在已经完成工业化的国家之中,仍然有很多工人无法从全球化中获益:他们的工作被机器所取代,他们的产出被廉价的外国进口产品所排挤。

这一局面只可能导向严重的危机。1914年第一次世界大战爆发,西方上流社会所依赖、习惯的一切都被摧毁,全球化自然也包括在内。

1.1.3 第二波、第三波全球化浪潮

1939—1945年,人类经历了第二次世界大战。"二战"结束时,贸易仅占全球各国国内生产总值(GDP)的5%——人类已经有100年没有见过这么低的数字了。

第二次世界大战的终结标志着新的全球经济体系的开端。在新的全球霸主美国的领导之下,伴随着第二次工业革命的技术革新(如汽车、飞机等),全球贸易重新回暖。

从整个世界来看,贸易重回1914年水平:1989年全球贸易总额占全球各国GDP的14%。这一时期,西方中产阶级的收入也显著提高。柏林墙倒塌,西方和东方之间的界线被打破;苏联不久之后解体。至此,全球化的影响力真正做到了无处不在。世界贸易组织(WTO)鼓励世界各国加入,大多数成员也纷纷签署了WTO自由贸易协定,甚至包括刚刚完成独立的国家。

2001年,中国加入了世界贸易组织,开始成为"世界工厂"。在这个"新"世界中,美国成为主导,但其他国家也能从中受益。

与此同时,第三次工业革命也带来了全新的科学技术——互联网。互联网能够将全世界的人们更加直接地连接在一起。凯恩斯在1914年曾设想用电话下订单,而互联网能够更加快捷地完成这一任务。

在过去,货物要几周才能送到,而如今可能只需要几天甚至更短的时间。不仅如此,互联网还能让全球价值链进一步整合:企业可以在一国完成研发,在另一国获得原材料,而生产和销售同样也可以在其他国家完成。

互联网的出现使得全球化又向前迈进了一步。21世纪伊始,全球出口贸易占全球各国GDP的25%,这是一个里程碑式的数字;而全球进出口贸易总额更是占全球各国GDP的50%。

在新加坡、比利时等国，贸易总额甚至比GDP还要多。世界上绝大部分人能够从全球化中受益。成千上万的人通过参与全球经济体系获得了大量财富，使得中产阶级空前壮大。

过去50年中，美国贸易额、世界贸易额均大幅增长。2016年，美国贸易总额占其GDP的1/3，世界贸易总额约占全球总GDP的50%。

1.1.4 全球化4.0与经济博弈

新的全球化浪潮正在席卷而来。世界贸易由两大力量主导：美国和中国。在新一轮全球化浪潮中，网络世界成了前沿阵地。

全球化浪潮不断迫近，世界上很多人却选择对全球化说"不"。在西方国家，这种现象尤其明显。尽管经济增长速度更快、产品价格更低廉，但很多中产阶级对当下的政治和经济体制及其所带来的经济不平等、社会不安定感到厌烦，有的国家还接收了大量移民，更加剧了人们的不满。鼓吹保护主义、贸易战的言论在很多国家甚嚣尘上，移民问题也不容小视。

全球出口贸易总额占全球GDP的百分比不升反降，而作为政治意识形态的"全球主义"（即每个人都应当以"国"的视野看待问题）也日渐式微。

传统国际经济学认为的贸易共赢哪儿去了？本教材将以知识经济为背景，以显性知识为国家财富，以博弈为手段分析国际贸易的动因、利益分配、经济增长与福利，国际经济活动在各国国民收入中的决定作用以及内外均衡和调节等。

1.2 国际经济交往的关键词

铁会生锈，木会腐朽。纱不用来织或编，会成为废棉。或劳动必须抓住这些东西，使它们由死复生，使它们从仅仅是可能的使用价值变为现实的和起作用的使用价值。它们被劳动的火焰笼罩着，被当作劳动自己的躯体，被赋予活力以在劳动过程中执行与它们的概念和职务相适合的职能。——马克思《资本论》

1.2.1 分工

古典政治经济学中，首先对经济增长问题做出全面系统分析的是亚当·斯密。斯密在其著作《国民财富的性质和原因的研究》（简称《国富论》）中主要论述了两个问题：第一，什么是国民财富，当时重商主义占统治地位，他们认为只有金、银等贵重金属及其制成的货币才是财富，而其他工农业产品都不能算是财富；第二，如果工农业产品也是财富，那么使得这些财富产生和增加的原因有哪些。这第二个问题应该说是《国富论》最主要的论题。斯密认为：经济增长主要是国民财富的增长，而国民财富的增长取决于两个条件，即劳动生产率和从事生产劳动的人数。生产劳动人数增加有赖于全社会的人口增加，这是一个比较缓慢的过程，因而要在短期内达到经济增长的目的就必须从提高劳动生产率入手。从 18 世纪中期情况看，科学技术的发展还比较缓慢，科技对经济增长的作用还不十分明显，所以斯密提出了通过分工来提高劳动生产率，从而促使经济增长。斯密认为，即使在生产技术不变的情况下，在一个人数密集的劳动现场，只要进行合理的分工就能大大提高劳动生产率，劳动生产率最大的增进，以及运用劳动时所表现的更大的熟练、技巧和判断，似乎都是分工的结果。他以其家乡小镇扣针生产为例，说明了在扣针生产中分工能够使生产效率提高数百倍。

分工为什么会大大提高劳动生产率？或者说为什么有了分工，相同数量的劳动者就能完成比过去多得多的工作量呢？斯密进一步分析：第一，劳动者专业化分工就只需要掌握由他负责的那一道工序的技巧，其他工序由别人负责，这就更加有利于劳动者的技术熟练；第二，由一种工作转到另一种工作，通常须损失不少时间，有了分工就可以免除这种损失；第三，分工可以把原先较复杂的劳动过程分解为许多简单的动作，从而便于机械的使用和发明，使产量成倍增长。分工的细致与否要受到市场范围的制约，斯密认为，市场范围越大分工就越细致，劳动生产率就越高，经济也就越发展。而市场范围主要取决于人口的密度和运输的花费。人口密度越高则市场越大，这就说明了分工为什么都是首先在大都市进行的；而在人迹稀少的乡村，一个农夫往往是既兼屠夫、烙面师，又兼酿酒人。在运输上，当时水路运输已经非常发达，水运要比陆运便宜得多，这就是分工往往产生于沿河沿海一带的原因。

1.2.2 资本积累

资本积累是古典经济学家认识到的引起经济增长的又一重要因素，资本积累对经济增长的重要性，斯密在《国富论》中已有很多阐述。

斯密认为，从事物的本性看，资财的蓄积，必须在分工之前。预蓄的资财越丰裕，分工就能按比例越细密；而分工越细密，同一数量工人所能加工的材料就能按更大的比例增加。那么，资本积累受哪些因素的影响？一个国家如何使本国的资本积累加快？这是李嘉图在其主要著作《政治经济学及赋税原理》中的主要论题。

李嘉图认为，由于土地的数量有限，加大在土地上的劳动投入其报酬是递减的。但在工业上情况却不一样，除开农产品和劳动以外，一切商品的自然价格在财富和人口发展时都有下降的趋势，因为从某种程度来说，它们的实际价值虽然会由于制造它们所用的原料的自然价格上涨而增加,但机器的改良、劳动分工和分配的改进,生产者在科学和技艺两方面熟练程度的提高,却可以抵消这种趋势而有余。在李嘉图看来,生产发展的长期趋势是:工业生产的报酬渐增,农业生产的报酬渐减,资本积累的扩大是工业生产增长的基础,也是国民财富增长的根本原因。更多的资本可以使更多的劳动投入工业生产,创造更多的国民财富。

李嘉图进一步从赋税的角度来论证增加资本的途径。他认为:国家税赋不应加在那些带来国民财富增长的生产因素上,例如资本是带来经济增长的最重要的因素,如果对资本课税,就必然降低资本的利润,而新的投资正是由利润转化而来的,利润的降低就必然带来投资的减少,最后使得经济增长下降,所以对资本的课税是很不恰当的。那么是否应对工资课税呢?李嘉图认为,在市场竞争下,从长远看工资只能刚刚维持工人的最低生活,如果对工资课税,工人凭现有工资就无法生活,要继续和扩大生产,工厂主就会被迫给工人增加工资,这样对劳动工资的课税最终还是转嫁到了资本利润上。那么什么是最佳的课税对象呢?李嘉图认为是地主的地租。在当时的英国,地租主要是用来维持地主个人及其家庭的奢侈消费,对国民财富的增长起不到什么积极的作用。而且对地租课税,地主无法转嫁,它不可能像工资那样转嫁到资本和利润上面。另外,经济增长,国民财富的增加,地主是最大的受益者。生产发展了,人口就会增加,人口增加粮食价格就要上涨,粮食价格上涨必然引起地租上升。一般来说,生产发展了,工业品价格反而会下降,这样地主以增加了的地租去购买降了价的工业品,他们从经济增长中得到的好处最多,以地租为最合适的课税对象就是理所当然的了。从道德上看,李嘉图认为,工资和利润是工人和投资者辛苦所得,而地租则是一种坐享其成的收益,地主既不用投资,也不用自己辛苦,可见对地租课税是符合一般道德原则的。由于粮价的高低直接影响着工资的高低,而工资的高低又直接关系着利润的高低,利润的高低又决定着进一步投资的多少和经济增长的快慢,为此政府的政策应该有利于降低粮价,以保证经济的增长。在当时的英国土地有限,粮价很高,但政府仍对进口粮食课以高额关税,这就严重妨碍了资本的积累和经济的增长,李嘉图大声疾呼必须改变这种状况。

1.2.3 规模经济

约翰·穆勒是19世纪中期英国著名的政治经济学家,他是古典经济学和新古典经济学之间承前启后的人物。穆勒继承了斯密和李嘉图的传统,非常重视经济增长问题,他认为:"在政治经济学中,没有什么比弄清生产增长的规律,生产增长所依赖的条件,生产的增长是否实际存在限制,它受什么限制更重要的问题。"穆勒认为,社会经济发展具有三个特征:第一特征表现为人类支配自然能力的增加;第二个特征是人身及财产的安全和自由支配权的增加;第三个特征是合作能力的增加。穆勒认为合作对于提高生产力尤为重要。合作分为简单合作和复杂合作两种形式。简单合作是许多人在同一职业中互相帮助而形成的合作，复杂合作是许多人在不同的职业中互相帮助而形成的合作，穆勒把它称为"分业"。他认为分业不仅是工业文明的基础，而且对生产的影响更具有根本的意义。从合作原理中，穆勒推演出了大规模生产可以促进经济增长的结论。为了使劳动获得最大效率，必须有足够的劳动者进行合作，企业的规模必须能够容纳这些劳动者，资本的数量也必须足以维持这么多工人。因此大规模生产是经济发展的必然趋势和结果。企业规模的扩大有利于劳动分工，当生产规模扩大到一定程度时，还会使每个适宜从事专门工作的人的工作达到饱和状态，从而取得良好的效果。企业规模的扩大，有利于大型机械的采用，只有大企业才具有配备这种机器所需的大笔资金，并使这些机器的生产能力得到充分的发挥。企业规模的扩大还有利于节省管理企业的劳动，降低生产成本，从而大大提高企业的竞争能力。

穆勒已经十分清楚地看到了规模经济在工业和农业中的作用。他特别分析了股份公司的发展在扩大企业规模中的意义。他认为一个国家能否用大生产代替小生产方式取决于市场的规模、商业信用和企业家精神，"如果一个国家存在广大的市场，商业信用和创业精神……那么各个产业部门便会越来越强烈地显露出大企业代替小企业的趋势"。

1.2.4 创新

约翰·穆勒之后，西方经济学开始从古典经济学进入新古典经济学时期。新古典经济学引入了边际分析方法，人们把主要精力放在用边际分析工具来考察市场价格决定、现有资源的合理配置以及收入分配问题，大多数不再研究经济增长问题。熊彼特是一个很特殊的经济学家，他既深受马克思主义的影响，又推崇新古典经济学的创始人庞巴维克和瓦尔拉斯的理论，从而形成了既不同于马克思主义又不同于新古典经济学的熊彼特经济学。与新古典经济学不同，熊彼特把经济增长问题放在很重要的位置。他认为经济增长的主要动力来源于企业家的创新，没有创新，经济增长就没有动力，最终会停顿。他把创新概括为五类：①将以往消费者所不知道的新商品引进市场，即产品的创新；②采用以往其他产业不曾尝试的新技术，即技术创新；③开拓以往不曾涉足的新市场，即新市场的开拓；④建制新原料或半成品的供给来源；⑤形成垄断以实施新的产业组织。熊彼特认为，创新是企业家的基本行为，没有创新精神的企业经营者不能称为企业家。企业家创新的动力来源于两个方面：一是对高额利润的追求，二是超越利润出于事业心的"企业家精神"。所谓"企业家精神"，就是企业家的"首创精神"、甘冒风险的大无畏精神和企业家的"成功欲"。企业家"有征服的意志，战斗的冲动，证明自己比别人优越的冲动，他们求得成功不是为了成功的果实，而是为了成功本身"；企业家"有创造的欢乐，把事情办成的欢乐，或者只是施展个人的能力和智慧的欢乐。……寻找困难，为改革而改变，以冒险为乐事"，企业家"为他的成功，与其说是敏锐和精力充沛，不如说是某种精细，他能抓住眼前的机会"。创新是企业家职能的实现，是企业家精神的发挥；创新可以充分利用生产要素的作用，提高生产效率。尤其重要的是，创新先发生于个别企业，因而可以产生垄断利润或超额利润，而利润和垄断的出现，打破了经济生活的"循环流转"，使静态的经济变成动态的经济，使简单再生产的静态均衡变成动态均衡，从而使经济生活进入资本主义经济发展过程。可见，创新是经济发展和资本主义产生的关键。

1.2.5 制度

第二次世界大战结束后，战后经济重建问题引起了经济学家对经济增长的再度重视。战后一批西方经济学者开始对殖民地和当时从殖民地独立出来的发展中国家的经济增长问题产生了兴趣，他们把传统西方经济学理论生硬地移植到发展中国家的经济增长问题研究中去，因而效果不太令人满意。

进入20世纪70年代以后，以科斯为代表的新制度经济学在西方兴起，他们从崭新的角度来研究经济增长问题。一般而言，在以往各派有关经济增长的模型中，制度因素总是被排除在外，即将制度视为已知的、既定的或将制度因素作为"外生变量"，而主要是通过各种物质生产要素的变化去说明生产率的变化和经济增长与否。

但在新制度经济学看来，分工、资本积累等这些本身就是经济增长，产业革命不是现代经济增长的原因之所在，而恰恰是经济增长的结果。那么经济增长的原因应该从哪里去寻找呢？新制度经济学认为：经济增长的原因应该从经济系统以外的制度原因去寻找。诺贝尔经济学奖获得者诺斯和托马斯在《西方世界的兴起》一书中开门见山地指出，"有效率的经济组织是经济增长的关键，一个有效率的经济组织在西欧的发展正是西方兴起的原因所在"。而有效率的组织的产生需要在制度上做出安排和确立产权以便对人们的经济活动造成一种激励效应。一个社会如果没有实现经济增长，那就是因为该社会没有给经济上的创新活动提供激励，即没有从制度方面去保证创新活动的行为主体应该得到的最低限度的报偿或好处。诺斯和托马斯还从历史的角度证明了这样一种情况，即技术条件基本不变时，只要经济制度发生变化，生产率也能提高，经济也能增长。他们以1600—1850年世界海洋运输的生产率有了很大的提高为例，经过对海洋运输成本的多方面的统计分析发现，尽管这一时期海洋运输技术没有大的变化，但由于海洋运输制度、船运制度和市场制度发生了变化，使得海洋运输更加安全，从而降低了海洋运输成本，最终使得海洋运输生产率大大提高。由此看出，制度安排也能对经济增长做出重大贡献。

1.3 知识、知识管理与知识经济

如今，世界上的著名公司都越来越重无形资产而轻有形资产，或者说越来越重知识而轻库存——关于成功的整个定义都已发生变化。知识经济是人类文明的又一次曙光。在知识经济时代，占主导地位的资源和生产要素不再是一般劳动力，也不是资本，而是知识，拥有和运用知识成为这个时代发展的真正动力。

1.3.1 数据、信息与知识

数据是记录客观事物的、可以鉴别的符号，这些符号不仅指数字，而且包括字符、文字、图形等；数据经过处理仍然是数据。处理数据是为了便于更好地解释，只有经过解释，数据才有意义，才成为信息；可以说信息是经过加工以后并对客观世界产生影响的数据。信息是对客观世界各种事物的特征的反映，是关于客观事实的可通信的知识。所谓知识，就是反映各种事物的信息进入人们大脑，对神经细胞产生作用后留下的痕迹。知识是由信息形成的。在管理过程中，对同一数据，每个人的解释可能不同，其对决策的影响可能不同。决策者利用经过处理的数据做出决策，可能成功，也可能失败，这里的关键在于对数据的解释是否正确，即是否正确地运用知识对数据做出解释，以得到准确的信息。

1）数据。反映客观事物运动状态的信号通过感觉器官或观测仪器感知，形成了文本、数字、事实或图像等形式的数据。它是最原始的记录，未被加工解释，没有回答特定的问题。它反映了客观事物的某种运动状态，除此以外没有其他意义；它与其他数据之间没有建立相互联系，是分散和孤立的。数据是客观事物被大脑感知的最初的印象，是客观事物与大脑最浅层次相互作用的结果。

2）信息。大脑对数据进行加工处理，使数据之间建立相互联系，形成回答了某个特定问题的文本，以及被解释具有某些意义的数字、事实、图像等形式的信息。

3）知识。特殊背景下，人们在头脑中将数据与信息、信息与信息在行动中的应用之间所建立的有意义的联系，体现了信息的本质、原则和经验。它是人所拥有的真理和信念、视角和概念、判断和预期、方法论和技能等；能够积极地指导任务的执行和管理，进行决策和解决问题。它是这样一种模式，当它再次被描述或被发现时，通常要为它提供一种可预测的更高的层次。也就是说，当人们将知识与其他知识、信息、数据在行动中的应用之间建立起有意义的联系时，就创造出新的更高层次的知识。

4)智慧。智慧是人类所表现出来的一种独有的能力,主要表现为收集、加工、应用、传播信息和知识的能力,以及对事物发展的前瞻性看法。它是一种推测的、非确定性的和非随机的过程,是对更多的基本原理的理解。这种原理包含在知识中,而这种知识本质上是理解知识是什么的基础,回答人们难以得到甚至无法得到答案的问题。它以知识为基础,随着所具有的知识层次的提高,人们的智慧向更高的层次发展。

关于数据、信息和知识的区分,可以参见下面的例子。将一批工件的加工尺寸的测量数据按加工时间先后画在一个表上,形成了一张加工尺寸控制图,可以从图中看到加工尺寸的变化规律与机床加工精度或刀具磨损情况的关系,那么就可能得到这样的一些知识,如"加工尺寸的逐渐增大是刀具磨损所导致的,当增大到某值时,需要对刀具进行修理"。在图1-1中,采用一种金字塔状的简化模型对此进行了描述。

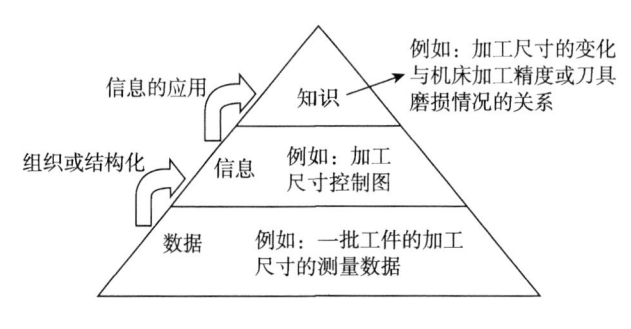

图1-1 数据、信息和知识的关系

1.3.2 知识分类与转化

知识分类的最大好处就是容易处理,容易分而化之。不同的类别采用不同的策略,既体现了具体情况具体分析的科学观点,又不乏统筹处理的效率精神。表1-1是我们总结的知识分类。

表1-1 知识分类的原则、类别和含义

分类原则	类别	含义
抽象程度	实践知识	通过实际执行、工作,而获得的较为直接的经验、方法、技巧等
	理论知识	利用科学、客观的方法,对实践活动进行分析、归纳后得出规律性、法则性的知识
可呈现度	显性知识	可以用文字、语言、图形等表达形式清晰说明的、能够简单传承的知识
	隐性知识	高度个性化,存在于人的头脑中的经验、创意、联想等,难以正式化的知识

续表

分类原则	类别	含义
存储单位	员工知识	掌握在员工个人手里，经验、习惯、技能等知识内容，员工可以带走的知识
	组织知识	组织的流程、规则、文化等，属于固化于组织内的知识，单个员工无法带走的知识
产生环境	内部知识	组织内部运行过程中所产生的知识
	外部知识	组织面对外部环境、竞争对手、客户等所产生的知识
知识用途	Know – what	描述性知识，知识是什么，用于描述事实、概念、组成与结构的知识
	Know – when	情境性知识，知道在什么情况和背景下做出选择的知识
	Know – why	因果性知识，知道前因后果关系的知识，解答为什么的知识
	Know – how	程序性知识，知道如何处理事件的流程、步骤和方法，解答怎样做的知识
	Know – who	人际性知识，知道事件的人物关系、特点，解答找谁做的知识
	Know – where	地域性知识，知道事件发生地点、环境，解答在哪里的知识
	Know – with	关系性知识，知识与其他事件的关联关系，解答什么和什么结合的知识
个人认知	知道自己知道	属于自己已经明确知道和掌握范畴的知识
	知道自己不知道	属于自己确定完全不了解的知识范畴
	不知道自己知道	属于自己都不晓得自己已经掌握的知识，但实际已经在运用的知识
	不知道自己不知道	以为自己知道，实际并不深入明白和理解的知识

了解了以上知识的主要分类形式，深入观察不难发现，不同的知识分类之间的关系并非是僵死固化、泾渭分明的，分类与分类之间是可以进行相互接触、相互转化的。

1）抽象程度。实践知识和理论知识的关系（见图 1-2）。

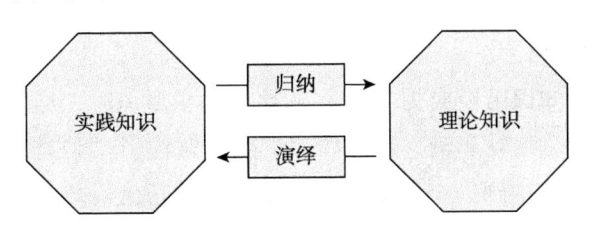

图 1-2 实践知识和理论知识的关系

所谓实践出真知，从多个实践经验中进行总结归纳，就可以得到更为抽象、简洁的规律理论，这也是大部分理论知识的来源。

理论指导实践，利用前人已经总结好的理论知识，套用分析并进行预测判断，从而选择较为正确的方式方法去处理，这就是演绎，把理论应用于实践。

2）可呈现度。显性知识和隐性知识（见图1-3）。

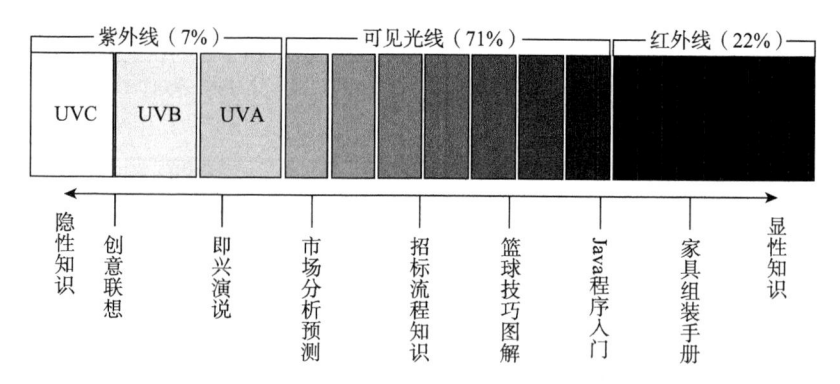

图1-3 显性知识和隐性知识分布特征

隐性知识和显性知识是一种类似于光谱形状的知识分布模式，每条知识身上都可能同时具备了隐性与显性两个特征，只不过看哪个更偏重一些，根据轻重程度的不同，分别向显性与隐性两极无限趋近。除了以上两极分布特征外，显性知识和隐性知识还存在一个尤其重要的特性——螺旋形转化，如图1-4所示。

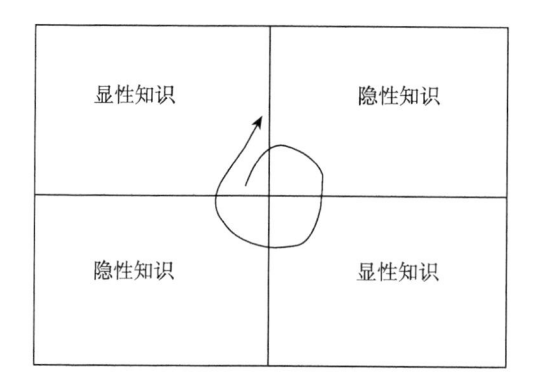

图1-4 显性知识和隐性知识的转化

显性—隐性转化（内化）：显性知识内化为隐性知识，这是一个深入学习的过程，当一些技巧指南类的知识已经成为个人不自觉的内在意识时，这就已经达到了高度掌握的标准。例如，学习驾驶车辆，一开始我们会非常注意"快挂挡，慢抬离合，稳加油"的技巧，而当车技达到一定程度时，可能这些技巧已经忘掉了，但驾驶水平却已大大提高。

显性—显性转化（组合化）：知识从一种显性格式转化为另一种显性格式，最简单的如语言翻译，从汉语到英语。中层干部接到领导明确指令后，需要进行一定的加工、处理，才可以发布给客户或下属，这样更容易让对方理解和接受，这也是一种从显性到显性的转化。

隐性—显性转化（外化）：隐性知识的显性化是知识管理的一大诉求，如何把隐藏在专家、高管头脑里的技巧、经验等挖掘出来，并明确进行描述，让更多的人得以理解和掌握，这就要求我们能够发明更多隐性到显性的转化方法。例如专家问答、诊断系统，在规定的情境下请专家做出判断，于是我们可以得到一条显性知识。

隐性—隐性转化（社会化）：一些不具备显性传承的知识，通过沟通、接触、模仿和观察，潜移默化地被理解和复制，这就是一个隐性到隐性的知识转化过程。例如，员工通过观察上司的行为模式、价值取向，并向他学习，不断趋同，从而形成统一的团队风格。

3）存储单位。员工知识与组织知识的关系，如图1-5所示。

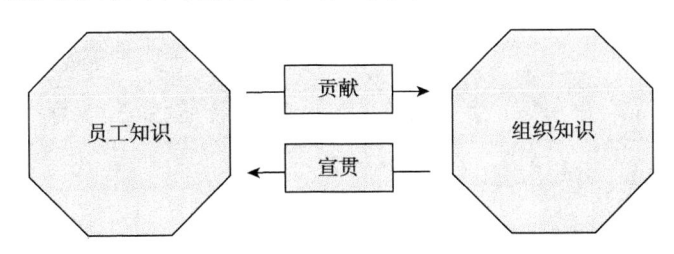

图1-5 员工知识与组织知识的关系

员工是组织中的个体，每个个体都会带来自己独特的知识、行为和判断方式，这些会因为员工在组织中的活动而逐渐成为影响组织的因素，当员工的职级越高其影响力也就越大。换句话说，当员工贡献知识越多，其可能创造的价值越大，升迁机会也就越大。

组织经过多年来的运行，自身已经具备了很多流程、文化、规章制度等，这些组织的知识必须通过灌输、模仿等方式让员工了解并遵从，才能实现组织的稳定运行。组织必须意识到的是，员工的知识、岗位的知识不仅是员工个人的，更是组织付出成本让员工创造的，怎样把员工个人的知识最大限度地吸收为组织的知识，也是管理者的必修课题。

4）知识用途。Know系列的关系（见图1-6）。

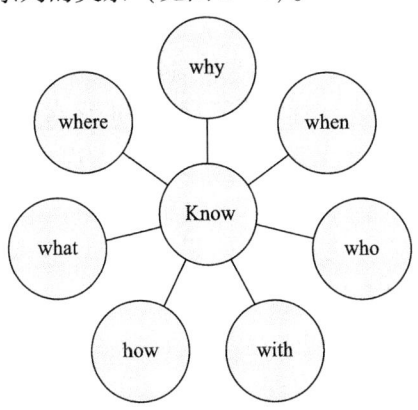

图1-6 知识用途

可以说"6W+1H"的方式，基本上把知识的作用特征全面总结了，作为一条有积极实践意义的"傻瓜级"知识，具备这七个属性是十分必要的。因此在推进知识管理的过程中，我们完全可以用这些属性来印证知识的有效性。也就是说，只要一条知识具备了这七个要素，它的可信度和有效度就属于高级别的。

5）个人认知。知道与不知道知识的关系（见图1-7）。

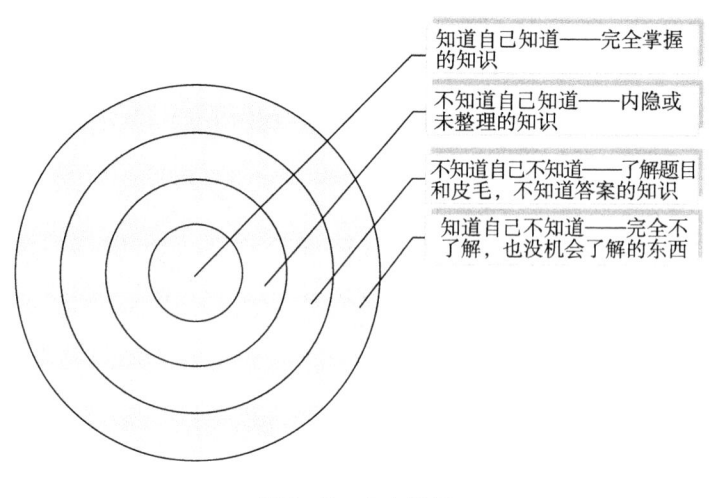

图1-7 个人认知

我们所完全掌握的一定是这个世界最小的那部分知识，其次是我们一知半解的知识，再次是我们触摸到皮毛的部分，最后最大的部分是我们对世界的未知。这四种结构是一个无法改变的体系，我们所能改变的仅仅是让同心圆不断地扩大，随着同心圆的扩大你会发现，知道的越多，不知道的也就越多，这是一个知识的悖论，至少到目前仍然如此。

1.3.3 知识管理与实践

知识管理的概念最早见于霍顿1979年的著作，他从资源管理演化的角度提出这个概念，而学术界和企业开始深入进行知识管理方面的探索和实践则是20世纪90年代的事。国内外学者大致从两个方面定义知识管理：一方面从知识管理的对象出发，对知识、信息及相关资源的创造、获取、传递等一系列过程进行描述来定义知识管理概念。例如阿比克将知识管理定义为"对企业知识的识别、获取、开发、分解、使用和存储"。马斯认为"知识管理是系统地发现、选择、组织过滤和表达信息的过程，目的是改善雇员对特定问题的理解"。美国生产力和质量研究中心（APQC）认为"企业知识管理是为了提高企业竞争力而对知识进行识别、获取和充分发挥其作用的过程"。另一方面也有学者试图从多个认识角度分析知识管理的含义与特征，将其定义为一种创新能力、一种新的生产和生活方式。到目前为止理论界对知识管理还没有形成统一的认识。知识管理思想的典型代表性人物是彼得·德鲁克。这位管理学大师从20世纪50年代发表《管理实践》开始，在《管理学前沿》《大变革时代的管理》中都提出知识管理的相关思想。他指出"组织未来发展在很大程度上取决于今天的决策者和知识工人的知识、洞察力和素质"，强调了"企业提高竞争力必须对企业知识进行管理"。尤其是他在20世纪90年代中期发表的《大变革时代的管理》一书，从微观视角出发分析了20世纪90年代管理人员在世纪之交所面临的新情况和新挑战，例如对社会的网络化、知识化和组织化将带来的一系列新问题和新考验，提出新型管理人员应怎样培养适应新形势的素质，迎接知识型工作的挑战。知识管理的代表人物还有美国《财富》杂志编辑斯图尔特和瑞典斯堪的亚财务服务公司的艾迪文森。前者一直致力于知识资本的理论思想的研究和推广，后者则从实践角度提出了知识资本的管理和评估模型。艾迪文森在1992年提出第一份资本报告，1997年发表了第一部关于知识资本管理和评估的专著《知识资本：组织的新财富》，他结合自己财务服务公司的现状提出了从顾客、流程、产品更新和开发、人力因素和财务等角度对知识资本进行动态评估的方法。

国际著名公司，如IBM、惠普公司、摩托罗拉公司、3M公司以及麦肯锡、贝恩、埃森哲等国际知名咨询公司都在知识管理方面进行了深入实践。一些著名企业知识管理的成功案例见诸报刊，集中讨论知识管理的杂志《知识和流程管理》（*Knowledge and Process Management*）也于1994年创刊。此外，《哈佛商业评论》（*Harvard Business Review*）、《斯隆管理评论》（*Sloan Management Review*）等权威刊物都对知识管理理论和应用状况的研究进行刊载。继1997年第一届世界知识管理会议召开以后，第二届会议于1998年10月在瑞士举行，与会者更加重视和强调知识管理中的管理问题，而不再仅仅关注技术问题。对于中国而言，咨询公司作为知识型企业，是最早一批实现知识管理的组织，与此同时，它们利用自己的"知识中介"身份进行知识管理咨询推广，因此对中国的知识管理的传播与实践有着特殊的极为重要的意义。

表1-2是咨询公司知识管理战略选择统计分析表。那些采用"编码模式"的咨询公司，业务量大且大多是为客户提供高质、快捷的信息系统解决方案，它们通过雇用学习能力强的优秀毕业生，创建知识仓库并鼓励员工反复利用知识从而获得规模收益。而那些采用"人性化模式"的咨询公司，业务量相对较小但单个项目规模较大且大多涉及复杂的公司战略发展问题，因此它们通常雇用那些创造力强的思维活跃的MBA，鼓励员工间进行直接的沟通和思想的撞击。

表1-2 咨询公司如何管理知识

类别	编码模式	人性化模式
竞争战略	反复利用编码知识，为客户提供高质、可靠、及时的信息系统解决方案	派出专门的咨询顾问，就高水平的战略问题为客户提供分析严谨的、富有创造性的建议

续表

类别	编码模式	人性化模式
经济模型	重复利用型：对知识资产做一次性投资重复用；每个咨询团队人数多，为一个合伙人配备多个助理；致力于创造规模效益	专家主导型：为客户量身定制解决方案，从而收取高额费用；每个咨询团队人数少，为一个合伙人配备较少的助理；保持高利润率
知识管理战略	人—机：开发电子资料库，进行知识的编码、存储和传递并允许知识的反复利用	人—人：建立人员联系图，促进隐性知识的共享
信息技术	IT高投入：目的是以可反复使用的知识组织起相关人员	IT适度投入：目的是方便会谈和利于隐性知识的交流
人力资源	雇用那些能够很好地利用现有知识进行方案实施的大学毕业新生；以小组形式，通过以计算机为基础的远程教育进行人员培训；奖励那些对资料库反复使用并有所贡献的员工	雇用那些喜欢解决问题，能接受问题的不确定性的MBA；通过"一带一"形式进行人员培训；奖励那些能够直接与他人分享知识的员工
举例	埃森哲、安达信	麦肯锡、贝恩

戴尔公司是以向客户提供自由配置的个人计算机为经营理念的计算机供应商，很早就开始实施"编码模式"知识管理战略。有复杂、强大的知识管理系统的支持，全球各地的客户可以从戴尔提供的多种不同品牌、不同型号的零配件中选择自己需要的产品和喜欢的支付、送货方式。这些产品可能因生产地和销售地的不同而使价格千差万别。与戴尔公司不同，惠普公司致力于生产自己的创新产品，鼓励全球各地的技术部门与产品部门进行定期交流。为此，惠普公司每年要支付员工高额的交通费用。该公司也曾尝试过"编码模式"策略，但是很快发现要花费大量的时间去编写和整理知识，而且效果不及工程师们定期的面对面的交流。

1.3.4 知识经济

知识经济发源于20世纪80年代兴起的高科技革命。高科技革命不但使人类的知识总量迅速增加，而且使得人类获取知识、应用知识的能力大大提高。

知识经济是以知识为基础的经济，是与农业经济、工业经济相对应的一个概念，是一种新型的富有生命力的经济形态。工业化、信息化和知识化是现代化发展的三个阶段，历史的车轮已经跨入知识经济时代。创新是知识经济发展的动力，教育、文化和研究开发是知识经济的先导产业，知识和高素质的人力资源是最为重要的资源。知识经济时代是以知识运营为经济增长方式、知识产业为龙头产业、知识经济为新的经济形态的时代。作为新的经济形态的知识经济，在中国著名学者陈世清先生所著的《经济领域的哥白尼革命》和"对称经济学丛书"中第一次提出并加以系统的阐述。

对于知识经济的特征可以有两种理解：一是从外在形式显示出来的特征；二是从社会影响显示出来的特征。

从外在形式考虑，知识经济有以下特征：与物质产品不同，信息不需要离开它的原始占有者就能够被赠送、买卖和交换；信息产品只需一次开发就能供所有的人使用。它能够通过计算机网络大量复制和分配而不需要额外费用；在信息经济中，价值增加更多的是通过知识而不是工作来实现。迄今为止，主要生产要素（劳动和资本等）在生产过程中都要被消耗掉，要多生产就必须多投入。与此相反，知识和信息资源不仅不会被耗尽，而且在使用过程中甚至可能增多。在知识经济的企业中，员工即所谓的人力资本是唯一重要的资本。此外，人力资本与实物资本有着显著区别：它不能作为一种财产被占有。因此，在知识经济中员工与企业的力量、劳动与资本的相对地位正发生着根本性变化。起决定作用的生产要素不再属于资本所有者，而是属于员工，这就是装在他们头脑中的知识。

从社会影响的角度考虑，以高科技特别是信息技术为支柱的知识经济可以使原材料和能源的消耗减少，产出增加，是一种可持续发展的经济模式。它具有以下特点：①网络化。互联网发展速度之快超出了以往任何技术。互联网从开始发展到拥有7000万用户仅用了4年时间。②全球化。随着通信技术特别是互联网的普及，时空的界限被打破，地球越来越像个村庄了。以商品、服务、技术、文化和资本日益扩大的跨国交流为主要特征的全球化浪潮汹涌而来。③商务电子化。1997年在电子商务的主渠道互联网上实现的全球贸易金额接近250亿美元。④知识产权化。在农业和工业时代，资产的主要形态分别是土地和工厂，而在知识经济时代，资产的主要形态则是知识。如果知识没有产权，那么它的价值就得不到保证。知识产权化成为知识经济的重要特点。

知识经济标志着人类生产力发展的又一次升级换代，即由普通机器时代向智能机器时代的跃升。而促成这一质的变革的关键因素是科学技术的迅速发展及其对生产力系统的全面改造。如果说，由于近代科学技术的发展而使以制造工具为主的机器大工业成为社会生产的主要部门，产业结构实现了由农业为主导向工业为主导的转变，那么现代科学（主要指电子信息技术）技术的发展则实现了对社会生产力系统的科学化改造，使以工业为主导的社会生产转变为以信息和服务业为主的"知识经济"，完成了生产力由"硬"到"软"的过渡，从而使知识经济成为一种能促进生产力发展的高级经济形态。

与工业社会的特点即生产力系统的"硬化"（此时，为了增加产品产量和提高劳动生产率，大量使用机械化的生产手段开发利用自然资源，并要求强有力的材料、能源和交通设施为其基础条件）相比，随着计算机等信息技术的发展，社会生产力系统的诸因素和生产流程以及产品都开始向"软"的方面转化；劳动力由体力型的大量投入转变为文化型和科技型的少量人才，生产工具由粗大笨重的普通机器变为精细灵巧的智能机器；劳动对象由天然的原材料变为优质的人工合成材料和新能源；生产管理由经验管理转变为系统化的科学管理，生产过程实现了自动化、数字化、虚拟化，汽车、飞机的设计检验可以在计算机上进行模拟；许多产品的商标、品牌等软的成分在商品价值中所占的比重越来越高，一些传统产业的"软化率"进一步提高。这一切都预示着"硬化"的物质生产力系统正在向"软化"的知识生产力系统转变。

现代科技改变了经济增长的方式，使人类社会经济生活日益向高效、优质和可持续的方向发展。由于现代自然科学、社会科学和综合科学的发展，人们对自然和社会的认识更加全面和深入、系统而细微，掌握了更多的自然规律和经济规律，促进了知识、技术与经济的紧密结合，改变了经济增长方式和经济活动的效果。

以往依靠大量投入资源和劳动，消耗大量物质和能量的粗放经营，正在被更多依靠科学和技术，注重效率和效益的集约经营所代替；国民经济的整体素质不断提高，经济发展同人口、资源、环境的关系更加协调。所有的这些将把人类的经济和社会生活带入高效、优质、和谐、公正的良性循环和可持续发展境界。

相对于传统经济而言，知识经济实现了以下转变：

1）从有形资产向无形资产的转变。知识经济中的第一生产要素是作为无形资产的知识。这种经济不再依托稀缺资源，而是通过知识对自然资源进行合理的、科学的、综合的、集约的配置，实现了资源的优化利用，通过知识不断开发出富有的甚至是取之不尽用之不竭的自然资源，从而创造出新的巨量财富。因此，知识成为最主要的资产，是新一代企业实力的主要标志。现在，许多国外高技术企业的无形资产已超过总资产的60%，而美国现在的国民生产总值近1/3是像微软公司这样的知识企业提供的。微软公司的有形资产规模很小，原材料的库存量很少，但企业资产却高达2000亿美元；相比之下，通用汽车公司拥有的庞大设施可谓雄居全球之首，而整个资产却只有400亿美元。

2）从知识本身的获取向求知能力的开发转变。在工业经济高度发展的时代，知识的获取已经是企业的基本生产要素。在知识经济时代，单纯地获取知识是完全不够的。知识作为商品的一个突出特点就是它的独一无二和不可替代性。知识的供方是垄断的，知识产权和知识保密使知识成本十分高昂，因此形成自身的知识生产能力就成为至高无上的任务。同时由于技术的更新换代加快，知识更新的周期缩短，从而任何知识都只有暂时性的意义。所以，对企业员工来说，是否具备不断掌握最新知识的能力，比掌握多少现存的知识要重要得多。亚洲开发银行曾在报告中指出，今后几十年东南亚国家尽管仍然可以把大量劳动力资源用作工业的补充力量，但关键"要看这些国家能否把人变成人力资源"。这里所说的"人力资源"，就是那种具有随时掌握新技术、新知识的能力和素质的人。

3）从技术自身的创新向知识生产的基础能力创新转变。技术创新更多的是着眼于把设想转变为新产品、新工艺、新市场这一应用层面。在工业经济时代，技术创新的基本模式是技术、设计、制造、管理的一体化，其源头是市场消费需求的牵动。应当指出，在这一层面上的创新虽然是自觉的，但在基础科学层面上，即在观念、理论这一最后源头上，创新却常常是不自觉的。当观念上的创新自发地出现时，社会和企业再随机选用某些创意进行技术——产业开发。因此，工业时代的创新主要是技术创新，还不是完整的知识创新，即还没有形成包括基础信息在内的知识创新体系和知识创新工程。随着知识经济的兴起，那种以推进质量更高、性能更好、工艺更新的产品为目标的"增量性创新"或渐近式创新，就暴露出严重的弱点了。相反，只有立足于基础性研究的"突破性创新"才能形成全局的牵动力，形成新的支柱产业，实现产业结构的更新或调整，为经济注入新的活力。

自联合国等国际组织颁布国民经济核算新的国际标准，即《2008年国民账户体系》（简称"2008年SNA"）以来，部分国家已经开始实施或正在制订本国执行"2008年SNA"的计划。2013年7月31日，美国依据"2008年SNA"，重新修订了GDP数据，在国际上引起了较大反响。2013年8月初，美国经济分析局公布了最新的国内生产总值（GDP）核算方法，通过重新定义和计算文娱、研发以及养老金等项目，美国2012年的GDP总量增加了3.6%。

在全球经济缓慢复苏的背景下，美国似乎只是通过改变了计算程式上的几个数字便在一夜之间凭空增加了相当于比利时全国的GDP，如此"空手套白狼"，无怪乎质疑的声音此起彼伏、不绝于耳。不过这真的只是美国的"灌水"之举吗？也许在外行看来，美国的这一举动就是为了提振经济信心而变的"戏法"；但在经济学家看来，却是事关GDP统计方法论的大事，有可能颠覆历史。根据新的核算方法，美国将研发投入和娱乐、文学、艺术产业的支出等原本纳入成本的部分，以及养老金赤字、住宅所有权转移成本等计入核算范畴之后，其2012年GDP总量增加了3.6%，即5598亿美元。

采用了新的统计方法后，美国从1929年至2013年第一季度连续数十年的经济数据全部得到修正。美国1929—2012年年均GDP增速修正为3.3%，较以前核算数据高了0.1%；2002—2012年年均GDP增速修正为1.8%，也比以前的数据高了0.2%。同时新核算方法也将2010年和2012年的GDP增速分别上调0.1%和0.6%，但维持2011年数据不变。

修正后的数据较之前有了明显的提高。从2012年和2013年上半年的数据来看，美国经济已经开始缓慢复苏。修正数据下，回看2008—2009年的经济衰退也不像之前分析的那么严重了，其中2008年第三季度的GDP从原先的下跌3.7%修正为下跌2.0%，第四季度GDP则从下跌8.9%修正为下跌8.3%。

新的GDP核算方法给美国带来的"福音"还不限于此。根据新的统计，美国过去10年的储蓄率显著上升；与此同时，随着GDP总量提高，联邦债务占比也相应下降。美国经济分析局特别将这些"无形资产"称作"21世纪的组成部分"，反映出美国政府强调知识产权的重要性，同时也是对以创新为基础的知识产权产品的尊重与鼓励。

经济学家表示，将研发支出算作投资，等于认可了专利和其他知识产权等无形资产在美国经济中扮演的重要角色。联博基金经济学家乔·卡尔森认为，"这使得 GDP 数据走出了黑暗时代并进入了 21 世纪"。美国纽约大学斯特恩商学院教授戴维·巴克斯在接受新华社记者采访时也表示，无形资产极具重要性和价值，应将其视为投资。有分析人士认为，美国将逐步完成经济形态由劳动密集型到资本密集型再到知识密集型的全面转变，GDP 的核算方式自然而然也应该相应做出调整。倘若按照新的 GDP 统计方法计算，知识产权产品在 GDP 中的比重将高达 40%，预计未来知识产权产品的比重还将增加。

1.4　显性知识与经济博弈

大多数人谈论知识时，所指的知识是显性知识，即那些在计算机数据库、教科书、学术期刊上可以找到的知识。这种知识一旦创立，人们很容易获得、传播和使用它们，甚至比创立者用得更好。显性知识可以创造竞争优势，最明显的例子是有关新技术的专利。因为人们一旦知道了什么事情可以怎样去做，进行模仿就会节省很多时间和金钱。

英特尔公司花了 10 亿美元，用了 1 年多的时间创造了 486 微机，而赛瑞克斯（Cyrix）公司在大约 18 个月的时间里使用 1000 万美元就克隆出了同样的微机。

再来看看日本的公司，它们凭什么统领电子消费业？其实，是美国安培公司和荷兰飞利浦公司分别发明了录像磁带技术和光碟技术，而日本索尼公司、松下公司和其他一些公司只不过是将产品重新包装、提炼并将核心技术小型化而已。

1.4.1　显性知识及其实现

管理科学对知识类型的经典研究是关于隐性知识和显性知识的划分。

最具影响力和实践意义的是波兰尼从可转移性角度所做出的划分，即将知识分为外显的（Articulated Knowledge）和内隐的（Tacit Knowledge）两大类。他认为内隐知识是个人化的，与特别情境有关，且难以形式化和沟通；外显知识则是可形式化、可制度化和言语表达的知识。

Nonaka 和 Takeuchi（1995）则定义外显知识为：可以用文字和数字来表达的客观的知识。外显知识有规则也有系统可循，可以文字和数字来表达，且容易通过资料、文件、科学公式、标准化的程序来进行沟通与分享。对于内隐知识，他们则认为内隐知识是无法用文字或句子表达的，主观而且实质的知识。内隐知识为个人化且难以形式化，因此不容易与他人进行分享与沟通，如直觉、洞察力等均属于内隐的知识；并且，内隐知识是深植于个人的行动与经验当中，同时也存在于个人的价值观、理想与感情之上。

实现知识显性化的方法：

1）通过规范管理来减轻成长的痛苦。规范管理的前提是建立规范的管理制度。建立并实施管理制度的过程本身就是一个组织学习的过程，而成文的管理制度其实就是组织知识显性化的结果。组织只有把自己所拥有的知识显性化以后，才能被其组织成员相对容易地理解和接受，才能为组织成员之间的沟通和协调提供更多的共同语言。

2）通过部门主管或专家的内部授课制度，员工个人的隐性知识转化为共同知识。让部门主管或专家授课做课前备案，是知识显性化的第一步。这需要跨越一系列障碍，首先是将自己独有的隐性知识显性化，并与其他人分享，这不可能是组织成员的自发行为。而隐藏自己的知识并疑惑地看待来自他人的知识，才是大多数人的天性。其次组织中那些掌握独特关键知识的成员为了维护其特殊地位，不会轻易将自己特有的知识与他人共享，从而客观上阻碍了组织的知识显性化。因此将员工个人知识资源显性化并实现组织成员间交流与共享，这对组织来说是一个巨大的挑战。其难度可能丝毫不亚于竞争对手之间的交流和共享知识的难度。

3）实施岗位的合理轮换制度，也是知识显性化的较好方式。通过岗位的轮换，一方面后来者要总结前任的成功经验和失败教训，另一方面会将以前一些零乱的信息进行集结或进行否定与扬弃，这两方面都是一种知识显性化的行为。

4）组织上下级之间多种形式的互动沟通，也是使知识显性化的很好形式，特别有利于将组织高管的隐性知识显性化。

5）流程化、格式化、模板化是组织隐性知识特别是经历型知识进行显性化的关键。

1.4.2 知识地图

知识地图最初是由图书情报学界发展起来的，是情报科学许多优秀方法中的一种。"知识地图"是英国著名情报学家 B.C. 布鲁克斯在其经典著作《情报学基础》中提出来的，该书对情报科学的远景做了十分宏伟的规划，指出情报学的真正任务应该是组织、加工和整理客观知识绘制以各个单元为节点的知识地图。其主要是指人类的客观知识。知识地图的概念起源于地理上的地图，美国捷运公司最早的知识地图是一张充满知识资源的美国地理地图，这就是知识地图的雏形。在企业中，用来表示信息资源与各部门或人员之间关系的信息资源管理表和信息资源分布图，也都是知识地图的原始形式，体现了知识地图的思想与行为，只不过它们侧重于对信息资源与各相关部门或人员关系的揭示，并没有揭示各信息资源节点之间的关系及联系，所以其效率和精度都远不及当今知识管理时代的知识地图。随着信息技术的迅速发展，知识地图进入了电子时代，知识地图发生了很大变化，利用构造地图的方法，将数据库和知识库中的各类知识资源中的信息与知识关联起来，使之成为一个知识网络。

由于研究的角度和出发点的不同，关于知识地图目前还没有统一定义。

Vail 将知识地图定义为"可视化地显示获得的信息及其相互关系，它促使不同背景的使用者在各个具体层面上进行有效的交流和学习知识"。并将知识地图分为静态知识地图和动态知识地图两种。

为企业提供知识地图解决方案的 Salamander 组织将知识地图定义为"对企业的积极的可视化的描述"。

Zack 则认为，知识地图是衡量组织存在哪些知识与知识分布的指南。

著名知识管理专家达文波特认为，知识地图的内容包括：人、文件和数据库。Huff 在《构图的战略性思考》一文中着重于认知地图，并将其分为文本和语言分析地图、分类地图、网络地图、总结性地图、认知结构的图表式地图。2002 年，Huff 和 Jenkins 认为知识地图最为独特的贡献，就是建立起一种关系，注重各类知识的联系性和交互性。

高德纳公司（Gartner Group）将知识地图定义为：一种知识概念或知识相关的呈现方式，如知识的分类、知识的阶层等。另外，知识地图也是一种工具，可帮助使用者在很短的时间内找到所需知识的来源。它指出知识地图可分为概念性知识地图、流程知识地图以及能力知识地图，并提出了知识地图建置的活动分为知识审查、知识制图、知识索引和知识轮廓与个人化。

曾与六家公司合作，经过两年研究的 Eppler 认为，知识地图是"连接信息和知识项目的过程（最好是可视化的），该过程在绘制地图上各项目的同时也创造了新知识"。依据知识地图的功能，Eppler 将知识地图分为知识资源地图、知识资产地图、知识结构地图、知识应用地图和知识开发地图。这些知识地图的分类只是为方便研究知识地图而人为设定的边界，事实上，组织使用的知识地图可能是 Eppler 提出的五种知识地图中的两种或两种以上的组合。Eppler 的这种按照知识地图的功能进行的分类，从组织的需要出发，有利于在组织中的运用和实施。目前绘制知识地图的软件也不断推出，如 Lotus Notes、IBM 的 KnowledgeX 和 Microsoft 的 Visio 等，它们都是基于数据库来绘制知识地图，有利于知识地图的动态更新和扩展。在实际商业活动中，部分国外公司已经在企业某些方面尝试制作知识地图，比较成功的企业有微软公司的人员知识地图、全球顶尖的石油与化工公司——雪佛龙（Chevron）公司的最佳实践资源引导图和惠普公司等，这些企业的实践也给我们提供了很多有益的启示。然而，企业因组织形态与运作流程的个别差异，组织在推行知识管理的模式、国内外相关的研究中的概念模式上有意见分歧，加上知识管理对组织的绩效不易衡量，因此并无一套知识管理方法论能普遍适用并推行于企业界。

知识地图是对组织知识资源总体分布情况的可视化描述，不但描述了组织知识资源的存在情况及其载体，而且描述了组织知识资源间可能存在的千丝万缕的联系。究其实质，知识地图可以被视为利用现代技术制作的组织知识目录及其关系的综合体和组织领域专家的导航。知识地图涵盖三个部分的内容：一是组织知识资源的总目录及各个知识点间的关联；二是描绘组织的工作流程中涉及的知识；三是描述员工和相关领域专家具备的知识技能的员工专家网络。这样，知识地图不但可以为组织员工查找和利用知识提供导向，还可以将业务流程中的知识流动（知识的收集、整理、组织、存储、转移、扩散、共享等）形象化地展现出来。因此，一幅较为完善的企业知识地图需要清楚地揭示组织内部、外部相关知识资源的分布及知识节点之间的相互关联，明确地建立知识与人、人与人之间的联系，还应该能够揭示组织的组织结构、业务流程等内容。其最大特点是动态性强。

图1-8是企业知识地图的框架模型。

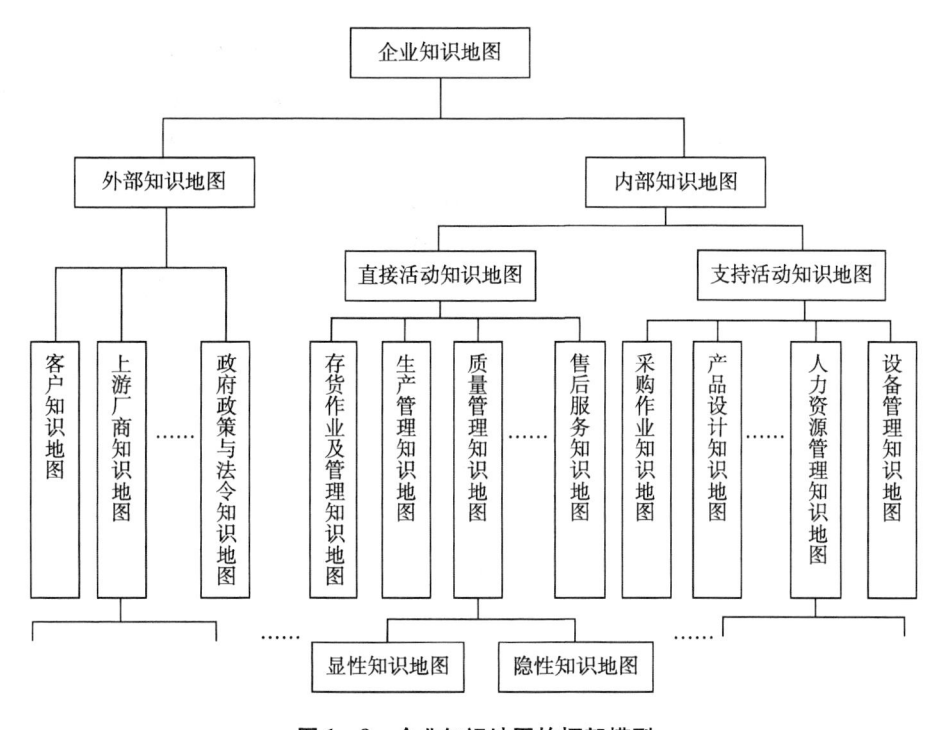

图1-8 企业知识地图的框架模型

1.4.3 国际经济博弈与消费拉动的内循环

国际经济博弈是世界经济领域的重要现象。随着知识经济、生态文明的兴起，世界各国经济博弈更趋激烈并表现出一系列新的特征。知识经济和国际经济博弈正推动着世界历史不断前进。全球性的新生产方式和经济博弈秩序正在从生产方式、政治格局和文化意识形态等多个维度全方位构建。在生产方式方面，世界生产体系和国际分工向更高层次发展，高新科技和国际金融在国际经济领域的作用更加突出，跨国公司成为直接投资和国际经济交往的重要载体，但是发达国家产业空心化、收入差距过大等成为逆全球化的主要动因。在国际经济制度平台方面，国际货币基金组织（IMF）、世界贸易组织（WTO）、世界银行（WB）等继续发挥重要作用，新兴国家或地区面临话语权重组的机遇与挑战。在政治格局方面，发达经济体正通过跨太平洋组织关系协定（TPP）、跨大西洋贸易与投资伙伴关系协定（TTIP）等的构建争取国际经济交往规则重塑的主动权，而新兴经济体和发展中国家在世界经济结构中的地位和影响力也在不断增强。在世界上层建筑的政治和文化意识形态方面，国际政治多极化继续发展，文化意识形态领域的各种文化和社会思潮相互激荡。社会主义国家和发展中国家为了谋求自身发展，在国际经济交往中趋利避害，努力推动建立更加公正合理的国际经济新秩序。在这个过程中，发达经济体、新兴经济体、发展中国家之间展开了激烈的经济博弈。在马克思主义理论和实践形成发展的历史过程中，产生了一系列国际经济博弈思想。这些思想从科学的世界观、方法论即哲学基础以及先进立场出发，涉及的领域包括国际经济博弈的基础实践环境、国际经济博弈的主体、国际经济博弈的客体和标的、国际经济博弈的手段和媒介、国际经济博弈的未来发展趋势等方方面面。一句话，形成了丰富而深刻的马克思主义国际经济博弈原理。马克思主义国际经济博弈原理揭示出：国际经济博弈的哲学基础是人类实践大系统中子系统间的矛盾关系，其本质是相对独立的经济实践关系在世界实践场域的特殊表现。国际经济博弈的主体具有不同程度的主体性，深刻地影响着博弈规律的表现形式。国际经济博弈的基础大环境是具体历史阶段的世界生产方式和世界上层建筑，它所涉及的要素间存在复杂的制约转化关系。它的结构包含多种类型，并会发生历史性的改变和跃迁。争取国际经济博弈主动权的关键在于把握世界生产方式发展的基本规律和博弈主体自身的特殊规律，整合转化各种要素，积极推进先进生产方式的形成和发展，不断形成和扩大相对先进性和优势，促成有利的博弈机制。这涉及国际经济博弈的主体、客体、目标、策略手段、趋势等多个方面。争取国际经济博弈中的主动权是各国国际战略的核心。马克思主义国际经济博弈原理对当今社会主义国家尤其是以中国为代表的、脱胎于生产方式较为落后的国家如何应对世界经济博弈，具有重要而深远的指导意义。随着综合国力的增强和经济结构的转型，国际国内社会的融合互动将进一步发展，中国在世界上的作用和影响越来越举足轻重，但同时也面临着复杂的机遇和挑战。运用马克思主义原理揭示国际经济博弈的本质、规律并制定正确的国际战略，是中国争取国际经济博弈主动权、维护世界和平、促进共同发展的关键。

　　国际经济博弈分为三个层级（见表1-3）。

表1-3　国际经济博弈的三个层级

层级	分类	国家和地区
第一层级 （主导消费国）	第一周期	美国
	第二周期	美国与西欧诸国（现在）
第二层级 （主导加工制造国）	第一周期	德国、日本
	第二周期	中国香港、中国台湾、新加坡、韩国
	第三周期	中国、越南、柬埔寨及东南亚诸国（现在）
第三层级	主导原材料国	澳大利亚、智利、巴西等
	主导原油输出国	俄罗斯、石油输出国组织（OPEC）诸国

每一个国家/地区都在不遗余力地做着这件事情：根据国内产业布局与产业优势，找准层级缝隙，寻找层级定位，争取在所属层级中占据第一位。

三个层级中各国（或地区）之间的博弈与角逐就演绎了全球的历史。第二次世界大战后，以美国为首的发达国家建立了全球这套秩序体系和分工框架，由美国主导消费和负债，通过美元把流动性输送到全球，推动每个层级的国家/地区一步步往前走。美元充斥了全世界，为全世界提供了流动性。第二层级和第三层级的国家/地区，发展的驱动力是来自第一层级的欧美国家的需求。

当我们不再完全依赖欧美的需求和美元的流动性来维持我国未来经济中速增长的时候，当我们激发本国的需求也可以刺激本国的经济增长并带动本国发展的时候，我们就不再通过给美国提供廉价商品换美元来压仓库，可以通过"一带一路"对外释放货币，释放债务。

第 2 章　经济学的显性知识

萨缪尔森曾经说过，你可以将一只鹦鹉训练成经济学家，因为它所需要的只有两个词：供给与需求。博弈论专家坎多瑞引申说：要成为现代经济学家，这只鹦鹉还必须再多学一个词，这个词就是"纳什均衡"。

学习目标
- 了解经济学的相关理论
- 掌握消费者剩余、生产者剩余的概念
- 掌握边际递减的规律
- 了解效用与成本的概念

2.1　消费者行为理论

现在流行需求拉动，你知道什么是需求吗？

消费者行为理论也叫作效用理论，它研究消费者如何在各种商品和劳务之间分配他们的收入，以达到满足程度的最大化。这一理论可以解释为什么需求曲线向右下方倾斜。考察消费者行为，可以采用两种分析工具或分析方法：一种是以基数效用论为基础的边际效用分析，另一种是以序数效用论为基础的无差异曲线分析。现代西方经济学界比较流行的是无差异曲线分析。

2.1.1　基数效用和序数效用

1. 效用论概述

效用是指商品满足人的欲望的能力评价，或者说效用是指消费者在消费商品时所感受到的满足程度。一种商品对消费者是否具有效用,取决于消费者是否有消费这种商品的欲望,以及这种商品是否具有满足消费者欲望的能力。效用这一概念与人的欲望是联系在一起的,它是消费者对商品满足自己欲望的能力的一种主观心理评价。

在19世纪和20世纪初期,西方经济学家普遍使用基数效用的概念。基数效用论者认为,效用如同长度、重量等概念一样,可以具体衡量并加总求和,具体的效用量之间的比较是有意义的。表示效用大小的计量单位被称作效用单位。例如,对某一个人来说,吃一顿丰盛的晚餐和看一场高水平的足球赛的效用分别为5效用单位和10效用单位,则可以说这两种消费的效用之和为15效用单位,且后者的效用是前者的效用的2倍。

到了20世纪30年代,序数效用的概念为大多数西方经济学家所使用。序数效用论者认为,效用是一个有点类似于香、臭、美、丑那样的概念,效用的大小是无法具体衡量的,效用之间的比较只能通过顺序或等级来表示。仍就上面的例子来说,消费者要回答的是偏好哪一种消费,即哪一种消费的效用排第一,哪一种消费的效用排第二。或者说,要回答的是宁愿吃一顿丰盛的晚餐,还是宁愿看一场高水平的足球赛。进一步地,序数效用论者还认为,就分析消费者行为来说,基数效用的特征是多余的,以序数来度量效用的假定比以基数来度量效用的假定所受到的限制要少,它可以减少一些被认为是值得怀疑的心理假设。

2. 边际效用递减规律

基数效用论者将效用区分为总效用（Total Utility, TU）和边际效用（Marginal Utility, MU）。总效用是指消费者在一定时间内从一定数量的商品的消费中所得到的效用量的总和。边际效用是指消费者在一定时间内增加一单位商品的消费所得到的效用量的增量。假定消费者对一种商品的消费量为 Q,则总效用函数为

$$TU = f(Q)$$

相应的边际效用函数为

$$MU = \Delta TU(Q)/\Delta Q$$

当商品的增加量趋于无穷小,即 $\Delta Q \to 0$ 时,有

$$MU = \lim \Delta TU(Q)/\Delta Q = dTU(Q)/dQ$$

表2-1可以进一步说明边际效用递减规律,并理解总效用和边际效用之间的关系。由表2-1可知,当商品的消费量由0增加为1时,总效用由0增加为10效用单位,总效用的增量即边际效用为10效用单位(因为10-0=10)。当商品的消费量由1增加为2时,总效用由10效用单位上升为18效用单位,总效用的增量即边际效用下降为8效用单位(因为18-10=8)。依此类推,当商品的消费量增加为6时,总效用达到最大值为30效用单位,而边际效用已递减为0(因为30-30=0)。此时,消费者对该商品的消费已达到饱和点。当商品的消费量再增加为7时,边际效用会进一步递减为负值即-2效用单位(因为28-30=-2),总效用便下降为28效用单位了。

表 2-1 某商品的效用表（货币的边际效用 λ = 2）

商品消费量（1）	总效用（2）	边际效用（3）	价格（4）
0	0		
1	10	10	5
2	18	8	4
3	24	6	3
4	28	4	2
5	30	2	1
6	30	0	0
7	28	-2	

根据表 2-1 所绘制的总效用曲线和边际效用曲线如图 2-1 所示。

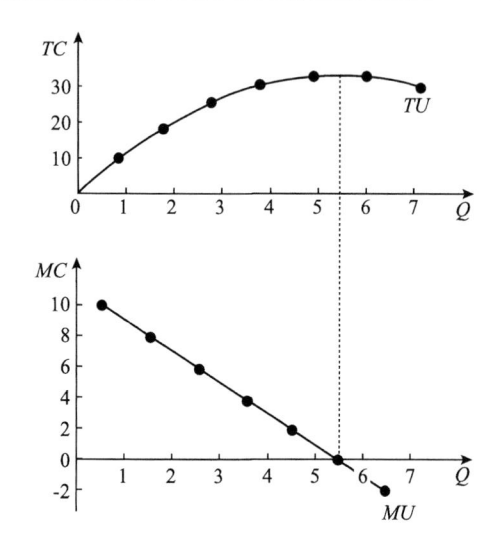

图 2-1 某商品的效用曲线

图 2-1 中的横轴表示商品消费量，纵轴表示效用量，TU 曲线和 MU 曲线分别为总效用曲线和边际效用曲线。由于边际效用被定义为消费品的一单位变化量所带来的总效用的变化量，又由于图中的商品消费量是离散的，所以 MU 曲线上的每一个值都记在相应的两个消费数量的中点上。

在图 2-1 中，MU 曲线是向右下方倾斜的，它反映了边际效用递减规律；相应地，TU 曲线是以递减的速率先上升后下降的。当边际效用为正值时，总效用曲线呈上升趋势；当边际效用递减为零时，总效用曲线达最高点；当边际效用继续递减为负值时，总效用曲线呈下降趋势。从数学意义上讲，如果效用曲线是连续的，则每一消费量上的边际效用值就是总效用曲线上相应的点的斜率。

为什么在消费过程中会呈现出边际效用递减规律呢？从人的生理和心理的角度讲，

从每一单位消费品中所感受到的满足程度和对重复刺激的反应程度是递减的。还可以是由于在一种商品具有几种用途时，消费者总是将第一单位的消费品用在最重要的用途上，第二单位的消费品用在次重要的用途上，如此等等。这样，消费品的边际效用便随着消费品的用途重要性的下降而递减。

边际效用递减规律的内容是：在一定时间内，在其他商品的消费数量保持不变的条件下，随着消费者对某种商品消费量的增加，消费者从该商品连续增加的每一消费单位中所得到的效用增量即边际效用是递减的。通常被用来体现该规律的例子如下：一个人在饥饿的时候，吃第一个包子给他带来的效用是很大的；随着这个人所吃的包子数量的连续增加，虽然总效用是不断增加的，但每一个包子给他带来的效用增量即边际效用却是递减的；当他完全吃饱的时候，包子的总效用达到最大值，而边际效用却降为零。如果他还继续吃包子，就会感到不适，这意味着包子的边际效用进一步降为负值，总效用也开始下降。具体可以进一步用表 2 - 1 中的（1）~（3）栏来说明。例如，这个人吃第一个包子时，他对第一个包子所带给自己的效用的评价为 10，即第一个包子的边际效用为 10。当他吃第二个包子时，他对第二个包子的效用的评价下降为 8，即第二个包子的边际效用为 8。但这时他吃 2 个包子的总效用为 10 + 8 = 18。类似地，当他吃第三个包子时，他对第三个包子的效用的评价进一步下降为 6，即第三个包子的边际效用为 6，而此时吃 3 个包子的总效用为 10 + 8 + 6 = 24，依此类推，直至他吃第六个包子时，边际效用递减为零，总效用达到最大值 30，而吃第七个包子时，边际效用递减为 - 2，总效用开始下降为 30 - 2 = 28。

3. 货币的边际效用

基数效用论者认为，货币如同商品一样，也具有效用。消费者用货币购买商品，就是用货币的效用去交换商品的效用。商品的边际效用递减规律对于货币也同样适用。对于一个消费者来说，随着货币收入量的不断增加，货币的边际效用是递减的。即随着某消费者货币收入的逐步增加，每增加一元钱给该消费者所带来的边际效用是越来越小的。

但是，在分析消费者行为时，基数效用论者又通常假定货币的边际效用是不变的。据基数效用论者的解释，在一般情况下，消费者的收入是给定的，而且单位商品的价格只占消费者总货币收入量中的很小部分，所以当消费者对某种商品的购买量发生很小的变化时，所支出的货币的边际效用的变化是非常小的。对于这种微小的货币的边际效用的变化，可以略去不计。这样，货币的边际效用便是一个不变的常数。

4. 消费者均衡

消费者均衡是研究单个消费者如何把有限的货币收入分配在各种商品的购买中以获得最大的效用。也可以说，它是研究单个消费者在既定收入下实现效用最大化的均衡条件。这里的均衡是指消费者实现最大效用时既不想再增加，也不想再减少任何商品购买数量的一种相对静止的状态。

在基数效用论者那里，消费者实现效用最大化的均衡条件是：如果消费者的货币收入水平是固定的，市场上各种商品的价格是已知的，那么消费者应该使自己所购买的各种商品的边际效用与价格之比相等。或者说，消费者应使自己花费在各种商品购买上的最后一元钱所带来的边际效用相等。

假定：消费者用既定的收入 I 购买 n 种商品。P_1，P_2，$\cdots$，P_n 分别为 n 种商品的既定价格，λ 为不变的货币的边际效用，X_1，X_2，$\cdots$，X_n 分别表示 n 种商品的数量，MU_1，MU_2，$\cdots$，MU_n 分别表示 n 种商品的边际效用，则上述的消费者效用最大化的均衡条件可以用公式表示为

$$P_1 X_1 + P_2 X_2 + \cdots + P_n X_n = I \tag{2-1}$$

$$\frac{MU_1}{P_1} = \frac{MU_2}{P_2} = \cdots = \frac{MU_n}{P_n} = \lambda \tag{2-2}$$

式（2-1）是限制条件；式（2-2）是在限制条件下消费者实现效用最大化的均衡条件。式（2-2）表示消费者应选择最优的商品组合，使得自己花费在各种商品上的最后一元钱所带来的边际效用相等，且等于货币的边际效用。

5. 需求曲线的推导

基数效用论者以边际效用递减规律和建立在该规律上的消费者效用最大化的均衡条件为基础推导消费者的需求曲线。

商品的需求价格是指消费者在一定时期内对一定量的某种商品所愿意支付的最高价格。基数效用论者认为，商品的需求价格取决于商品的边际效用。具体地说，如果某一单位的某种商品的边际效用越大，则消费者为购买这一单位的该种商品所愿意支付的最高价格就越高；反之，如果某一单位的某种商品的边际效用越小，则消费者为购买这一单位的该种商品所愿意支付的最高价格就越低。由于边际效用递减规律的作用，随着消费者对某一种商品消费量的连续增加，该商品的边际效用是递减的；相应地，消费者为购买这种商品所愿意支付的最高价格即需求价格也是越来越低的。这意味着，建立在边际效用递减规律上的需求曲线是向右下方倾斜的。

进一步地，联系消费者效用最大化的均衡条件进行分析，考虑消费者购买一种商品的情况，那么上述的消费者均衡条件可以表示为

$$\frac{MU}{P} = \lambda \tag{2-3}$$

该式表示：消费者对任何一种商品的最优购买量应该是使最后一元钱购买该商品所带来的边际效用和所付出的这一元钱的货币的边际效用相等。该式还意味着：由于对于任何一种商品来说，随着需求量的不断增加，边际效用 MU 是递减的，于是为了保证式（2-3）均衡条件的实现，在货币的边际效用不变的前提下，商品的需求价格 P 必然同比例于 MU 的递减而递减。仍以表 2-1 为例来说明。假定表中的 $\lambda = 2$。为了实现 $\frac{MU}{P} = \lambda$ 的均衡条件，当商品的消费量为 1 时，边际效用为 10，则消费者为购买第

一单位的商品所愿意支付的最高价格为5（即10÷2=5）。当商品的消费量增加为2时，边际效用递减为8，则消费者为购买第二单位的商品所愿意支付的最高价格也同比例地降为4（即8÷2=4）……直至商品的消费量增加为5时，边际效用进一步递减为2，消费者为购买第五单位的商品所愿意支付的最高价格降为1（即2÷2=1）。显然，商品的需求价格同比例于MU的递减而递减。

图2-2中的横轴表示商品的数量，纵轴表示商品的价格，需求曲线$Q^d = f(P)$是向右下方倾斜的。它表示：商品的需求量随商品价格的上升而减少，随商品价格的下降而增加，即商品的需求量与商品的价格呈反方向的变动。

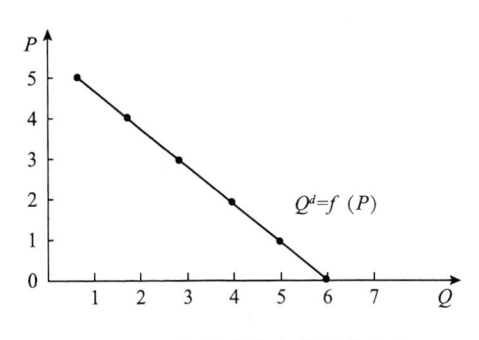

图2-2 单个消费者的需求曲线

6. 消费者剩余

在消费者购买商品时，一方面，消费者对每一单位商品所愿意支付的最高价格取决于这一单位商品的边际效用。由于商品的边际效用是递减的，所以消费者对某种商品所愿意支付的最高价格是逐步下降的。但是，另一方面需要区分的是，消费者对每一单位商品所愿意支付的最高价格并不等于该商品在市场上的实际价格。事实上，消费者在购买商品时是按实际的市场价格支付的。于是，在消费者愿意支付的最高价格和实际的市场价格之间就产生了一个差额，这个差额便构成了消费者剩余的基础。例如，某种汉堡包的市场价格为3元，某消费者在购买第一个汉堡包时，根据这个汉堡包边际效用，他认为值得付5元去购买这个汉堡包，即他愿意支付的最高价格为5元。于是当这个消费者以市场价格3元购买这个汉堡包时，就创造了额外的2元的剩余。在以后的购买过程中，随着汉堡包的边际效用递减，他为购买第二个、第三个、第四个汉堡包所愿意支付的最高价格分别递减为4.50元、4.00元和3.50元。这样，他为购买4个汉堡包所愿意支付的最高总金额 = 5.00元 + 4.50元 + 4.00元 + 3.50元 = 17元。但他实际按市场价格支付的总金额 = 3.00元 × 4 = 12元。两者的差额 = 17元 - 12元 = 5元，这个差额就是消费者剩余。也正是从这种感觉上，他认为购买4个汉堡包是值得的，是能使自己的状况得到改善的。由此可见，消费者剩余是消费者在购买一定数量的某种商品时愿意支付的最高总价格和实际支付的总价格之间的差额（见图2-3）。

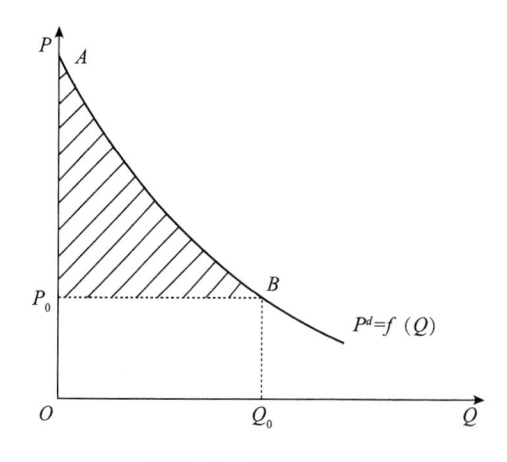

图 2-3 消费者剩余

消费者剩余可以用几何图形来表示。简单地说，消费者剩余可以用消费者需求曲线以下、市场价格线以上的面积来表示，如图 2-3 中阴影部分面积所示。具体地看，在图 2-3 中，需求曲线以反需求函数的形式 $[P^d = f(Q)]$ 给出，它表示消费者对每一单位商品所愿意支付的最高价格。假定该商品的市场价格为 P_0，消费者的购买量为 Q_0。那么，根据消费者剩余的定义，我们可以推断，在产量 0 到 Q_0 区间需求曲线以下的面积表示消费者为购买 Q_0 数量的商品所愿意支付的最高总金额（即总价格），相当于图中 $OABQ_0$ 的面积；而实际支付的总金额（即总价格）等于市场价格 P_0 乘以购买量 Q_0，相当于图中矩形 OP_0BQ_0 的面积。这两块面积的差额即图中的阴影部分 P_0AB 的面积就是消费者剩余。

消费者剩余也可以用数学公式来表示。令反需求函数为 $P^d = f(Q)$，价格为 P_0 时的消费者的需求量为 Q_0，则消费者剩余为

$$CS = \int_0^{Q_0} f(Q) \mathrm{d}Q - P_0 Q_0 \tag{2-4}$$

式中，CS 为消费者剩余，公式右边的第一项即积分项表示消费者愿意支付的最高总金额，第二项表示消费者实际支付的总金额。

以上，我们利用单个消费者的需求曲线得到了单个消费者剩余，该分析可以扩展到整个市场；类似地，我们可以由市场的需求曲线得到整个市场的消费者剩余，市场的消费者剩余可以用市场需求曲线以下、市场价格线以上的面积来表示。读者可以在学习本章第 3 节关于市场需求曲线的内容之后，自行分析市场的消费者剩余，并画出相应的图形。

最后需要指出，消费者剩余是消费者的主观心理评价，它反映消费者通过购买和消费商品所感受到的状态的改善。因此，消费者剩余通常被用来度量和分析社会福利问题。

2.1.2 无差异曲线

序数效用论者用无差异曲线分析方法来考察消费者行为。

1. 关于偏好的假定

序数效用论者认为，商品给消费者带来的效用大小应用顺序或等级来表示。为此，序数效用论者提出了消费者偏好的概念。所谓偏好，就是爱好或喜欢的意思。序数效用论者认为，对于各种不同的商品组合，消费者的偏好程度是有差别的，正是这种偏好程度的差别，反映了消费者对这些不同的商品组合的效用水平的评价。具体地讲，给定 A、B 两个商品组合，如果某消费者对 A 商品组合的偏好程度大于 B 商品组合，也就是说，这个消费者认为 A 组合的效用水平大于 B 组合，或者说 A 组合给该消费者带来的满足程度大于 B 组合。

序数效用论者提出了关于消费者偏好的三个基本假定。

第一个假定是偏好的完全性。偏好的完全性指消费者总是可以比较和排列所给出的不同商品组合。换言之，对于任何两个商品组合 A 和 B，消费者总是可以做出而且也只能做出以下三种判断中的一种：对 A 的偏好大于对 B 的偏好；或者对 B 的偏好大于对 A 的偏好；或者对 A 和 B 的偏好相同（即 A 和 B 是无差异的）。偏好的完全性的假定保证消费者对于偏好的表达方式是完备的，消费者总是可以把自己的偏好评价准确地表达出来。

第二个假定是偏好的可传递性。可传递性指对于任何三个商品组合 A、B 和 C，如果消费者对 A 的偏好大于对 B 的偏好，对 B 的偏好大于对 C 的偏好，那么在 A、C 这两个组合中，消费者必定有对 A 的偏好大于对 C 的偏好。偏好的可传递性假定保证了消费者偏好的一致性，因而也是理性的。

第三个假定是偏好的非饱和性。该假定指如果两个商品组合的区别仅在于其中一种商品的数量不相同，那么消费者总是偏好于含有这种商品数量较多的那个商品组合。这就是说消费者对每一种商品的消费都没有达到饱和点，或者说对于任何一种商品，消费者总是认为数量多比数量少好。此外，这个假定还意味着，消费者认为值得拥有的商品都是"好的东西"，而不是"坏的东西"。在这里，"坏的东西"指诸如空气污染、噪声等只能给消费者带来负效用的东西。在我们以后的分析中，不涉及"坏的东西"。

2. 无差异曲线及其特点

为了简化分析，假定消费者只消费两种商品，这样，我们就可以直接在二维平面图上讨论无差异曲线。

无差异曲线是用来表示消费者偏好相同的两种商品的所有组合的。或者说，它是表示能够给消费者带来相同的效用水平或满足程度的两种商品的所有组合。下面用

表 2-2 和图 2-4 具体说明无差异曲线的构建。

表 2-2 是某消费者关于商品 1 和商品 2 的无差异表,表中列出了关于这两种商品各种不同的组合。该表由三个子表即表 a、表 b 和表 c 组成,每一个子表中都包含六个商品组合,且假定每一个子表中六个商品组合的效用水平是相等的。以表 a 为例,表 a 中有 A、B、C、D、E 和 F 六个商品组合。在 A 组合中,商品 1 和商品 2 的数量各为 20 和 130;在 B 组合中,商品 1 和商品 2 的数量各为 30 和 60,如此等等。而且,消费者对这六个组合的偏好程度是无差异的。同样地,消费者对表 b 中的所有六个商品组合的偏好程度也都是相同的,表 c 中六个商品组合给消费者带来的满足程度也都是相同的。

表 2-2　某消费者的无差异表　　　　　　　　　　（单位:个）

商品组合	表 a X_1	表 a X_2	表 b X_1	表 b X_2	表 c X_1	表 c X_2
A	20	130	30	120	50	120
B	30	60	40	80	55	90
C	40	45	50	63	60	83
D	50	35	60	50	70	70
E	60	30	70	44	80	60
F	70	27	80	40	90	54

但需要注意的是,表 a、表 b 和表 c 三者各自所代表的效用水平的大小是不一样的。只要对表中的商品组合进行仔细观察和分析,就可以发现,根据偏好的非饱和性假设,或者说根据商品数量"多比少好"的原则,可以得出结论:表 a 所代表的效用水平低于表 b,表 b 又低于表 c。

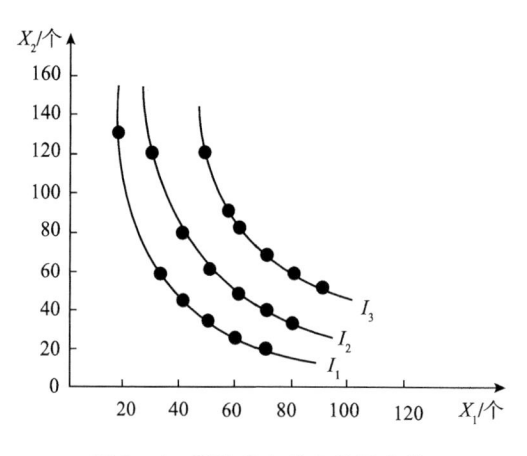

图 2-4　某消费者的无差异曲线

根据表 2-2 绘制的无差异曲线如图 2-4 所示。图中的横轴和纵轴分别表示商品 1 的数量 X_1 和商品 2 的数量 X_2,曲线 I_1、I_2、I_3 顺次代表与表 a、表 b 和表 c 相对应的三条无差异曲线。这三条无差异曲线是这样得到的：以无差异曲线 I_1 为例，先根据表 a 描绘出相应的六个商品组合点 A、B、C、D、E 和 F，然后用曲线把这六个点连接起来（在假定商品数量可以无限细分的条件下），便形成了光滑的无差异曲线 I_1。用相同的方法，可以根据表 b 和表 c，分别绘制出无差异曲线 I_2 和 I_3。

需要指出，在表 2-2 中只列出了三个子表，相应地，在图 2-4 中只得到了三条无差异曲线。实际上，可以假定消费者的偏好程度可以无限多，即可以有无穷多个无差异子表，从而得到无数条无差异曲线。表 2-2 和图 2-4 只不过是一种分析的简化而已。

假定消费者只消费两种商品，则效用函数为

$$U = f(X_1, X_2) \tag{2-5}$$

式中，X_1 和 X_2 分别为两种商品的数量；U 为效用水平。

在此基础上，与无差异曲线相对应的效用函数为

$$U = f(X_1, X_2) = U^0 \tag{2-6}$$

式中，U^0 为一个常数，表示一个不变的效用水平。该效用函数有时也被称为等效用函数。

无差异曲线具有以下三个基本特征。

1）由于通常假定效用函数是连续的，所以在同一坐标平面上的任何两条无差异曲线之间，可以有无数条无差异曲线。可以这样想象：我们可以画出无数条无差异曲线，以至覆盖整个平面坐标系。所有这些无差异曲线之间的相互关系是：离原点越远的无差异曲线代表的效用水平越高，离原点越近的无差异曲线代表的效用水平越低。

2）在同一坐标平面图上的任何两条无差异曲线不会相交。这可以用图 2-5 来说明。

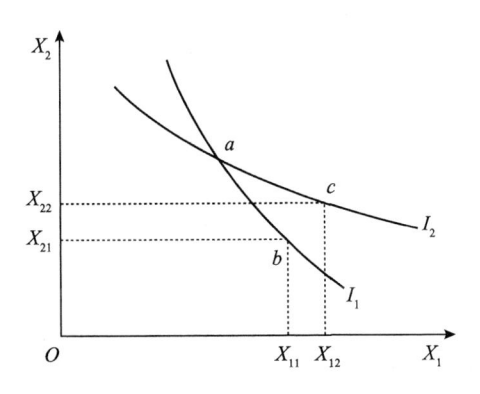

图 2-5 违反偏好假定的无差异曲线

图 2-5 中，两条无差异曲线相交于 a 点，这种画法是错误的。其理由在于：根据无差异曲线的定义，由无差异曲线 I_1 可得 a、b 两点的效用水平是相等的，由无差异曲线 I_2 可得 a、c 两点的效用水平是相等的。于是，根据偏好可传递性的假定，必定有 b

和 c 两点的效用水平是相等的。但是，观察和比较图中 b 和 c 两点的商品组合，可以发现 c 组合中的每一种商品的数量都多于 b 组合，于是根据偏好的非饱和性假定，必定有 c 点的效用水平大于 b 点的效用水平。这样一来，矛盾产生了，该消费者在认为 b 点和 c 点无差异的同时，又认为 c 点要优于 b 点，这就违背了偏好的完全性假定。由此证明：对于任何一个消费者来说，两条无差异曲线相交的画法是错误的。

3）无差异曲线是凸向原点的。这就是说，无差异曲线不仅向右下方倾斜，即无差异曲线的斜率为负值，而且无差异曲线是以凸向原点的形状向右下方倾斜的，即无差异曲线的斜率的绝对值是递减的。为什么无差异曲线具有凸向原点的特征呢？这取决于商品的边际替代率递减规律。

3. 商品的边际替代率

（1）商品的边际替代率。

可以想象一下，当一个消费者沿着一条既定的无差异曲线上下滑动的时候，两种商品的数量组合会不断地发生变化，而效用水平却保持不变。这就说明，在维持效用水平不变的前提下，消费者在增加一种商品的消费数量的同时，必然会放弃另一种商品的一部分消费数量，即两种商品的消费数量之间存在着替代关系。由此，经济学家建立了商品的边际替代率（MRS）的概念。在维持效用水平不变的前提下，消费者增加一单位某种商品的消费数量时所需放弃的另一种商品的消费数量，被称为商品的边际替代率。商品 1 对商品 2 的边际替代率的定义公式为

$$MRS_{12} = -\Delta X_2 / \Delta X_1 \quad (2-7)$$

式中，ΔX_1 和 ΔX_2 分别为商品 1 和商品 2 的变化量。由于 ΔX_1 是增加量，ΔX_2 是减少量，两者的符号肯定是相反的，所以为了使 MRS_{12} 的计算结果是正值，以便于比较，就在公式中加了一个负号。

当商品数量的变化趋于无穷小时，商品的边际替代率公式为

$$MRS_{12} = \lim_{\Delta X_1 \to 0} -\frac{\Delta X_2}{\Delta X_1} = -\frac{dX_2}{dX_1} \quad (2-8)$$

显然，无差异曲线上某一点的边际替代率就是无差异曲线在该点的斜率的绝对值。

（2）商品的边际替代率递减规律。

西方经济学家指出，在两种商品的替代过程中，普遍存在这么一种现象，这种现象被称为商品的边际替代率递减规律。具体地说，商品的边际替代率递减规律是：在维持效用水平不变的前提下，随着一种商品的消费数量的连续增加，消费者为得到每一单位的这种商品所需要放弃的另一种商品的消费数量是递减的。之所以会普遍发生商品的边际替代率递减的现象，其原因在于，随着一种商品的消费数量的逐步增加，消费者想要获得更多的这种商品的愿望就会递减，从而他为了多获得一单位的这种商品而愿意放弃的另一种商品的数量就会越来越少。

从几何意义上讲，由于商品的边际替代率就是无差异曲线的斜率的绝对值，所以

边际替代率递减规律决定了无差异曲线的斜率的绝对值是递减的,即无差异曲线是凸向原点的。

4. 无差异曲线的特殊形状

无差异曲线的形状表明在维持效用水平不变的前提下一种商品对另一种商品的替代程度。由边际替代率递减规律决定的无差异曲线的形状是凸向原点的,这是无差异曲线的一般形状。下面考虑两种极端的情况下,相应的无差异曲线有着特殊的形状。

(1) 完全替代品的情况。

完全替代品指两种商品之间的替代比例是固定不变的情况。因此,在完全替代的情况下,两种商品之间的边际替代率 MRS_{12} 就是一个常数,相应的无差异曲线是一条斜率不变的直线。例如,在某消费者看来,一杯牛奶和一杯咖啡之间是无差异的,两者总是可以以 1:1 的比例相互替代,相应的无差异曲线如图 2-6(a) 所示。

假定某消费者只消费两种商品,而且这两种商品之间是完全替代的关系,则相应的效用函数的通常形式为

$$U(x_1, x_2) = ax_1 + bx_2 \tag{2-9}$$

式中,x_1、x_2 分别表示两种商品的数量,常数 a、$b > 0$。该效用函数也被称为线性效用函数,与其相对应的无差异曲线是一条直线。而且,在任何一条无差异曲线上,两种商品的边际替代率保持不变,即均有 $MRS_{12} = a/b$。

(2) 完全互补品的情况。

完全互补品指两种商品必须按固定不变的比例同时被使用的情况。因此,在完全互补的情况下,相应的无差异曲线为直角形状。例如,一副眼镜架必须和两片眼镜片同时配合,才能构成一副可供使用的眼镜,则相应的无差异曲线如图 2-6(b) 所示。图中水平部分的无差异曲线表示,对于一副眼镜架而言,只需要两片眼镜片即可,任何超量的眼镜片都是多余的。换言之,消费者不会放弃任何一副眼镜架去换取额外的眼镜片,所以相应的 $MRS_{12} = 0$。图中垂直部分的无差异曲线表示,对于两片眼镜片而言,只需要一副眼镜架即可,任何超量的眼镜架都是多余的。换言之,消费者会放弃所有超量的眼镜架,只保留一副眼镜架与两片眼镜片相匹配,所以相应的 $MRS_{12} = \infty$。

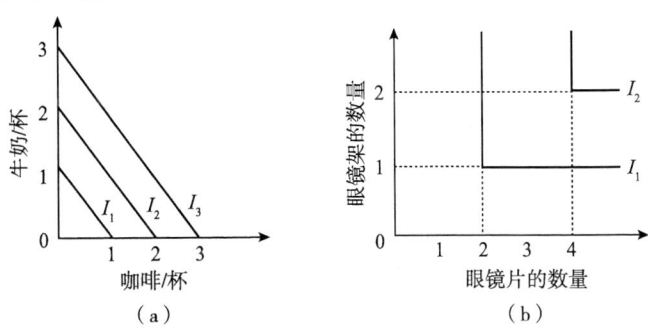

图 2-6 完全替代品和完全互补品的无差异曲线

假定某消费者只消费两种商品，而且这两种商品之间是完全互补的关系，则相应的效用函数的通常形式为

$$U(x_1, x_2) = \min\{ax_1 + bx_2\} \qquad (2-10)$$

式中，x_1、x_2 分别表示两种商品的数量，常数 a、$b > 0$，符号 min 表示效用水平由括号中最小的一项决定。只有在无差异曲线的直角点上，两种互补商品刚好按固定比例被消费，所以在任何一条关于完全互补品的无差异曲线的直角点上，都有 $U = ax_1 = bx_2$，且直角点上两种商品的边际替代率为常数，即均有 $MRS_{12} = a/b$。

2.1.3 预算线

无差异曲线描述了消费者对不同商品组合的偏好，它仅仅表示了消费者的消费愿望。这种愿望构成分析消费者行为的一个方面；另一方面，消费者在购买商品时，必然会受到自己的收入水平和市场上商品价格的限制，这就是预算约束。预算约束可以用预算线来说明。

1. 预算线的含义

预算线又称预算约束线、消费可能线和价格线。预算线表示在消费者的收入和商品的价格给定的条件下，消费者的全部收入所能购买到的两种商品的各种组合。假定某消费者的一笔收入为 120 元，全部用来购买商品 1 和商品 2，其中商品 1 的价格 $P_1 = 4$ 元，商品 2 的价格 $P_2 = 3$ 元。那么，全部收入都用来购买商品 1 可得 30 单位，全部收入用来购买商品 2 可得 40 单位。

假定以 I 表示消费者的既定收入，以 P_1 和 P_2 分别表示商品 1 和商品 2 的价格，以 X_1 和 X_2 分别表示商品 1 和商品 2 的数量，那么相应的预算等式为

$$P_1 X_1 + P_2 X_2 = I \qquad (2-11)$$

该式表示消费者的全部收入等于他购买商品 1 和商品 2 的总支出。而且，可以用 I/P_1 和 I/P_2 来分别表示全部收入仅购买商品 1 或商品 2 的数量，它们分别表示预算线的横截距和纵截距。此外，式（2-11）可以改写成如下形式：

$$X_2 = -P_1 X_1 / P_2 + I/P_2 \qquad (2-12)$$

式（2-12）的预算线方程告诉我们，预算线的斜率为 $-P_1/P_2$，纵截距为 I/P_2。

2. 预算线的变动

预算线的变动可以归纳为以下四种情况。

第一种情况：两种商品的价格 P_1 和 P_2 不变，消费者的收入 I 发生变化。这时，相应的预算线的位置会发生平移。

第二种情况：消费者的收入 I 不变，两种商品的价格 P_1 和 P_2 同比例同方向发生变化。这时，相应的预算线的位置也会发生平移。

第三种情况：消费者的收入 I 不变，商品 1 的价格 P_1 发生变化而商品 2 的价格 P_2

保持不变。这时，预算线的斜率会发生变化，预算线的横截距也会发生变化，但预算线的纵截距保持不变。

第四种情况：消费者的收入 I 与两种商品的价格 P_1 和 P_2 都同比例同方向发生变化。这时，预算线不发生变化。

3. 消费者的均衡

在已知消费者的偏好和预算线约束的前提下，就可以分析消费者对最优商品组合的选择。具体的做法是：把前面考察过的消费者的无差异曲线和预算线结合在一起，来分析消费者追求效用最大化的购买选择行为。

消费者的最优购买行为必须满足两个条件：①最优的商品购买组合必须是消费者最偏好的商品组合，即最优的商品购买组合必须是能够给消费者带来最大效用的商品组合。②最优的商品购买组合必须位于给定的预算线上。

以下结合图 2-7 来具体说明消费者的最优购买行为。

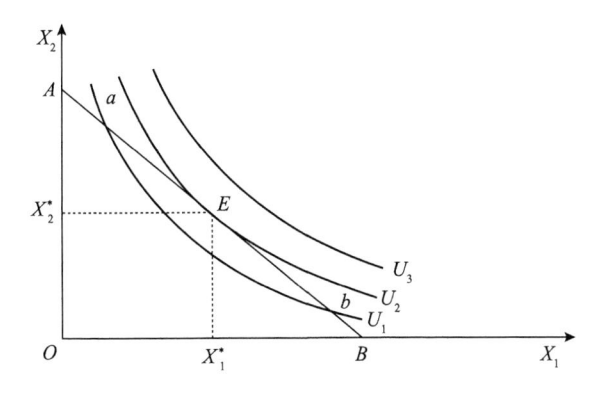

图 2-7 消费者的均衡

首先，把要分析的问题准确表述如下：假定消费者的偏好给定，再假定消费者的收入和两种商品的价格给定，那么消费者应该如何选择最优的商品组合，以获得最大的效用呢？认真考虑一下这个问题，可以得到以下两点：①消费者偏好给定的假定，意味着给定了一个由该消费者的无数条无差异曲线所构成的无差异曲线簇。为了简化分析，我们从中取出三条，这便是图 2-7 中三条无差异曲线 U_1、U_2 和 U_3 的由来。②消费者的收入和两种商品的价格给定的假定，意味着给定了该消费者的一条预算线，这便是图 2-7 中唯一的一条预算线 AB 的由来。

其次，在图 2-7 中找出该消费者实现效用最大化的最优商品组合。面对图 2-7 中的一条预算线和三条无差异曲线，只有预算线 AB 和无差异曲线 U_2 的相切点 E，才是消费者在给定的预算约束下能够获得最大效用的均衡点。在均衡点 E 处，相应的最优购买组合为 (X_1^*, X_2^*)。

为什么唯有 E 点才是消费者效用最大化的均衡点呢？这是因为，就无差异曲线 U_3 来说，虽然它代表的效用水平高于无差异曲线 U_2，但它与既定的预算线 AB 既无交点又无切点。这说明消费者在既定的收入水平下无法实现无差异曲线 U_3 上的任何一点的商品组合的购买。就无差异曲线 U_1 来说，虽然它与既定的预算线 AB 相交于 a、b 两点，表明消费者利用现有收入可以购买 a、b 两点的商品组合，但是这两点的效用水平低于无差异曲线 U_2，因此理性的消费者不会用全部收入去购买无差异曲线 U_1 上 a、b 两点的商品组合。事实上，就 a 点和 b 点来说，若消费者能改变购买组合，选择 AB 线段上位于 a 点右边或 b 点左边的任何一点的商品组合，则都可以达到比 U_1 更高的无差异曲线，以获得比 a 点和 b 点更大的效用水平。这种沿着 AB 线段由 a 点往右和由 b 点往左的运动，最后必定在 E 点达到均衡。显然，只有当既定的预算线 AB 和无差异曲线 U_2 相切于 E 点时，消费者才在既定的预算约束条件下获得最大的满足。故 E 点就是消费者实现效用最大化的均衡点。

最后，找出消费者效用最大化的均衡条件。在切点 E，无差异曲线和预算线两者的斜率是相等的。我们已经知道，无差异曲线的斜率的绝对值就是商品的边际替代率 MRS_{12}，预算线的斜率的绝对值可以用两种商品的价格之比 P_1/P_2 来表示。

由此，在均衡点 E 有

$$MRS_{12} = \frac{P_1}{P_2} \qquad (2-13)$$

式（2-13）就是消费者效用最大化的均衡条件。它表示在一定的预算约束下，为了实现最大的效用，消费者应该选择最优的商品组合，使得两种商品的边际替代率等于两种商品的价格之比。也可以这样理解，在消费者的均衡点上，消费者愿意用一单位的某种商品去交换的另一种商品的数量（即 MRS_{12}），应该等于该消费者能够在市场上用一单位的这种商品去交换得到的另一种商品的数量（即 P_1/P_2）。

2.1.4 替代效应和收入效应

一种商品价格的变化会引起该商品的需求量的变化，这种变化可以被分解为替代效应和收入效应两个部分。本小节将分别讨论正常物品和低档物品的替代效应和收入效应，并以此进一步说明这两类物品的需求曲线的形状特征。

1. 替代效应和收入效应的含义

当一种商品的价格发生变化时，会对消费者产生两种影响：一是使消费者的实际收入水平发生变化。在这里，实际收入水平的变化被定义为效用水平的变化。二是使商品的相对价格发生变化。这两种变化都会改变消费者对该种商品的需求量。

例如，在消费者购买商品1和商品2两种商品的情况下，当商品1的价格下降时，一方面，对于消费者来说，虽然货币收入不变，但是现有的货币收入的购买力增强了，即实际收入水平提高了。实际收入水平的提高，会使消费者改变对这两种商品的购买量，从而达到更高的效用水平，这就是收入效应。另一方面，商品1价格的下降，使得商品1相对于价格不变的商品2来说,较以前便宜了。商品相对价格的这种变化,会使消费者增加对商品1的购买而减少对商品2的购买,这就是替代效应。显然,替代效应不考虑实际收入水平变动的影响,所以替代效应不改变消费者的效用水平。当然,也可以同样地分析商品1的价格提高时的替代效应和收入效应,只是情况刚好相反罢了。

综上所述,一种商品价格变动所引起的该商品需求量变动的总效应可以被分解为替代效应和收入效应两个部分,即总效应 = 替代效应 + 收入效应。其中,由商品的价格变动所引起的实际收入水平变动,进而由实际收入水平变动所引起的商品需求量的变动,称为收入效应。由商品的价格变动所引起的商品相对价格的变动,进而由商品的相对价格变动所引起的商品需求量的变动,称为替代效应。收入效应表示消费者的效用水平发生变化,替代效应则不改变消费者的效用水平。

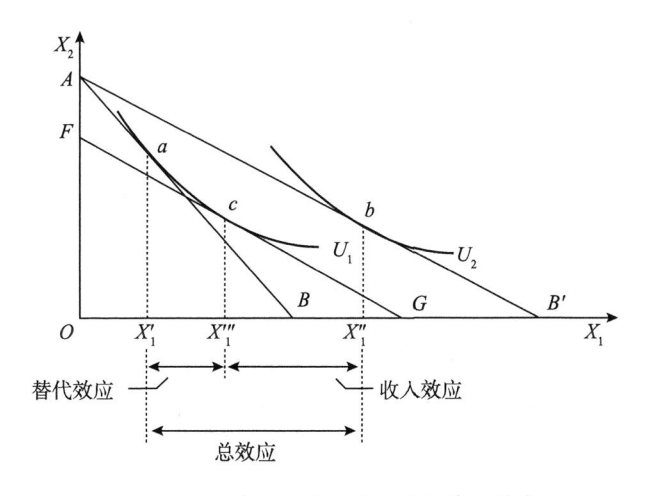

2. 正常物品的替代效应和收入效应

图2-8中的横轴 OX_1 和纵轴 OX_2 分别表示商品1和商品2的数量,其中商品1是正常物品。在商品价格变化之前,消费者的预算线为 AB,该预算线与无差异曲线 U_1 相切于 a 点,a 点是消费者效用最大化的一个均衡点。在 a 均衡点上,相应的商品1的需求量为 OX_1'。现假定商品1的价格 P_1 下降使预算线的位置由 AB 移至 AB'。新的预算线 AB' 与另一条代表更高效用水平的无差异曲线 U_2 相切于 b 点,b 点是商品1的价格下降以后的消费者的效用最大化的均衡点。在 b 均衡点上,相应的商品1的需求量为 OX_1''。比较 a、b 两个均衡点,商品1的需求量的增加量为 $X_1' X_1''$,这便是商品1的价格 P_1 下降所引起的总效应。这个总效应可以被分解为替代效应和收入效应两个部分。

图2-8 正常物品的替代效应和收入效应

(1)替代效应。

在图2-8中,由于商品1的价格 P_1 下降,消费者的效用水平提高了,消费者的新

的均衡点 b 不是在原来的无差异曲线 U_1 上而是在更高的无差异曲线 U_2 上。为了得到替代效应，必须剔除实际收入水平变化的影响，使消费者回到原来的无差异曲线 U_1 上去。要做到这一点，需要利用补偿预算线这一分析工具。

什么是补偿预算线？当商品的价格发生变化引起消费者的实际收入水平发生变化时，补偿预算线是用来表示以假设的货币收入的增减来维持消费者的实际收入水平不变的一种分析工具。具体地说，当商品价格下降引起消费者的实际收入水平提高时，假设可以取走消费者的一部分货币收入，以使消费者的实际收入维持原有的水平，则补偿预算线在此就可以用来表示使消费者的货币收入下降到只能维持原有的无差异曲线的效用水平（即原有的实际收入水平）这一情况。相反，当商品价格上升引起消费者的实际收入水平下降时，假设可以对消费者的损失给予一定的货币收入补偿，以使消费者的实际收入维持原有的水平，则补偿预算线在此就可以用来表示使消费者的货币收入提高到得以维持原有的无差异曲线的效用水平（即原有的实际收入水平）这一情况。

为了剔除实际收入水平变化的影响，使消费者能够回到原有的无差异曲线 U_1 上去，其具体做法是：作一条平行于预算线 AB'，且与无差异曲线 U_1 相切的补偿预算线 FG。这种做法的含义是：补偿预算线 FG 与无差异曲线 U_1 相切，表示假设的货币收入的减少（用预算线的位置由 AB' 向左平移到 FG 表示）刚好能使消费者回到原有的效用水平。补偿预算线 FG 与预算线 AB' 平行，则以这两条预算线的相同斜率表示商品 1 价格和商品 2 价格的一个相同的比值 P_1/P_2，而且这个商品的相对价格 P_1/P_2 是商品 1 的价格 P_1 变化以后的相对价格。补偿预算线 FG 与无差异曲线 U_1 相切于均衡点 c，与原来的均衡点 a 相比，需求量的增加量为 $X_1'X_1'''$，这个增加量就是在剔除了实际收入水平变化影响以后的替代效应。

进一步地，就预算线 AB 和补偿预算线 FG 而言，它们分别与无差异曲线 U_1 相切于 a、c 两点，但斜率却是不相等的。预算线 AB 的斜率的绝对值大于补偿预算线 FG 的，由此可以推知，预算线 AB 所表示的商品的相对价格 P_1/P_2 大于补偿预算线 FG 所表示的，显然，这是由于 P_1 下降而 P_2 不变所引起的。在这种情况下，当预算线由 AB 移至 FG 时，随着商品的相对价格 P_1/P_2 的变小，消费者为了维持原有的效用水平，其消费必然会沿着既定的无差异曲线 U_1，由 a 点下滑到 c 点，增加对商品 1 的购买而减少对商品 2 的购买，即用商品 1 去替代商品 2。于是，由 a 点到 c 点的商品 1 的需求量的增加量 $X_1'X_1'''$，便是 P_1 下降的替代效应。它显然归因于商品相对价格的变化，它不改变消费者的效用水平。在这里，P_1 下降所引起的需求量的增加量 $X_1'X_1'''$ 是一个正值，即替代效应的符号为正。也就是说，正常物品的替代效应与价格呈反方向的变动。

（2）收入效应。

收入效应是总效应的另一个组成部分。设想一下，把补偿预算线 FG 再推回到 AB' 的位置上去，于是消费者的效用最大化的均衡点就会由无差异曲线 U_1 上的 c 点回复到

无差异曲线 U_2 上的 b 点，相应的需求量的变化量 $X_1'' X_1'''$ 就是收入效应。这是因为，在前面分析替代效应时，为了剔除实际收入水平的影响，将预算线 AB' 移到补偿预算线 FG 的位置。所以，当预算线由 FG 的位置再回复到 AB' 的位置时，相应的需求量的增加量 $X_1'' X_1'''$ 必然就是收入效应。收入效应显然归因于商品 1 的价格变化所引起的实际收入水平的变化，它改变了消费者的效用水平。

在这里，收入效应 $X_1'' X_1'''$ 是一个正值。这是因为，当 P_1 下降使得消费者的实际收入水平提高时，消费者必定会增加对正常物品商品 1 的购买，即正常物品的收入效应与价格呈反方向的变动。

综上所述，对于正常物品来说，替代效应与价格呈反方向的变动，收入效应也与价格呈反方向的变动，在它们的共同作用下，总效应必定与价格呈反方向的变动。正因为如此，正常物品的需求曲线是向右下方倾斜的。

3. 正常物品和低档物品的区别与收入效应

在分析低档物品的替代效应和收入效应之前，我们有必要先分析一下正常物品和低档物品的区别，以及由此带来的这两类商品的各自收入效应的特点。

商品可以分为正常物品和低档物品两大类。正常物品和低档物品的区别在于：正常物品的需求量与消费者的收入水平呈同方向的变动，即正常物品的需求量随着消费者收入水平的提高而增加，随着消费者收入水平的下降而减少。低档物品的需求量与消费者的收入水平呈反方向的变动，即低档物品的需求量随着消费者收入水平的提高而减少，随着消费者收入水平的下降而增加。

相应地可以推知：当某正常物品的价格下降（或上升）导致消费者实际收入水平提高（或下降）时，消费者会增加（或减少）对该正常物品的需求量，即正常物品的收入效应与价格呈反方向的变动。这就是上述分析的结论，也是在图 2-8 中 c 点必定落在 a、b 两点之间的原因。而当某低档物品的价格下降（或上升）导致消费者实际收入水平提高（或下降）时，消费者会减少（或增加）对该低档物品的需求量，即低档物品的收入效应与价格呈同方向的变动。这意味着，在类似于图 2-8 的分析中，c 点的位置会发生变化。

由于正常物品和低档物品的区别不对它们各自的替代效应产生影响，所以对于所有的商品来说，替代效应与价格都是呈反方向变动的。

4. 低档物品的替代效应和收入效应

对于低档物品来说，替代效应与价格呈反方向的变动，收入效应与价格呈同方向的变动，而且在大多数的场合，收入效应的作用小于替代效应的作用，所以总效应与价格呈反方向的变动，相应的需求曲线是向右下方倾斜的。

但是，在少数的场合，某些低档物品的收入效应的作用会大于替代效应的作用，于是就会出现违反需求曲线向右下方倾斜的现象。这类物品就是吉芬物品。

2.2 生产者行为理论

从生产者的角度研究市场的供给。在生产与成本理论中所要研究的经济行为主体是生产者，也称为厂商或企业，它是指为了实现某一经济目标而独立做出统一经济决策的经济单位。在西方经济学中，不论厂商的组织形式如何，通常都假定厂商是合乎理性的经济人，其生产目的是实现利润最大化。与消费者类似，厂商为实现利润最大化而进行选择时也要面临许多约束条件，如技术条件、市场需求和竞争环境等。本节主要考察厂商面临的技术约束，说明厂商在特定的技术条件下如何有效地组织生产。

2.2.1 生产理论

1. 生产函数

厂商进行生产的过程就是从投入生产要素到生产出产品的过程。在西方经济学中，生产要素一般划分为劳动、土地、资本和企业家才能四种类型。劳动指人类在生产过程中提供的体力和智力的总和。土地不仅指土地本身，还包括地上和地下的一切自然资源，如森林、江河湖泊、海洋和矿藏等。资本可以表现为实物形态或货币形态。资本的实物形态又称为资本品或投资品，如厂房、机器设备、动力燃料、原材料等。资本的货币形态通常称为货币资本。企业家才能指企业家组织建立和经营管理企业的才能。通过对生产要素的运用，厂商可以提供各种实物产品，如房屋、食品、机器、日用品等，也可以提供各种无形产品即劳务，如理发、医疗、金融服务、旅游服务等。

生产过程中生产要素的投入量和产品的产出量之间的关系，可以用生产函数来表示。生产函数表示在一定时期内，在技术水平不变的情况下，生产中所使用的各种生产要素的数量与所能生产的最大产量之间的关系。任何生产函数都以一定时期内的生产技术水平作为前提条件，一旦生产技术水平发生变化，原有的生产函数就会发生变化，从而形成新的生产函数。新的生产函数可能是以相同的生产要素投入量生产出更多或更少的产量，也可能是以变化了的生产要素的投入量进行生产。

假定 $X_1, X_2, \cdots, X_n$ 顺次表示某产品生产过程中所使用的 n 种生产要素的投入数量，Q 表示所能生产的最大产量，则生产函数可以表示为

$$Q = f(X_1, X_2, \cdots, X_n) \qquad (2-14)$$

该生产函数表示在一定时期内在既定的生产技术水平下的生产要素组合（X_1，X_2，…，X_n）所能生产的最大产量为 Q。

在经济学的分析中，为了简化分析，通常假定生产中只使用劳动和资本这两种生产要素。若以 L 表示劳动投入数量，以 K 表示资本投入数量，则生产函数为

$$Q = f(L, K) \qquad (2-15)$$

生产函数表示生产中的投入量和产出量之间的依存关系，这种关系普遍存在于各种生产过程之中。一家工厂必然具有一个生产函数，一家饭店也是如此，甚至一所学校或医院同样会有各自的生产函数。估算和研究生产函数，对于经济理论研究和生产实践都有一定的意义。这也是很多经济学家和统计学家对生产函数感兴趣的原因。

2. 短期生产函数：一种变动要素的合理投入

（1）短期和长期的含义。

短期指生产者来不及调整全部生产要素的数量，至少有一种生产要素的数量是固定不变的时间周期。长期指生产者可以调整全部生产要素的数量的时间周期。相应地，在短期内，生产要素投入可以区分为不变投入和可变投入。生产者在短期内无法进行数量调整的那部分要素投入是不变要素投入，如机器设备、厂房等；生产者在短期内可以进行数量调整的那部分要素投入是可变要素投入，如劳动、原材料、燃料等。在长期内，生产者可以调整全部的要素投入。例如，生产者根据企业的经营状况可以缩小或扩大生产规模，甚至还可以加入或退出一个行业的生产。由于在长期所有的要素投入量都是可变的，因而也就不存在可变要素投入和不变要素投入的区分。在这里，短期和长期的划分是以生产者能否变动全部要素投入的数量作为标准的。对于不同的产品生产，短期和长期的界限规定是不相同的。例如，变动一个大型炼油厂的规模可能需要 3 年的时间，而变动一个豆腐作坊的规模可能仅需要 1 个月的时间。即前者的短期和长期的划分界线为 3 年，而后者仅为 1 个月。

由生产函数 $Q = f(L,K)$ 出发，假定资本投入量是固定的，用 $\bar{K}$ 表示，劳动投入量是可变的，用 L 表示，则生产函数为

$$Q = f(L, \bar{K}) \qquad (2-16)$$

式（2-16）是通常采用的一种可变生产要素的生产函数的形式，它也被称为短期生产函数。

（2）总产量、平均产量和边际产量。

短期生产函数 $Q = f(L,\bar{K})$ 表示，在资本投入量固定时，由劳动投入量变化所带来的最大产量的变化。由此，我们可以得到劳动的总产量（Total Product，TP）、劳动的平均产量（Average Product，AP）和劳动的边际产量（Marginal Product，MP）三个概念。

劳动的总产量 TP_L 指与一定的可变要素劳动的投入量相对应的最大产量。它的定义公式为

$$TP_L = f(L, \bar{K}) \tag{2-17}$$

劳动的平均产量 AP_L 指平均每一单位可变要素劳动的投入量所生产的产量。它的定义公式为

$$AP_L = \frac{TP_L(L, \bar{K})}{L} \tag{2-18}$$

劳动的边际产量 MP_L 指增加一单位可变要素劳动投入量所增加的产量。它的定义公式为

$$MP_L = \frac{\Delta TP_L(L, \bar{K})}{\Delta L} \tag{2-19}$$

类似地，对于生产函数 $Q = f(L, \bar{K})$ 来说，它表示在劳动投入量固定时，由资本投入量变化所带来的最大产量的变化。由该生产函数可以得到相应的资本的总产量、资本的平均产量和资本的边际产量，它们的定义公式分别是

$$TP_K = f(\bar{L}, K) \tag{2-20}$$

$$AP_K = \frac{TP_K(\bar{L}, K)}{K} \tag{2-21}$$

$$MP_K = \frac{\Delta TP_K(\bar{L}, K)}{\Delta K} \tag{2-22}$$

（3）边际报酬递减规律。

对一种可变生产要素的生产函数来说，边际产量表现出的先上升而最终下降的特征，被称为边际报酬递减规律，有时也被称为边际产量递减规律或边际收益递减规律。

西方经济学家指出，在生产中普遍存在这么一种现象：在技术水平不变的条件下，在连续等量地把某一种可变生产要素增加到其他一种或几种数量不变的生产要素上去的过程中，当这种可变生产要素的投入量小于某一特定值时，增加该要素投入所带来的边际产量是递增的；当这种可变要素的投入量连续增加并超过这个特定值时，增加该要素投入所带来的边际产量是递减的。这就是边际报酬递减规律。边际报酬递减规律是短期生产的一条基本规律。例如，对于给定的 10 公顷麦田来说，在技术水平和其他投入不变的前提下，考虑使用化肥的效果。如果只使用 1 千克化肥，那可想而知，这 1 千克化肥所带来的总产量的增加量即边际产量是很小的，可以说是微不足道的。但随着化肥使用量的增加，其边际产量会逐步提高，直至达到最佳的效果即最大的边际产量。但必须看到，若超过化肥的最佳使用量后，还继续增加化肥使用量，就会对小麦生长带来不利影响，化肥的边际产量就会下降。过多的化肥甚至会危害庄稼，导致负的边际产量。

从理论上讲，边际报酬递减规律成立的原因在于：对于任何产品的短期生产来说，可变要素投入和固定要素投入之间都存在着一个最佳的数量组合比例。在开始时，由于不变要素投入量给定，而可变要素投入量为零，因此生产要素的投入量远远没有达

到最佳的组合比例。随着可变要素投入量的逐渐增加,生产要素的投入量逐步接近最佳的组合比例,相应的可变要素的边际产量呈现出递增的趋势。一旦生产要素的投入量达到最佳的组合比例,可变要素的边际产量达到最大值。在这一点之后,随着可变要素投入量的继续增加,生产要素的投入量越来越偏离最佳的组合比例,相应的可变要素的边际产量便呈现出递减的趋势了。边际报酬递减规律强调的是:在任何一种产品的短期生产中,随着一种可变要素投入量的增加,边际产量最终必然会呈现出递减的特征。或者说,该规律提醒人们要看到在边际产量递增阶段后必然会出现的边际产量递减阶段。

(4)短期生产的三个阶段。

根据短期生产的总产量曲线、平均产量曲线和边际产量曲线之间的关系将短期生产划分为三个阶段,如图2-9所示。

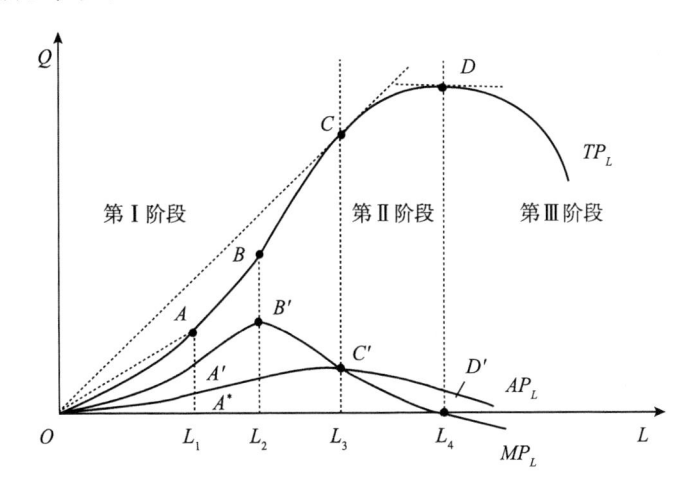

图 2-9 一种可变生产要素的生产函数的产量曲线

在第 Ⅰ 阶段,产量曲线的特征为:劳动的平均产量始终是上升的,且达到最大值;劳动的边际产量上升达到最大值,然后开始下降,且劳动的边际产量始终大于劳动的平均产量;劳动的总产量始终是增加的。这说明:在这一阶段,不变要素资本的投入量相对过多,生产者增加可变要素劳动的投入量是有利的。或者说,生产者只要增加可变要素劳动的投入量,就可以较大幅度地增加总产量。因此,任何理性的生产者都不会在这一阶段停止生产,而是连续增加可变要素劳动的投入量,以增加总产量,并将生产扩大到第 Ⅱ 阶段。

在第 Ⅲ 阶段,产量曲线的特征为:劳动的平均产量继续下降,劳动的边际产量降为负值,劳动的总产量也呈现下降趋势。这说明:在这一阶段,可变要素劳动的投入量相对过多,生产者减少可变要素劳动的投入量是有利的。因此,这时即使劳动要素是免费供给的,理性的生产者也不会增加劳动投入量,而是通过减少劳动投入量来增加总产量,以摆脱劳动的边际产量为负值和总产量下降的局面,并退回到第 Ⅱ 阶段。

由此可见，任何理性的生产者既不会将生产停留在第Ⅰ阶段，也不会将生产扩张到第Ⅲ阶段，所以生产只能在第Ⅱ阶段进行。在生产的第Ⅱ阶段，生产者可以得到由第Ⅰ阶段增加可变要素投入所带来的全部好处，又可以避免将可变要素投入增加到第Ⅲ阶段而带来的不利影响。因此，第Ⅱ阶段是生产者进行短期生产的决策区间。在第Ⅱ阶段的起点处，劳动的平均产量曲线和劳动的边际产量曲线相交，即劳动的平均产量达到最高点。在第Ⅱ阶段的终点处，劳动的边际产量曲线与水平轴相交，即劳动的边际产量等于零。至于在生产的第Ⅱ阶段，生产者应选择的利润最大化的最佳投入量究竟在哪一点，这一问题还有待于以后结合成本、收益和利润进行深入分析。

3. 两种可变生产要素的生产函数

本部分介绍长期生产理论。我们以两种可变生产要素的生产函数为例来讨论长期生产中可变生产要素的投入组合和产量之间的关系。

（1）等产量曲线。

生产理论中的等产量曲线和效用理论中的无差异曲线是很相似的。等产量曲线是在技术水平不变的条件下生产同一产量的两种生产要素投入量的所有不同组合的轨迹。以常数 Q^0 表示既定的产量水平，则与等产量曲线相对应的生产函数为

$$Q = f(L,K) = Q^0 \qquad (2-23)$$

显然，这是一个两种可变生产要素的生产函数。

长期生产函数通常所用的等产量曲线如图2-10所示。

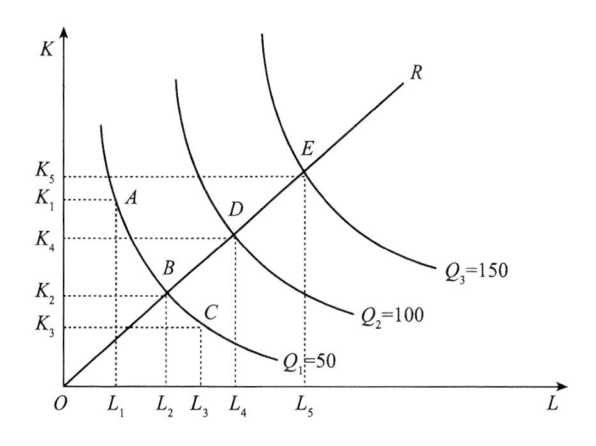

图2-10 等产量曲线

图2-10中有三条等产量曲线，它们分别表示可以生产出50单位、100单位和150单位产量的各种生产要素的组合。以代表产量为50单位的等产量曲线为例进行分析，50单位的产量既可以使用 A 点的要素组合（OL_1 单位的劳动和 OK_1 单位的资本）生产出来，也可以使用 B 点的要素组合（OL_2 单位的劳动和 OK_2 单位的资本）或 C 点的要素组合（OL_3 单位的劳动和 OK_3 单位的资本）生产出来。

与无差异曲线相似，等产量曲线与坐标原点的距离的大小表示产量水平的高低：离原点越近的等产量曲线代表的产量水平越低，离原点越远的等产量曲线代表的产量水平越高。同一平面坐标系中的任意两条等产量曲线不会相交。等产量曲线是凸向原点的。

（2）边际技术替代率。

与等产量曲线相联系的一个概念是边际技术替代率（MRTS），即一条等产量曲线表示一个既定的产量水平可以由两种可变要素的各种不同数量的组合生产出来。这意味着，生产者可以通过对两种要素之间的相互替代来维持一个既定的产量水平。例如，为了生产 50 单位的某种产品，生产者可以使用较多的劳动和较少的资本，也可以使用较少的劳动和较多的资本。前者可以看成是劳动对资本的替代，后者可以看成是资本对劳动的替代。想象一下，在图 2 – 10 中，为了维持固定的 50 单位产量，在厂商的产量沿着既定的等产量曲线由 A 点滑动到 C 点的过程中，劳动投入量必然会随着资本投入量的不断减少而增加；相反，由 C 点运动到 A 点的过程中，劳动投入量必然会随着资本投入量的不断增加而减少。由两种要素之间这种相互替代的关系，可以得到边际技术替代率的概念。在维持产量水平不变的条件下，增加一单位某种生产要素投入量时所减少的另一种要素的投入数量，称为边际技术替代率。劳动对资本的边际技术替代率的定义公式为

$$MRTS_{LK} = -\frac{\Delta K}{\Delta L} \qquad (2-24)$$

式中，ΔK 和 ΔL 分别为资本投入量的变化量和劳动投入量的变化量。公式中加一负号是为了使 MRTS 值在一般情况下为正值，以便于比较。

在图 2 – 10 中，当生产 50 单位产量的要素组合由 A 点变为 B 点时，劳动对资本的边际技术替代率等于资本投入的减少量与劳动投入的增加量之比，即 $MRTS_{LK} = -\frac{\Delta K}{\Delta L}$。当图中的 A 点沿着既定的等产量曲线变动为无穷小时，即 $\Delta L \to 0$ 时，相应的边际技术替代率的定义公式为

$$MRTS_{LK} = \lim_{\Delta L \to 0} -\frac{\Delta K}{\Delta L} = -\frac{dK}{dL} \qquad (2-25)$$

显然，等产量曲线上某一点的边际技术替代率就是等产量曲线在该点斜率的绝对值。

边际技术替代率还可以表示为两种要素的边际产量之比。这是因为，边际技术替代率的概念是建立在等产量曲线的基础上的，所以对于任意一条给定的等产量曲线来说，当用劳动投入去替代资本投入时，在维持产量水平不变的前提下，由增加劳动投入量所带来的总产量的增加量和由减少资本量所带来的总产量的减少量必定是相等的，即必有

$$|\Delta L \cdot MP_L| = |\Delta K \cdot MP_K|$$

整理得

$$-\frac{\Delta K}{\Delta L} = \frac{MP_L}{MP_K}$$

由边际技术替代率的定义公式得

$$MRTS_{LK} = -\frac{\Delta K}{\Delta L} = \frac{MP_L}{MP_K}$$

可见，边际技术替代率可以表示为两种要素的边际产量之比。

(3) 边际技术替代率递减规律。

在两种生产要素相互替代的过程中，普遍存在一种现象：在维持产量不变的前提下，当一种生产要素的投入量不断增加时，每一单位的这种生产要素所能替代的另一种生产要素的数量是递减的。这一现象被称为边际技术替代率递减规律。在产量不变的条件下，在劳动投入量不断增加和资本投入量不断减少的替代过程中，边际技术替代率是递减的（见图 2-11）。

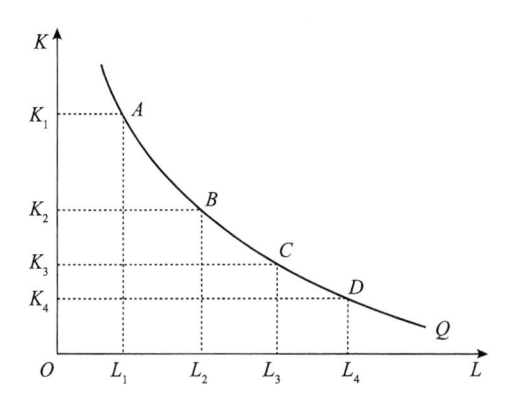

图 2-11 边际技术替代率

边际技术替代率递减的主要原因在于：任何一种产品的生产技术都要求各要素投入之间有适当的比例，这意味着要素之间的替代是有限制的。简单地说，以劳动和资本两种要素投入为例，在劳动投入量很少和资本投入量很多的情况下，减少一些资本投入量可以很容易地通过增加劳动投入量来弥补，以维持原有的产量水平，即劳动对资本的替代是很容易的。但是，在劳动投入量增加到相当多的数量和资本投入量减少到相当少的数量的情况下，再用劳动去替代资本就会很困难了。

(4) 等成本线。

在生产要素市场上，厂商对生产要素的购买支付，构成了厂商的生产成本。成本问题是追求利润最大化的厂商必须要考虑的一个经济问题。

生产论中的等成本线是一个和效用论中的预算线非常相似的分析工具。等成本线是在既定的成本和既定生产要素价格条件下生产者可以购买到的两种生产要素的各种不同数量组合的轨迹。假定要素市场上既定的劳动价格即工资率为 w，既定的资本价格即利息率为 r，厂商既定的成本支出为 C，则成本方程为

$$C = wL + rK \qquad (2-26)$$

由成本方程可得

$$K = -\frac{w}{r}L + \frac{C}{r} \qquad (2-27)$$

根据式（2-26）、式（2-27）可以得到等成本线，如图2-12所示。由于式（2-27）的成本方程是线性的，所以等成本线必定是一条直线。图中横轴上的点 C/w 表示既定的全部成本都购买劳动时的数量，纵轴上的点 C/r 表示既定的全部成本都购买资本时的数量，连接这两点的线段就是等成本线。它表示既定的全部成本所能购买到劳动和资本的各种组合。根据式（2-27），等成本线的纵截距为 C/r，等成本线的斜率为 $-w/r$，即为两种生产要素价格之比的负值。

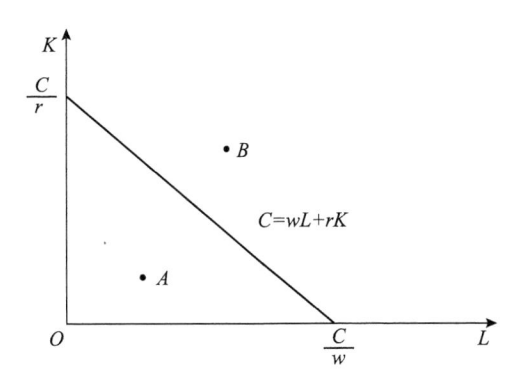

图2-12　等成本线

在图2-12中，等成本线以内区域中的任何一点（如 A 点），表示既定的全部成本都用来购买该点的劳动和资本的组合以后还有剩余。等成本线以外的区域中的任何一点（如 B 点），表示用既定的全部成本购买该点的劳动和资本的组合是不够的。唯有等成本线上的任何一点，才表示用既定的全部成本能刚好购买到的劳动和资本的组合。

在成本固定和要素价格已知的条件下，便可以得到一条等成本线。所以，任何关于成本和要素价格的变动，都会使等成本线发生变化。关于这种变动的具体情况，与第2.1.3小节对预算线的分析是类似的，读者可以自己参照进行分析。

（5）最优的生产要素组合。

在长期内，所有的生产要素的投入数量都是可变动的，任何一个理性的生产者都会选择最优的生产要素组合进行生产。本部分把等产量曲线和等成本线结合在一起，研究生产者如何选择最优的生产要素组合，从而实现既定成本条件下的最大产量，或者实现既定产量条件下的最小成本。

1）既定成本条件下的产量最大化。假定在一定的技术条件下厂商用两种可变生产要素（劳动和资本）生产一种产品，且劳动的价格 w 和资本的价格 r 是已知的，厂商用于购买这两种要素的全部成本 C 是既定的。如果企业要以既定的成本获得最大的产量，那么它应该如何选择最优的劳动投入量和资本投入量的组合呢？

把厂商的等产量曲线和相应的等成本线画在同一个平面坐标系中，就可以确定厂商在既定成本下实现最大产量的最优要素组合点，即生产的均衡点。

在图 2-13 中，有一条等成本线 AB 和三条等产量曲线 Q_1、Q_2 和 Q_3。等成本线 AB 的位置和斜率取决于既定的成本量 C 和既定的已知的两种要素的价格比例 $-w/r$。由图 2-13 可知，唯一的等成本线 AB 与其中一条等产量曲线 Q_2 相切于 E 点，该点就是生产的均衡点。它表示：在既定成本条件下，厂商应该按照 E 点的生产要素组合进行生产，即劳动投入量和资本投入量分别为 OL_1 和 OK_1，这样厂商就会获得最大的产量。

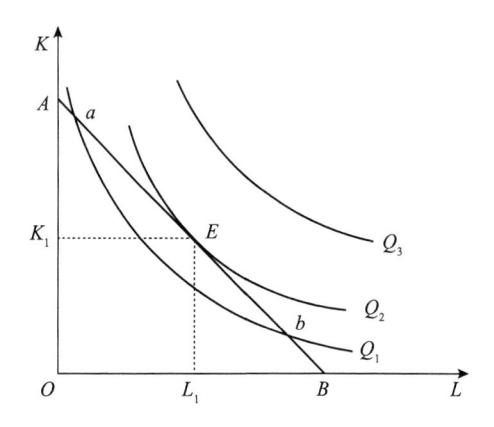

图 2-13 既定条件下产量最大的要素组合

由于边际技术替代率反映了两种要素在生产中的替代比率，要素的价格比例反映了两种要素在购买中的替代比率，所以只要两者不相等，厂商总可以在总成本不变的条件下通过对要素组合的重新选择，使总产量得到增加。只有在两种要素的边际技术替代率和两种要素的价格比例相等时，生产者才能实现生产的均衡。在图 2-13 中则是唯一的等成本线 AB 和等产量曲线 Q_2 的切点 E 才是厂商的生产均衡点。于是，在生产均衡点 E 有

$$MRTS_{LK} = \frac{w}{r}$$

它表示：为了实现既定成本条件下的最大产量，厂商必须选择最优的生产要素组合，使得两种要素的边际技术替代率等于两种要素的价格比例。这就是两种要素的最优组合原则。

进一步可以有

$$\frac{MP_L}{w} = \frac{MP_K}{r}$$

它表示：厂商可以通过对两种要素投入量的不断调整，使得最后一单位的成本支出无论用来购买哪一种生产要素所获得的边际产量都相等，从而实现既定成本条件下的最大产量。

2）利润最大化可以得到最优的生产要素组合。厂商生产的目的是追求最大的利润。在完全竞争条件下，对厂商来说，商品的价格和生产要素的价格都是既定的，厂商可以通过对生产要素投入量的不断调整来实现最大的利润。厂商在追求最大利润的过程中，可以得到最优的生产要素组合。

2.2.2 成本理论

成本理论是建立在生产理论基础之上的。生产理论分为短期生产理论和长期生产理论两种；相应地，成本理论也分为短期成本理论和长期成本理论两种。由于在短期内企业根据其所要达到的产量，只能调整部分生产要素的数量而不能调整全部生产要素的数量，所以短期成本有不变成本和可变成本之分。由于在长期内企业根据其所要达到的产量，可以调整全部生产要素的数量，所以长期内所有的要素成本都是可变的，长期成本没有不变成本和可变成本之分。

1. 短期成本曲线

（1）短期成本的分类。

在短期内，厂商的成本有不变成本部分和可变成本部分之分。具体地讲，厂商的短期成本有以下七种：总不变成本（TFC）、总可变成本（TVC）、总成本（TC）、平均不变成本（AFC）、平均可变成本（AVC）、平均总成本（AC）和边际成本（MC）。

总不变成本是厂商在短期内为生产一定数量的产品对不变生产要素所支付的总成本。例如，建筑物和机器设备的折旧费等。由于在短期内不管企业的产量为多少，这部分不变要素的投入量都是不变的，所以总不变成本是一个常数，它不随产量的变化而变化。即使产量为零时，总不变成本也仍然存在。如图 2-14（a）所示，图中的横轴 Q 表示产量，纵轴 C 表示成本，总不变成本曲线（TFC）是一条水平线。它表示在短期内，无论产量如何变化，总不变成本是固定不变的。

总可变成本是厂商在短期内生产一定数量的产品对可变生产要素支付的总成本。例如，厂商对原材料、燃料动力和工人工资的支付等。总可变成本曲线如图 2-14（b）所示，它是一条由原点出发向右上方倾斜的曲线（TVC）。

TVC 曲线表示：由于在短期内厂商是根据产量的变化不断地调整可变要素的投入量，所以总可变成本随产量的变动而变动。当产量为零时，总可变成本也为零，在这以后，总可变成本随着产量的增加而增加。总可变成本的函数形式为

$$TVC = TVC(Q) \qquad (2-28)$$

总成本是厂商在短期内为生产一定数量的产品对全部生产要素所支出的总成本。

它是总固定成本和总可变成本之和。总成本曲线如图 2-14（c）所示，它是从纵轴上相当于总不变成本 TFC 高度的点出发的一条向右上方倾斜的曲线（TC）。TC 曲线表示：在每一个产量上的总成本由总不变成本和总可变成本共同构成。总成本用公式表示为

$$TC(Q) = TFC + TVC(Q) \tag{2-29}$$

平均不变成本是厂商在短期内平均每生产一单位产品所消耗的不变成本。平均不变成本曲线如图 2-14（d）所示，它是一条向两轴渐近的双曲线（AFC）。AFC 曲线表示：在总不变成本固定的前提下，随着产量的增加，平均不变成本是越来越小的。平均不变成本用公式表示为

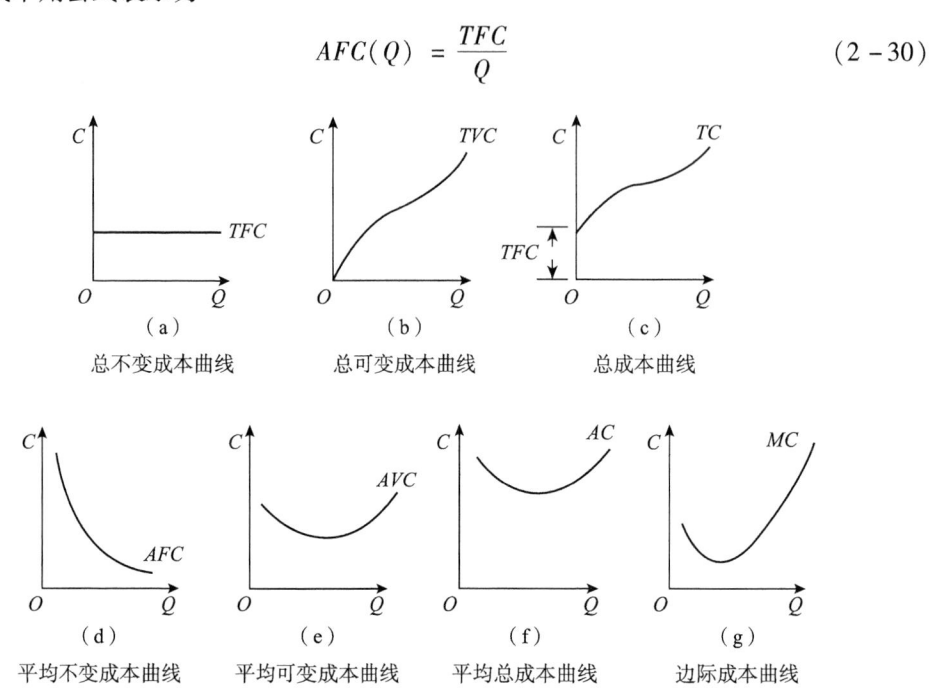

$$AFC(Q) = \frac{TFC}{Q} \tag{2-30}$$

图 2-14 各类短期成本曲线

平均可变成本是厂商在短期内平均每生产一单位产品所消耗的可变成本。平均可变成本曲线如图 2-14（e）所示。用公式表示为

$$AVC(Q) = \frac{TVC(Q)}{Q} \tag{2-31}$$

平均总成本是厂商在短期内平均每生产一单位产品所消耗的全部成本。它等于平均不变成本和平均可变成本之和。平均总成本曲线如图 2-14（f）所示。用公式表示为

$$AC(Q) = \frac{TC(Q)}{Q} = AFC(Q) + AVC(Q) \tag{2-32}$$

边际成本是厂商在短期内增加一单位产量时所增加的成本。边际成本曲线如图 2-14（g）所示。用公式表示为

$$MC(Q) = \frac{\Delta TC(Q)}{\Delta Q}$$

或者
$$MC(Q) = \lim_{\Delta Q \to 0} \frac{\Delta TC(Q)}{\Delta Q} = \frac{dTC}{dQ} \tag{2-33}$$

由式（2-33）可知，在每一个产量水平上的边际成本 MC 值就是相应的成本 TC 曲线的斜率。

平均可变成本曲线、平均总成本曲线和边际成本曲线都呈 U 形。它们表示：随着产量的增加，平均可变成本、平均总成本和边际成本都是先递减，各自达到本身的最低点之后再递增。最后需要指出的是，从以上各种短期成本的定义公式中可知，由一定产量水平上的总成本（包括 TFC、TVC 和 TC）出发，是可以得到相应的平均成本（包括 AFC、AVC 和 AC）和边际成本（MC）的。关于这一点，将在本小节最后部分进一步论述。

（2）短期成本曲线的综合图。

在图 2-14 中，我们分别画出了七条不同类型的短期成本曲线。现在，我们把这些不同类型的短期成本曲线置于同一张图中，以分析不同类型的短期成本曲线相互之间的关系。这项工作将通过表 2-3 和图 2-15 来完成。

表 2-3 是一张某厂商的短期成本表。表中的平均成本和边际成本的各栏均可以分别由相应的总成本的各栏推算出来。该表体现了各种短期成本之间的相互关系。

表 2-3　短期成本表

产量（Q）	总成本			平均成本			边际成本
	总不变成本（TFC）	总可变成本（TVC）	总成本（TC）	平均不变成本（AFC）	平均可变成本（AVC）	平均总成本（AC）	边际成本（MC）
0	1200	0	1200	—	—	—	—
1	1200	600	1800	1200.0	600.0	1800.0	600
2	1200	800	2000	600.0	400.0	1000.0	200
3	1200	900	2100	400.0	300.0	700.0	100
4	1200	1050	2250	300.0	262.5	562.5	150
5	1200	1400	2600	240.0	280.0	520.0	350
6	1200	2100	3300	200.0	350.0	550.0	700

注：产量和各成本的单位分别为抽象的单位水平。

图 2-15 是根据表 2-3 绘制的短期成本曲线图，它是一张典型的短期成本曲线综合图。

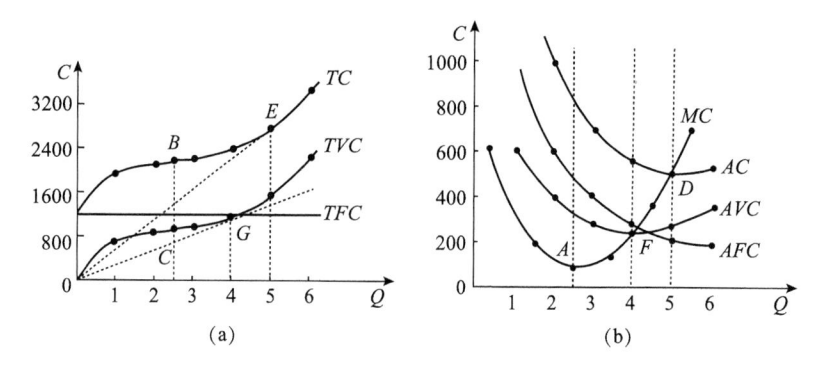

图 2-15 短期成本曲线

注：产量和各成本的单位分别为抽象的单位水平。

分析提示：

仔细观察图 2-15，除了发现那些在图 2-14 中已经得到体现的短期成本曲线的特征外，还可以发现以下特征。

先分析图 2-15（a）。由图中可见，TC 曲线是一条由水平的 TFC 曲线与纵轴的交点出发的向右上方倾斜的曲线。在每一个产量上，TC 曲线和 TVC 曲线两者的斜率都是相同的，并且 TC 曲线和 TVC 曲线之间的垂直距离都等于固定的不变成本 TFC。这显然是由于 TC 曲线是通过把 TVC 曲线向上垂直平移 TFC 的距离而得到的。

此外，在图 2-15（a）中，TC 曲线和 TVC 曲线在同一个产量水平（2.5 单位）各自存在一个拐点 B 和 C。在拐点以前，TC 曲线和 TVC 曲线的斜率是递减的；在拐点以后，TC 曲线和 TVC 曲线的斜率是递增的。

再分析图 2-15（b）。由图中可见，不仅 AVC 曲线、AC 曲线和 MC 曲线均呈 U 形特征，而且 MC 曲线与 AVC 曲线相交于 AVC 曲线的最低点 F，MC 曲线与 AC 曲线相交于 AC 曲线的最低点 D。

最后，将图 2-15（a）和图 2-15（b）结合在一起分析。我们可以发现，图 2-15（b）中 MC 曲线的最低点 A 的产量水平恰好对应图 2-15（a）中的 TC 曲线的拐点 B 的产量水平和 TVC 曲线的拐点 C 的产量水平，或者说，A、B、C 三点同时出现在同一个产量水平（2.5 单位）。当图 2-15（b）中的 AVC 曲线达到最低点 F 时，图 2-15（a）中的 TVC 曲线恰好有一条从原点出发的切线，与 TVC 曲线相切于 G 点。或者说，G、F 两点同时出现在同一个产量水平（4 单位）。类似地，当图 2-15（b）中的 AC 曲线达到最低点 D 时，图 2-15（a）中的 TC 曲线恰好有一条从原点出发的切线，与 TC 曲线相切于 E 点。或者说，E、D 两点同时出现在同一个产量水平（5 单位）。

至于短期成本曲线所体现的这些特征的原因，将在下面运用边际报酬递减规律进行深入的解释。

(3) 短期成本变动的决定因素：边际报酬递减规律。

边际报酬递减规律是短期生产的一条基本规律，因此它也决定了短期成本曲线的特征。

边际报酬递减规律是指在短期生产过程中，在其他条件不变的前提下，随着一种可变要素投入量的连续增加，它所带来的边际产量先是递增的，达到最大的值以后再递减。关于这一规律，我们也可以从产量变化所引起的边际成本变化的角度来理解。假定生产要素的价格是固定不变的，在开始时的边际报酬递增阶段，增加一单位可变要素投入所产生的边际产量递增，则意味着可以反过来说，在这一阶段增加一单位产量所需要的边际成本是递减的。在以后的边际报酬递减阶段，增加一单位可变要素投入所产生的边际产量递减，则意味着也可以反过来说，在这一阶段增加一单位产量所需要的边际成本是递增的。显然，边际报酬递减规律作用下的短期边际产量和短期边际成本之间存在着一定的对应关系。这种对应关系可以简单地表述如下：在短期生产中，边际产量的递增阶段对应的是边际成本的递减阶段，边际产量的递减阶段对应的是边际成本的递增阶段，与边际产量的最大值相对应的是边际成本的最小值。正因为如此，在边际报酬递减规律作用下的边际成本 MC 曲线表现出先降后升的 U 形特征。

从边际报酬递减规律所决定的 U 形的 MC 曲线出发，可以解释其他的短期成本曲线的特征以及短期成本曲线相互之间的关系。

1) 关于 TC 曲线、TVC 曲线和 MC 曲线之间的相互关系。由于在每一个产量水平上的 MC 值就是相应的 TC 曲线的斜率，又由于在每一产量水平上的 TC 曲线的斜率和 TVC 曲线的斜率相等，于是，图 2-15 中的 TC 曲线、TVC 曲线和 MC 曲线之间表现出这样的相互关系：与边际报酬递减规律作用的 MC 曲线的先降后升的特征相对应，TC 曲线和 TVC 曲线的斜率也由递减变为递增。而且，MC 曲线的最低点 A 的产量水平与 TC 曲线的拐点 B 的产量水平和 TVC 曲线的拐点 C 的产量水平相对应。

2) 关于 AC 曲线、AVC 曲线和 MC 曲线之间的相互关系。对于任何一对边际量和平均量而言，只要边际量小于平均量，边际量就把平均量拉低；只要边际量大于平均量，边际量就把平均量拉高；当边际量等于平均量时，平均量必达本身的极值点。将这种关系具体到 AC 曲线、AVC 曲线和 MC 曲线的相互关系上，可以推知，由于在边际报酬递减规律作用下的 MC 曲线有先降后升的 U 形特征，所以 AC 曲线和 AVC 曲线也必定有先降后升的 U 形特征。而且，MC 曲线必定会与 AC 曲线相交于 AC 曲线的最低点，与 AVC 曲线相交于 AVC 曲线的最低点。正如图 2-15 所示，U 形的 MC 曲线与 U 形的 AC 曲线相交于 AC 曲线的最低点 D，与 U 形的 AVC 曲线相交于 AVC 曲线的最低点 F。在 AC 曲线的下降段，MC 曲线低于 AC 曲线；在 AC 曲线的上升段，MC 曲线高于 AC 曲线。相类似地，在 AVC 曲线的下降段，MC 曲线低于 AVC 曲线；在 AVC 曲线的上升段，MC 曲线高于 AVC 曲线。

此外，对于产量变化的反应，边际成本 MC 要比平均成本 AC 和平均可变成本 AVC

敏感得多。反映在图2-15中，不管是下降还是上升，MC曲线的变动都快于AC曲线和AVC曲线。

3）比较图2-15中AC曲线和MC曲线的交点D与AVC曲线和MC曲线的交点F可以发现，前者的出现慢于后者，并且前者的位置高于后者。也就是说，AVC曲线降到最低点F时，AC曲线还没有降到最低点D，而且AC曲线的最小值大于AVC曲线的最小值。这是因为在平均总成本中不仅包括平均可变成本，还包括平均不变成本。正是由于平均不变成本的作用，才使得AC曲线的最低点D的出现既慢于又高于AVC曲线的最低点F。

（4）短期产量曲线与短期成本曲线之间的关系。

如前所述，短期生产的边际报酬递减规律决定了短期成本曲线的特征。在此，我们将进一步分析短期生产条件下的生产函数和成本函数之间的对应关系，或者说，分析短期产量曲线和短期成本曲线之间的关系。

假定短期生产函数为

$$Q = f(L, \bar{K}) \tag{2-34}$$

短期成本函数为

$$TC(Q) = TVC(Q) + TFC \tag{2-35}$$

$$TVC(Q) = wL(Q) \tag{2-36}$$

且假定生产要素劳动的价格w是给定的。

1）边际产量和边际成本之间的关系。根据式（2-35）和式（2-36），有

$$TC(Q) = TVC(Q) + TFC = wL(Q) + TFC$$

式中，TFC为常数。

由上式可得

$$MC = \frac{dTC}{dQ} = w\frac{dL}{dQ} + 0$$

即

$$MC = w\frac{1}{MP_L} \tag{2-37}$$

由此可得出以下两点结论：

第一，式（2-37）表明边际成本MC和边际产量MP_L两者的变动方向是相反的。具体地讲，由于边际报酬递减规律的作用，可变要素的边际产量MP_L先上升，达到一个最高点以后再下降，所以边际成本MC先下降，达到一个最低点以后再上升。MP_L曲线的上升段对应MC曲线的下降段，MP_L曲线的下降段对应MC曲线的上升段，MP_L曲线的最高点对应MC曲线的最低点。

第二，由以上的边际产量和边际成本的对应关系可以推知，总产量和总成本之间也存在着对应关系。当总产量TP_L曲线下凸时，总成本TC曲线和总可变成本TVC曲线

是下凹的；当总产量 TP_L 曲线下凹时，总成本 TC 曲线和总可变成本 TVC 曲线是下凸的；当总产量 TP_L 曲线存在一个拐点时，总成本 TC 曲线和总可变成本 TVC 曲线也各存在一个拐点。

2）平均产量和平均可变成本之间的关系。根据式（2-36）有

$$AVC = \frac{TVC}{Q} = w\frac{L}{Q} = w\frac{1}{AP_L} \tag{2-38}$$

由此可得出以下两点结论：

第一，式（2-38）表明平均可变成本 AVC 和平均产量 AP_L 两者的变动方向是相反的。前者呈递增时，后者呈递减；前者呈递减时，后者呈递增；前者的最高点对应后者的最低点。

第二，由于 MC 曲线与 AVC 曲线交于 AVC 曲线的最低点，MP_L 曲线与 AP_L 曲线交于 AP_L 曲线的最高点，所以 MC 曲线和 AVC 曲线的交点与 MP_L 曲线和 AP_L 曲线的交点是对应的。

2. 长期成本曲线

在长期内，厂商可以根据产量的要求调整全部的生产要素投入量，甚至进入或退出一个行业，因此厂商所有的成本都是可变的。厂商的长期成本可以分为长期总成本（LTC）、长期平均成本（LAC）和长期边际成本（LMC）。

为了区分短期成本和长期成本，从此开始，在短期总成本、短期平均成本和短期边际成本前都加"S"，如短期总成本写为 STC；在长期成本前都加"L"，如长期总成本写为 LTC。

（1）长期总成本函数和长期总成本曲线。

厂商在长期对全部要素投入量的调整意味着对企业的生产规模的调整。也就是说，从长期看，厂商总是可以在每一个产量水平上选择最优的生产规模进行生产。长期总成本 LTC 是指厂商在长期中在每一个产量水平上通过选择最优的生产规模所能达到的最低总成本。相应地，长期总成本函数为

$$LTC = LTC(Q) \tag{2-39}$$

根据对长期总成本函数的规定，可以由短期总成本曲线出发，推导长期总成本曲线。

在图 2-16 中，有三条短期总成本曲线 STC_1、STC_2 和 STC_3，它们分别代表三个不同的生产规模。由于短期总成本曲线的纵截距表示相应的总不变成本 TFC 的数量，因此从图中三条短期总成本曲线的纵截距可知，STC_1 曲线所表示的总不变成本小于 STC_2 曲线，STC_2 曲线所表示的总不变成本又小于 STC_3 曲线，而总不变成本的多少（如厂房、机器设备等）往往表示生产规模的大小。因此，从三条短期总成本曲线所代表的生产规模看，STC_1 曲线最小，STC_2 曲线居中，STC_3 曲线最大。

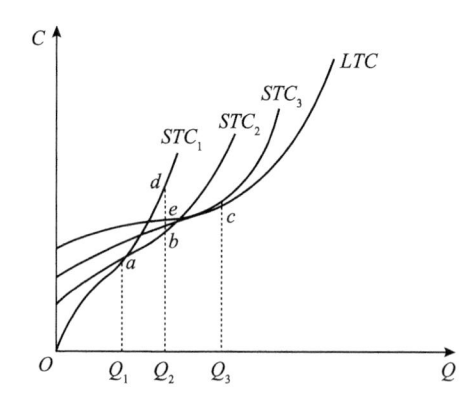

图 2-16 短期总成本曲线

假定厂商生产的产量为 Q_2，那么厂商应该如何调整生产要素的投入量以降低总成本呢？在短期内，厂商可能面临 STC_1 曲线所代表的过小的生产规模或 STC_3 曲线所代表的过大的生产规模，因此厂商只能按较高的总成本来完成产量 Q_2，即在 STC_1 曲线上的 d 点或 STC_3 曲线上的 e 点进行生产。但在长期内，情况就会发生变化。

厂商在长期内可以变动全部的要素投入量，选择最优的生产规模，因此厂商必然会选择 STC_2 曲线所代表的生产规模进行生产，从而将总成本降低到所能达到的最低水平，即厂商是在 STC_2 曲线上的 b 点进行生产。类似地，在长期内，厂商会选择 STC_1 曲线所代表的生产规模，在 a 点上完成 Q_1 的产量；选择 STC_3 曲线所代表的生产规模，在 c 点上完成 Q_3 的产量。这样厂商就在每一个既定的产量水平实现了最低的总成本。

虽然在图 2-16 中只有三条短期总成本线，但在理论分析上可以假定有无数条短期总成本曲线。这样一来，厂商可以在任何一个产量水平上找到相应的一个最优的生产规模，都可以把总成本降到最低水平。也就是说，可以找到无数个类似于 a、b 和 c 的点，这些点的轨迹就形成了图 2-16 中的长期总成本 LTC 曲线。显然，长期总成本曲线是无数条短期总成本曲线的包络线。在这条包络线上，在连续变化的每一个产量水平上，都存在着 LTC 曲线和一条 STC 曲线的切点，该 STC 曲线所代表的生产规模即为生产该产量的最优生产规模，该切点所对应的总成本即为生产该产量的最低总成本。所以，LTC 曲线表示长期内厂商在每一产量水平上由最优生产规模所带来的最小生产总成本。

长期总成本 LTC 曲线是从原点出发向右上方倾斜的。它表示当产量为零时，长期总成本为零，以后随着产量的增加，长期总成本是增加的。而且，长期总成本 LTC 曲线的斜率先递减，经拐点之后，又变为递增。关于这一特征，将在下述内容中进行说明。

（2）长期平均成本函数和长期平均成本曲线。

长期平均成本 LAC 表示厂商在长期内按产量平均计算的最低总成本。长期平均成本函数为

$$LAC(Q) = \frac{LTC(Q)}{Q} \qquad (2-40)$$

1) 长期平均成本曲线的推导。在分析长期总成本曲线时强调，厂商在长期是可以实现每一个产量水平上的最小总成本的。因此，根据式（2-39）便可以推知：厂商在长期实现每一产量水平的最小总成本的同时，必然也就实现了相应的最小平均成本。所以，长期平均成本曲线可以根据式（2-39）由长期总成本曲线画出。具体做法是：把长期总成本 LTC 曲线上每一点的长期总成本值除以相应的产量，便得到这一产量上的长期平均成本值。再把每一个产量和相应的长期平均成本值描绘在产量和成本的平面坐标系中，便可得到长期平均成本 LAC 曲线。此外，长期平均成本曲线也可以根据短期平均成本曲线求得。为了更好地理解长期平均成本曲线和短期平均成本曲线之间的关系，在此着重介绍后一种方法。

在图 2-17 中有三条短期平均成本曲线 SAC_1、SAC_2 和 SAC_3，它们各自代表了三个不同的生产规模。在长期内，厂商可以根据产量要求，选择最优的生产规模进行生产。假定厂商生产 Q_1 的产量，则厂商会选择 SAC_1 曲线所代表的生产规模，以 C_1 的平均成本进行生产。而对于产量 Q_1 而言，平均成本 C_1 是低于其他任何生产规模下的平均成本的。假定厂商生产的产量为 Q_2，则厂商会选择 SAC_2 曲线所代表的生产规模进行生产，相应的最小平均成本为 C_2。假定厂商生产的产量为 Q_3，则厂商会选择 SAC_3 曲线所代表的生产规模进行生产，相应的最小平均成本为 C_3。

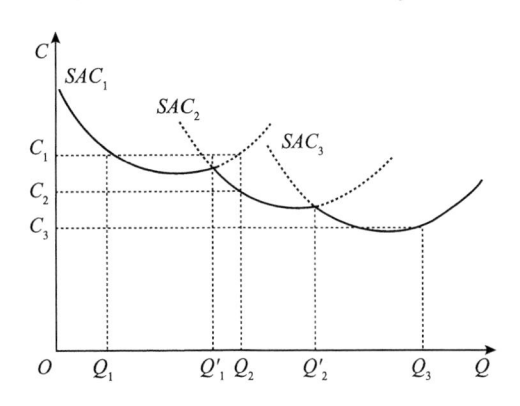

图 2-17 最优生产规模的选择

如果厂商生产的产量为 Q_1'，则厂商既可选择 SAC_1 曲线所代表的生产规模，也可选择 SAC_2 曲线所代表的生产规模，因为这两个生产规模都以相同的最低平均成本生产同一个产量。这时，厂商有可能选择 SAC_1 曲线所代表的生产规模，因为该生产规模相对较小，厂商的投资较少。厂商也有可能考虑到今后扩大产量的需要，而选择 SAC_2 曲线所代表的生产规模。厂商的这种考虑和选择，对于其他的类似的两条 SAC 曲线的交点（如 Q_2' 的产量）同样适用。

在长期生产中，厂商总是可以在每一产量水平上找到相应的最优的生产规模进行生产。而在短期内，厂商做不到这一点。假定厂商现有的生产规模由 SAC_1 曲线所代表，而需要生产的产量为 Q_2，那么厂商在短期内就只能以 SAC_1 曲线上的平均成本 C_1 来生产，而不可能是 SAC_2 曲线上的更低的平均成本 C_2。

由以上分析可见，沿着图 2-17 中所有的 SAC 曲线的实线部分，厂商总是可以找到长期内生产某一产量的最低平均成本。由于在长期内可供厂商选择的生产规模是很多的，在理论分析中，可以假定生产规模可以无限细分，从而可以有无数条 SAC 曲线，于是便得到图 2-18 中的长期平均成本 LAC 曲线。显然，长期平均成本曲线是无数条短期平均成本曲线的包络线。在这条包络线上，在连续变化的每一个产量水平，都存在 LAC 曲线和一条 SAC 曲线的切点，该 SAC 曲线所代表的生产规模即生产该产量的最优生产规模，该切点所对应的平均成本即相应的最低平均成本。LAC 曲线表示厂商在长期内在每一产量水平上，通过选择最优生产规模所实现的最小的平均成本。

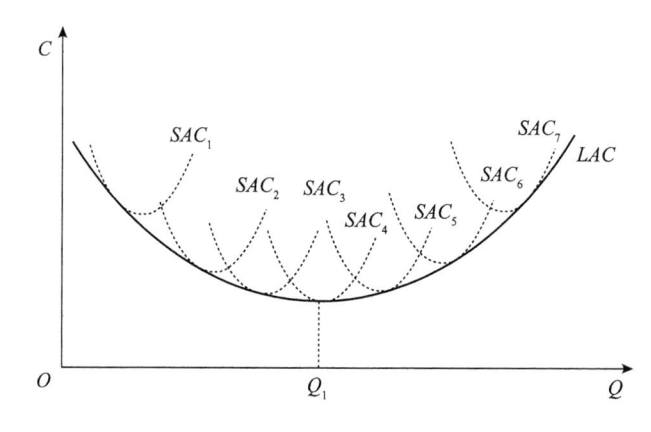

图 2-18 长期平均成本曲线

此外，从图 2-18 可知，LAC 曲线呈现 U 形特征。而且，在 LAC 曲线的下降段，LAC 曲线相切于所有相应的 SAC 曲线最低点的左边；在 LAC 曲线的上升段，LAC 曲线相切于所有相应的 SAC 曲线最低点的右边。只有在 LAC 曲线的最低点上，LAC 曲线才相切于相应的 SAC 曲线（图中为 SAC_4 曲线）的最低点。

2）长期平均成本曲线的形状。图 2-18 中的长期平均成本曲线呈先降后升的 U 形，长期平均成本曲线的 U 形特征是由长期生产中的规模经济和规模不经济决定的。

在生产扩张的开始阶段，厂商由于扩大生产规模而使经济效益得到提高，称为规模经济。当生产扩张到一定的规模以后，厂商继续扩大生产规模，会使经济效益下降，称为规模不经济。或者说，厂商产量增加的倍数大于成本增加的倍数，为规模经济；相反，厂商产量增加的倍数小于成本增加的倍数，为规模不经济。显然，规模经济和规模不经济都是由厂商变动自己的企业生产规模所引起的，所以也称为内在经济和内在不经济。一般来说，在企业的生产规模由小到大的扩张过程中，会先后出现规模经济和规模不经济。正是由于规模经济和规模不经济的作用，决定了长期平均成本 LAC

曲线表现出先下降后上升的 U 形特征。

3）长期平均成本曲线的位置移动。前文提到的企业的规模经济和规模不经济（即企业的内在经济和内在不经济）是就一条给定的长期平均成本 LAC 曲线而言的。至于长期平均成本 LAC 曲线的位置的变化原因，则需要用企业的外在经济和外在不经济的概念来解释。企业外在经济是由于厂商的生产活动所依赖的外界环境得到改善而产生的。例如，整个行业的发展，可以使行业内的单个厂商从中受益。相反，如果厂商的生产活动所依赖的外界环境恶化了，则是企业的外在不经济。例如，整个行业的发展，使得生产要素的价格上升，交通运输紧张，从而给行业内的单个厂商的生产带来困难。外在经济和外在不经济是由企业以外的因素所引起的，它影响厂商的长期平均成本曲线的位置。

由内在经济和内在不经济所决定的长期平均成本曲线的 U 形特征，不仅可以解释下面将要分析的长期边际成本曲线的形状特征，而且还可以进一步解释前面所分析的长期总成本曲线的形状特征。这些都将在下面的有关内容中得到说明。

（3）长期边际成本函数和长期边际成本曲线。

长期边际成本 LMC 表示厂商在长期内增加一单位产量所引起的最低总的增量。长期边际成本函数为

$$LMC(Q) = \frac{\Delta LTC(Q)}{\Delta Q} \tag{2-41}$$

或

$$LMC(Q) = \lim_{\Delta Q \to 0} \frac{\Delta LTC(Q)}{\Delta Q} = \frac{dLTC(Q)}{dQ} \tag{2-42}$$

显然，每一产量水平上的 LMC 值都是相应的 LTC 曲线的斜率。

1）长期边际成本曲线的推导。长期边际成本 LMC 曲线可以由长期总成本 LTC 曲线得到。

因为 $LMC(Q) = \frac{dLTC(Q)}{dQ}$，所以只要把每一个产量水平上的 LTC 曲线的斜率值描绘在产量和成本的平面坐标系中，便可得到长期边际成本 LMC 曲线。长期边际成本 LMC 曲线也可以由短期边际成本 SMC 曲线得到。

长期总成本曲线是无数条短期成本曲线的包络线。在长期内的每一个产量水平上，LTC 曲线都与一条代表最优生产规模的 STC 曲线相切，这说明这两条曲线的斜率是相等的。由于 LTC 曲线斜率是相应的 LMC 值 $\left[\text{因为 } LMC(Q) = \frac{dLTC(Q)}{dQ}\right]$，STC 曲线的斜率是相应的 SMC 值 $\left(\text{因为 } SMC = \frac{dSTC}{dQ}\right)$，因此可以推知，在长期内的每一个产量水平上，LMC 值都与代表最优生产规模的 SMC 值相等。根据这种关系，便可以由 SMC 曲线推导 LMC 曲线。但是，与长期总成本曲线和长期平均成本曲线的推导不同，长期边际成本曲线不是短期边际成本曲线的包络线。

2.2.3 收益与利润最大化

厂商进行生产的目的就是要实现利润最大化,而利润等于厂商所获得的收益与支付的成本的差额。前文已经分析了厂商的成本,本小节先介绍厂商收益的概念,再来分析厂商如何确定产量以实现利润最大化,即分析厂商实现利润最大化的原则。

1. 收益的含义与种类

厂商的收益是指厂商的销售收入,厂商的收益可以分为总收益(TR)、平均收益(AR)和边际收益(MR)三种。

总收益指厂商按一定价格出售一定量产品时所收获的全部收入。如果用 P 表示既定的市场价格,Q 表示销售总量,那么总收益的定义公式为

$$TR(Q) = PQ$$

平均收益指厂商在平均每一单位产品销售上所获得的收入。平均收益的定义公式为

$$AR(Q) = \frac{TR(Q)}{Q}$$

边际收益指厂商增加一单位产品销售所获得的总收入的增量。边际收益的定义公式为

$$MR(Q) = \frac{\Delta TR(Q)}{\Delta Q}$$

$$MR(Q) = \lim_{\Delta Q \to 0} \frac{\Delta TR(Q)}{\Delta Q} = \frac{dTR(Q)}{dQ}$$

2. 利润最大化原则

设厂商的利润为 π,根据利润的含义,可以得到其公式为

$$\pi(Q) = TR(Q) - TC(Q) \tag{2-43}$$

所谓利润最大化,就是使 TR 与 TC 之间的差额最大。因为 TR 与 TC 都是产量的函数,所以 π 也是产量的函数。厂商要实现利润最大化,就要确定一个适当的产量。在这一产量水平上,TR 与 TC 之间的差额最大,用数学语言描述就是求 π 的极大值问题。根据高等数学知识我们可以做利润最大化原则的简单推导:

$\frac{d\pi}{dQ} = 0$,可得利润最大化的必要条件为

$$\frac{d\pi}{dQ} = \frac{dTR(Q)}{dQ} - \frac{dTC(Q)}{dQ} = MR - MC = 0$$

即厂商利润最大化的必要条件是 $MR = MC$。

利润最大化的充分条件为

$$\frac{d^2\pi}{dQ^2} = \frac{d^2 TR(Q)}{dQ^2} - \frac{d^2 TC(Q)}{dQ^2} = \frac{dMR}{dQ} - \frac{dMC}{dQ} < 0$$

即边际收益的增加率要小于边际成本的增加率。

以上是数学分析,下面来分析其经济学含义。

如果 $MR>MC$,则厂商每增加一单位产量所带来的收益大于生产这一单位产量的成本,所以厂商增加产量有利于厂商利润总额的提高或亏损总额的减少;反之,如果 $MR<MC$,则厂商每增加一单位产量所能带来的收益小于生产这一单位产量的成本,所以厂商增加产量将导致利润总额的减少或亏损总额的增加;只有当 $MR=MC$ 时,虽然最后一单位产量的收支相等,无利润可赚(也无亏损发生),但这之前生产的产量使总利润达到最大或总亏损达到最小,因此 $MR=MC$ 是厂商利润最大化或亏损最小化的基本原则。

以上原则还可以借助图形做简单证明,如图 2-19 所示。

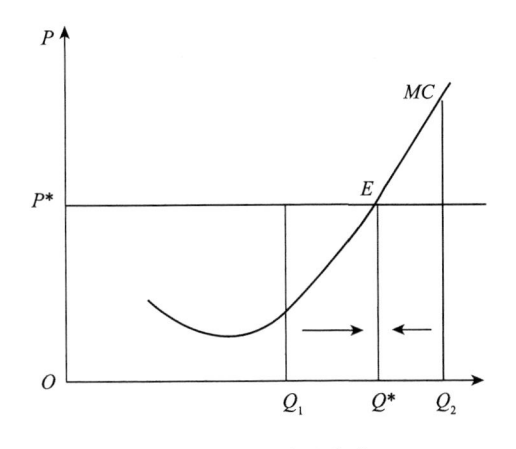

图 2-19 生产均衡点

假定市场价格恒定,则 $MR=AR$,均为水平线,MC 曲线呈 U 形,我们可以利用图 2-19 来寻找厂商实现最大利润的生产均衡点,E 点即为厂商实现最大利润的生产均衡点,相应的产量 Q^* 即为厂商实现最大利润时的均衡产量。这是因为当产量小于均衡产量 Q^*(如 Q_1)时,厂商的边际收益大于边际成本,即有 $MR>MC$。这表明厂商增加一单位产量所带来的总收益的增加量大于所付出的总成本的增加量,即厂商增加产量是有利的,可以使利润得到增加。所以,如图 2-19 中指向右方的箭头所示,只要 $MR>MC$,厂商就会增加产量。同时,随着产量的增加,厂商的边际收益 MR 保持不变而厂商的边际成本 MC 是逐步增加的,最后,$MR>MC$ 的状况会逐步变成 $MR=MC$ 的状况。在这一过程中,厂商得到了扩大产量所带来的全部好处,获得了其所能得到的最大利润。相反,当产量大于均衡产量 Q^*(如 Q_2)时,厂商的边际收益小于边际成本,即有 $MR<MC$。这表明厂商增加一单位产量所带来的总收益的增加量小于所付出的总成本的增加量,即厂商增加产量是不利的,会使利润减少,所以如图 2-19 中指向左方的箭头所示,只要 $MR<MC$,厂商就会减少产量。同时,随着产量的减少,厂商的边际收益仍保持不变,而厂商的边际成本 MC 是逐步下降的,最后 $MR<MC$ 的状

况会逐步变成 $MR = MC$ 的状况。

由此可见,不管是增加产量,还是减少产量,厂商都是在寻找能够带来最大利润的均衡产量,而这个均衡产量就是使 $MR = MC$ 的产量。所以,边际收益 MR 等于边际成本 MC 是厂商实现利润最大化的均衡条件。必须明确 $MR = MC$ 既是利润最大化原则,也是亏损最小化原则。因为只有在对比 TR 与 TC 的情况下才能判断是否有利润。实现 $MR = MC$,可使厂商处于有利状态,但并不意味着必定保证获得经济利润,此时可能盈利,也可能亏损。但可以确定的是,若厂商有盈利,按此原则确定产量,一定是利润最大;若厂商有亏损,按此原则确定产量,一定是亏损最小。即总是处于最优状态。

2.2.4 常见生产函数

生产函数的具体形式可以是多种多样的,比较经常地出现于西方经济学文献之中的生产函数的三种具体形式如下。

1. 固定替代比例的生产函数(也称为线性生产函数)

固定替代比例的生产函数表示在每一产量水平上任何两种生产要素之间的替代比例都是固定的。假定生产过程中只使用劳动和资本两种要素,则固定替代比例的生产函数的通常形式为

$$Q = aL + bK$$

式中,Q 为产量;L 和 K 分别表示劳动和资本的投入量;常数 a、$b > 0$。显然,这一线性生产函数相对应的等产量曲线是一条直线。

2. 固定投入比例的生产函数(也称为列昂惕夫生产函数)

这一函数指生产过程中的各种生产要素投入数量之间都存在固定不变的比例关系。固定投入比例的生产函数表示在每一个产量水平上任何一对要素投入量之间的比例都是固定的。假定生产过程中只使用劳动和资本两种要素,则固定投入比例的生产函数的通常形式为

$$Q = \min\left\{\frac{L}{u}, \frac{K}{v}\right\} \qquad (2-44)$$

式中,Q 为产量;L 和 K 分别为劳动和资本的投入量;常数 u、$v > 0$,分别为固定的劳动和资本的生产技术系数,它们分别表示生产一单位产品所需要的固定的劳动投入量和固定的资本投入量。

式(2-44)的生产函数表示:产量 Q 取决于 L/u 和 K/v 这两个比值中较小的那一个,即使其中的一个比例数值较大,也不会提高产量 Q。因为常数 u 和 v 作为劳动和资本的生产技术系数是给定的,即生产必须按照 L 和 K 之间的固定比例进行,当一种生产要素的数量不能变动时,另一种生产要素的数量再多,也不能增加产量,式(2-44)中的 min 即系指此而言。需要指出的是,在该生产函数中,一般又通常假定生产要素

投入量 L、K 都满足最小的要素投入组合的要求，所以有

$$Q = \frac{L}{u} = \frac{K}{v} \quad (2-45)$$

进一步地，可以有

$$\frac{K}{L} = \frac{v}{u} \quad (2-46)$$

式（2-46）清楚地体现了该生产函数的固定投入比例的性质。在这里，它等于两种要素的固定的生产技术系数之比。对一个固定投入比例生产函数来说，当产量发生变化时，各要素的投入量将以相同的比例发生变化，所以各要素的投入量之间的比例维持不变。

3. 柯布-道格拉斯生产函数

柯布-道格拉斯生产函数是由数学家柯布和经济学家道格拉斯于 20 世纪 30 年代初一起提出来的。柯布-道格拉斯生产函数被认为是一种很有用的生产函数，因为该函数以其简单的形式描述了经济学家所关心的一些性质，它在经济理论的分析和实证研究中都具有一定意义。该生产函数的一般形式为

$$Q = AL^{\alpha}K^{\beta} \quad (2-47)$$

式中，Q 为产量；L 和 K 分别为劳动和资本投入量；A、α 和 β 为三个参数。α 和 β 的经济含义是：当 $\alpha + \beta = 1$ 时，α 和 β 分别表示劳动和资本在生产过程中的相对重要性，α 为劳动所得在总产量中所占的份额，β 为资本所得在总产量中所占的份额。根据柯布和道格拉斯两人对美国 1899—1922 年有关经济资料的分析和估算，α 值约为 0.75，β 值约为 0.25。它说明，在这一期间的总产量中，劳动所得的相对份额为 75%，资本所得的相对份额为 25%。

此外，根据柯布-道格拉斯生产函数中的参数，α 与 β 之和，还可以判断规模报酬的情况。若 $\alpha + \beta > 1$，则为规模报酬递增；若 $\alpha + \beta = 1$，则为规模报酬不变；若 $\alpha + \beta < 1$，则为规模报酬递减。

2.3 供需理论

供需理论即由供求关系衍生出的理论，或者说是供给与需求的理论。当供给大于需求时，产品或服务的价格会下降；当需求大于供给时，则价格会上升。当然在某些领域还存在特殊的情况，但不多见。供给和需求会在其平衡点上下运动，但是不会脱离平衡点单边行动。

2.3.1 需求曲线

1. 需求函数

一种商品的需求是指消费者在一定时期内在各种可能的价格水平下愿意而且能够购买的该商品的数量。根据定义，如果消费者对某种商品只有购买的欲望而没有购买的能力，就不能算作需求。需求必须是指消费者既有购买欲望又有购买能力的有效需求。

一种商品的需求数量是由许多因素共同决定的。其中主要的因素有：商品的自身价格、消费者的收入水平、相关商品的价格、消费者的偏好和消费者对该商品的价格预期等。它们各自对商品的需求数量的影响如下。

1) 商品的自身价格。一般来说，一种商品的价格越高，该商品的需求量就会越小。相反，价格越低，需求量就会越大。

2) 消费者的收入水平。对于大多数商品来说，当消费者的收入水平提高时，就会增加对商品的需求量；相反，当消费者的收入水平下降时，就会减少对商品的需求量。

3) 相关商品的价格。当一种商品本身的价格保持不变，而与它相关的其他商品的价格发生变化时，这种商品本身的需求量也会发生变化。例如，在其他条件不变的前提下，当馒头的价格不变而花卷的价格上升时，人们往往就会增加对馒头的购买，从而使馒头的需求量上升。

4) 消费者的偏好。当消费者对某种商品的偏好程度增强时，该商品的需求量就会增多；相反，偏好程度减弱，需求量就会减少。

5) 消费者对商品的价格预期。当消费者预期某种商品的价格在将来会上升时，就会增加对该商品的现期需求量；当消费者预期某种商品的价格在将来会下降时，就会减少对该商品的现期需求量。

需求函数是表示一种商品的需求数量和影响该需求数量的各种因素之间的相互关系。即在以上的分析中，影响需求数量的各个因素是自变量，需求数量是因变量。一种商品的需求数量是所有影响这种商品需求数量的因素的函数。但是，如果对影响一种商品需求量的所有因素同时进行分析，就会使问题变得复杂起来。在处理这种复杂的多变量的问题时，通常可以将问题简化，即一次把注意力集中在一个影响因素上，而同时假定其他影响因素保持不变。在这里，由于一种商品的价格是决定需求量的最基本的因素，所以假定其他因素保持不变，仅仅分析一种商品的价格对该商品需求量的影响，即把一种商品的需求量仅仅看成是这种商品的价格的函数，于是，需求函数就可以用下式表示：

$$Q^d = f(P)$$

式中，P 为商品的价格；Q^d 为商品的需求量。

2. 需求表和需求曲线

需求函数 $Q^d = f(P)$ 表示一种商品的需求量和该商品的价格之间存在着一一对应的关系。这种函数关系可以分别用商品的需求表和需求曲线来加以表示。

商品的需求表是表示某种商品的各种价格水平和与各种价格水平相对应的该商品的需求数量之间关系的数字序列表。表 2-4 是某商品的需求表。

表 2-4 某商品的需求表

价格—数量组合	A	B	C	D	E	F	G
价格/元	1	2	3	4	5	6	7
需求量/单位数	700	600	500	400	300	200	100

从表 2-4 可以清楚地看到商品价格与需求量之间的函数关系。例如，当商品价格为 1 元时，商品的需求量为 700 单位；当价格上升为 2 元时，需求量下降为 600 单位；当价格进一步上升为 3 元时，需求量下降为更少的 500 单位。

商品的需求曲线是根据需求表中商品不同的价格—需求量的组合在平面坐标系中所绘制的一条曲线。图 2-20 是根据表 2-4 绘制的一条需求曲线。

在图 2-20 中，横轴表示商品的数量，纵轴表示商品的价格。应该指出的是，与数学上的习惯相反，在微观经济学分析需求曲线和供给曲线时，通常以纵轴表示自变量 P，以横轴表示因变量 Q。

图 2-20 中的需求曲线是这样得到的：根据表 2-4 中每一个商品的价格—需求量的组合，在平面坐标系中描绘相应的某商品的需求曲线点 A、B、C、D、E、F、G，然后顺次连接这些点，便得到需求曲线 $Q^d = f(P)$。它表示在不同价格水平下消费者愿意而且能够购买的商品数量。所以，需求曲线是以几何图形来表示商品的价格和需求量之间的函数关系的。

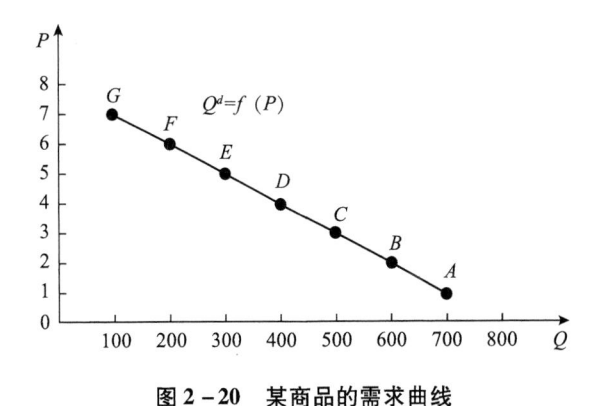

图 2-20 某商品的需求曲线

注：横、纵坐标的单位与表 2-4 相同。

微观经济学在论述需求函数时，一般都假定商品的价格和相应的需求量的变化具有无限分割性，即具有连续性。正是由于这一假定，在图 2-20 中才可以将商品的各个价格—需求量的组合点 A、B、C 等连接起来,从而构成一条光滑的连续的需求曲线。

图 2-20 中的需求曲线是一条直线。实际上,需求曲线可以是直线,也可以是曲线。当需求函数为线性函数时,相应的需求曲线是一条直线,直线上各点的斜率是相等的;当需求函数为非线性函数时,相应的需求曲线是一条曲线,曲线上各点的斜率是不相等的。在微观经济分析中,为了简化分析过程,在不影响结论的前提下,大多使用线性需求函数。线性需求函数的通常形式为

$$Q^d = \alpha - \beta P \qquad (2-48)$$

式中,α、β 为常数,且 α、β>0。该函数所对应的需求曲线为一条直线。

建立在需求函数基础上的需求表和需求曲线都反映了商品的价格变动和需求量变动二者之间的关系。从表 2-4 可知,商品的需求量随着商品价格的上升而减少。相应地,图 2-20 中的需求曲线具有一个明显的特征,它是向右下方倾斜的,即它的斜率为负值。它们都表示商品的需求量和价格之间呈反方向变动的关系。

需求曲线为什么一般是向右下方倾斜的,或者说商品的价格和需求量之间呈反方向变动的具体原因是什么,将在效用论中进行深入的分析和说明。本小节只是描述了关于商品的价格和需求量这两个变量间相互关系的现象,并没有解释产生这种现象的原因。

2.3.2 供给曲线

1. 供给函数

一种商品的供给是指生产者在一定时期内在各种可能的价格下愿意而且能够提供出售的该种商品的数量。根据上述定义,如果生产者对某种商品只有提供出售的愿望,而没有提供出售的能力,则不能形成有效供给,也不能算作供给。

一种商品的供给数量取决于多种因素的影响,其中主要的因素有:商品的自身价格、生产的成本、生产的技术水平、相关商品的价格和生产者对未来的预期。它们各自对商品的供给量的影响如下。

1)商品的自身价格。一般来说,一种商品的价格越高,生产者提供的产量就越大;相反,商品的价格越低,生产者提供的产量就越小。

2)生产的成本。在商品自身价格不变的条件下,生产成本上升会减少利润,从而使得商品的供给量减少;相反,生产成本下降会增加利润,从而使得商品的供给量增加。

3)生产的技术水平。在一般的情况下,生产技术水平的提高可以降低生产成本,增加生产者的利润,生产者会提供更多的产量。

4)相关商品的价格。当一种商品的价格不变,而其他相关商品的价格发生变化时,该商品的供给量会发生变化。例如,对某个生产小麦和玉米的农户来说,在玉

价格不变和小麦价格上升时,该农户就可能增加小麦的耕种面积而减少玉米的耕种面积。

5) 生产者对未来的预期。如果生产者对未来的预期看好,如预期商品的价格会上涨,生产者往往会扩大生产规模,增加产量供给。如果生产者对未来的预期是悲观的,如预期商品的价格会下降,生产者往往会缩减生产规模,减少产量供给。

一种商品的供给量是所有影响这种商品供给量的因素的函数。如果假定其他因素均不发生变化,仅考虑一种商品的价格变化对其供给量的影响,即把一种商品的供给量只看成是这种商品价格的函数,则供给函数就可以表示为

$$Q^S = f(P) \tag{2-49}$$

式中,P 为商品的价格;Q^S 为商品的供给量。

2. 供给表和供给曲线

供给函数 $Q^S = f(P)$ 表示一种商品的供给量和该商品价格之间存在着一一对应的关系。这种函数关系可以分别用供给表和供给曲线来表示。

商品的供给表是表示某种商品的各种价格和与各种价格相对应的该商品的供给数量之间关系的数字序列表。表 2-5 是某商品的供给表。

表 2-5 某商品的供给表

价格—数量组合	A	B	C	D	E
价格/元	2	3	4	5	6
供给量/单位数	0	200	400	600	800

表 2-5 清楚地表示了商品的价格和供给量之间的函数关系。例如,当价格为 6 元时,商品的供给量为 800 单位;当价格下降为 4 元时,商品的供给量减少为 400 单位;当价格进一步下降为 2 元时,商品的供给量减少为零。

商品的供给曲线是根据供给表中的商品的价格—供给量组合在平面坐标系中所绘制的一条曲线。图 2-21 便是根据表 2-5 所绘制的一条供给曲线。

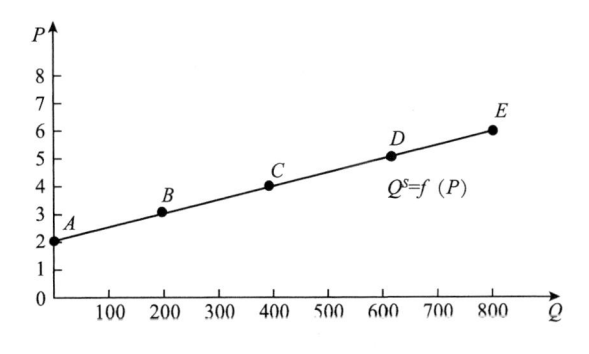

图 2-21 某商品的供给曲线

注:横、纵坐标的单位与表 2-5 相同。

图 2-21 中的横轴表示商品数量，纵轴表示商品价格。在平面坐标系中，把根据供给表中商品的价格—供给量组合所得到的相应的坐标点 A、B、C、D、E 连接起来的线，就是该商品的供给曲线 $Q^s = f(P)$，它表示在不同的价格水平下生产者愿意而且能够提供出售的商品数量。供给曲线是以几何图形表示商品的价格和供给量之间的函数关系。与需求曲线一样，供给曲线也是一条光滑的、连续的曲线，它是建立在商品的价格和相应的供给量的变化具有无限分割性即连续性的假设之上的。

如同需求曲线一样，供给曲线可以是直线，也可以是曲线。如果供给函数是线性函数，则相应的供给曲线为直线，如图 2-21 中的供给曲线。如果供给函数是非线性函数，则相应的供给曲线就是曲线。直线的供给曲线上的每点的斜率是相等的，曲线的供给曲线上的每点的斜率则不相等。在微观经济分析中，使用较多的是线性供给函数。它的通常形式为

$$Q^s = -\delta + \gamma P \qquad (2-50)$$

式中，δ、γ 为常数，且 γ、$\delta > 0$。与该函数相对应的供给曲线为一条直线。

以供给函数为基础的供给表和供给曲线都反映了商品的价格变动和供给量变动二者之间的规律。从表 2-5 可知，商品的供给量随着商品价格的上升而增加。相应地，图 2-21 中的供给曲线表现出向右上方倾斜的特征，即供给曲线的斜率为正值。它们都表示商品的供给量和价格呈同方向变动的规律。

本小节描述了关于商品的价格和供给量这两个变量间相互关系的现象，而商品的价格和供给量之间呈同方向变动的具体原因，或者说为什么供给曲线一般是向右上方倾斜的，将在完全竞争市场中进行深入的分析和说明。

2.3.3 均衡

如上所述，需求曲线说明了消费者对某种商品在每一价格下的需求量是多少，供给曲线说明了生产者对某种商品在每一价格下的供给量是多少。但是，它们都没说明这种商品本身的价格究竟是如何决定的。那么，商品的价格是如何决定的呢？微观经济学中的商品价格是指商品的均衡价格。商品的均衡价格是在商品的市场需求和市场供给这两种相反力量的相互作用下形成的。本小节将需求曲线和供给曲线结合在一起分析均衡价格的形成及其变动。

1. 均衡的含义

在西方经济学中，均衡是一个被广泛运用的重要的概念。均衡的最一般的意义是指经济事物中有关的变量在一定条件的相互作用下所达到的一种相对静止的状态。经济事物之所以能够处于这样一种静止状态，是由于在这样的状态中有关该经济事物的各参与者的力量能够相互制约和相互抵消，也由于在这样的状态中有关该经济事物的各方面的经济行为者的愿望都能得到满足。正因为如此，西方经济学家认为，

经济学的研究往往在于寻找在一定条件下经济事物的变化最终趋于相对静止之点的均衡状态。

在微观经济分析中，市场均衡可以分为局部均衡和一般均衡两种。局部均衡是就单个市场或部分市场的供求与价格之间的关系和均衡状态进行分析。一般均衡是就一个经济社会中的所有市场的供求与价格之间的关系和均衡状态进行分析。一般均衡假定各种商品的供求和价格都是相互影响的，一个市场的均衡只有在其他所有市场都达到均衡的情况下才能实现。

2. 均衡价格的决定

在西方经济学中，一种商品的均衡价格是指该种商品的市场需求量和市场供给量相等时的价格。在均衡价格水平下的相等的供求数量称为均衡数量。从几何意义上来说，一种商品市场的均衡出现在该商品的市场需求曲线和市场供给曲线相交的交点上，该交点称为均衡点。均衡点上的价格和相等的供求量分别称为均衡价格和均衡数量。市场上需求量和供给量相等的状态，也称为市场出清的状态。

我们把图2-20中的需求曲线和图2-21中的供给曲线结合在一起，用图2-22说明一种商品的市场均衡价格的决定。

在图2-22中，假定D曲线为市场的需求曲线，S曲线为市场的供给曲线。需求曲线D和供给曲线S相交于E点，E点为均衡点。在均衡点E，均衡价格$\overline{P}=4$元，均衡数量$\overline{Q}=400$单位。显然，在均衡价格4元的水平下，消费者的购买量和生产者的销售量是相等的，都为400单位。也可以反过来说，在均衡数量400的水平下，消费者愿意支付的最高价格和生产者愿意接受的最低价格是相等的，都为4元。因此，这便是一种使买卖双方都感到满意并愿意持续下去的均衡状态。

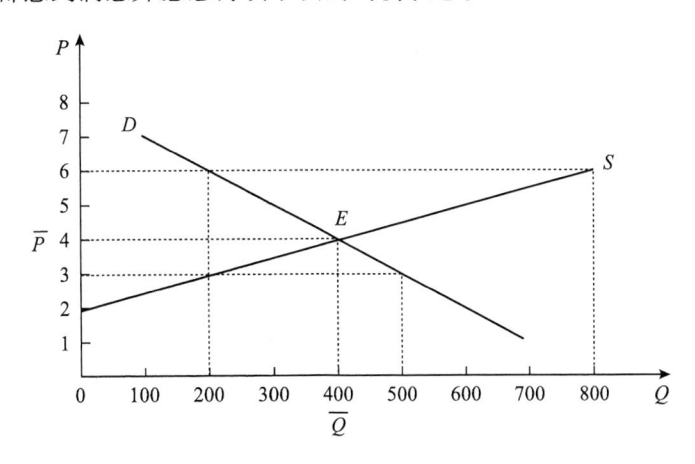

图2-22 均衡价格的决定

注：横、纵坐标单位与图2-20和图2-21相同。

均衡价格的决定也可以用与图2-22相对应的表2-6来说明。由表2-6可知，商品的均衡价格为4元，商品的均衡数量为400单位。

表 2-6　某商品均衡价格的决定

价格/元	6	5	4	3	2
需求量/单位数	200	300	400	500	600
供给量/单位数	800	600	400	200	0

商品的均衡价格是如何形成的呢？

商品的均衡价格表现为商品市场上需求和供给这两种相反的力量共同作用的结果，它是在市场的供求力量的自发调节下形成的。当市场价格偏离均衡价格时，市场上会出现需求量和供给量不相等的非均衡的状态。一般来说，在市场机制的作用下，这种供需不相等的非均衡状态会逐步消失，实际的市场价格会自动地回复到均衡价格水平。

仍用图 2-22 或表 2-6 来说明均衡价格的形成。当市场的实际价格高于均衡价格为 6 元时，商品的需求量为 200 单位，供给量为 800 单位。这种供给量大于需求量的商品过剩或超额供给的市场状况，一方面会使需求者压低价格来购买商品，另一方面又会使供给者减少商品的供给量。这样，该商品的价格必然下降，一直下降到均衡价格 4 元的水平。与此同时，随着价格由 6 元下降为 4 元，商品的需求量逐步地由 200 单位增加至 400 单位，商品的供给量逐步地由 800 单位减少至 400 单位，从而实现供求量相等的均衡数量 400 单位。相反地，当市场的实际价格低于均衡价格为 3 元时，商品的需求量为 500 单位，供给量为 200 单位。面对这种需求量大于供给量的商品短缺或超额需求的市场状况，一方面迫使需求者提高价格来得到他所要购买的商品量，另一方面又使供给者增加商品的供给量。这样，该商品的价格必然上升，一直上升到均衡价格 4 元的水平。在价格由 3 元上升为 4 元的过程中，商品的需求量逐步地由 500 单位减少为 400 单位，商品的供给量逐步地由 200 单位增加为 400 单位，最后达到供需量相等的均衡数量 400 单位。由此可见，当市场上的实际价格偏离均衡价格时，市场上总存在着变化的力量，最终达到市场的均衡或市场出清。

3. 均衡价格的变动

一种商品的均衡价格是由该商品市场的需求曲线和供给曲线的交点所决定的。因此，需求曲线或供给曲线的位置的移动都会使均衡价格水平发生变动。以下先介绍有关需求曲线和供给曲线位置移动的内容，然后再说明这两种移动对均衡价格以及均衡数量的影响。

（1）需求曲线的移动。

要了解需求曲线的移动，必须区分需求量的变动和需求的变动这两个概念。在西方经济学文献中，需求量的变动和需求的变动都是需求数量的变动，它们的区别在于引起这两种变动的因素是不相同的，而且这两种变动在几何图形中的表示也是不相同的。

需求量的变动是指在其他条件不变时，由某商品的价格变动所引起的该商品的需求数量的变动。在几何图形中，需求量的变动表现为商品的价格—需求数量组合点沿着一条既定的需求曲线的运动。例如，在图2-20中，当商品的价格发生变化由2元逐步上升为5元，它所引起的商品需求数量由600单位逐步地减少为300单位时，商品的价格—需求数量组合由B点沿着既定的需求曲线$Q^d=f(P)$，经过C、D点，运动到E点。需要指出的是，这种变动虽然表示需求数量的变化，但是并不表示整个需求状态的变化，因为这些变动的点都在同一条需求曲线上。

需求的变动是指在某商品价格不变的条件下，由于其他因素变动所引起的该商品的需求数量的变动。这里的其他因素变动是指消费者收入水平变动、相关商品的价格变动、消费者偏好的变化和消费者对商品的价格预期的变动等。

（2）供给曲线的移动。

要了解供给曲线的移动，必须区分供给量的变动和供给的变动这两个概念。类似于以上关于需求量的变动和需求的变动的区分，供给量的变动和供给的变动都是供给数量的变动，它们的区别在于引起这两种变动的因素是不相同的，而且这两种变动在几何图形中的表示也是不相同的。

供给量的变动是指在其他条件不变时，由某商品的价格变动所引起的该商品供给数量的变动。在几何图形中，这种变动表现为商品的价格—供给数量组合点沿着一条既定的供给曲线的变动。

供给的变动是指在某商品价格不变的条件下，由于其他因素变动所引起的该商品的供给数量的变动。这里的其他因素变动可以指生产成本的变动、生产技术水平的变动、相关商品价格的变动和生产者对未来的预期的变化等。在几何图形中，供给的变动表现为供给曲线的位置发生移动。

图2-21表示的是供给量的变动，随着价格上升所引起的供给数量的逐步增加，A点沿着同一条供给曲线逐步运动到E点。

（3）需求的变动和供给的变动对均衡价格和均衡数量的影响。

1）需求变动的影响。在供给不变的情况下，需求增加会使需求曲线向右平移，从而使均衡价格和均衡数量都增加；需求减少会使需求曲线向左平移，从而使均衡价格和均衡数量都减少，如图2-23所示。

在图2-23中，既定的供给曲线S和最初的需求曲线D_1相交于E_1点。在均衡点E_1，均衡价格为P_1，均衡数量为Q_1。需求增加使需求曲线向右平移至D_2曲线的位置，D_2曲线与S曲线相交于E_2点。在均衡点E_2，均衡价格上升为P_2，均衡数量增加为Q_2。相反，需求减少使需求曲线向左平移至D_3曲线的位置，D_3曲线与S曲线相交于E_3点。在均衡点E_3，均衡价格下降为P_3，均衡数量减少为Q_3。

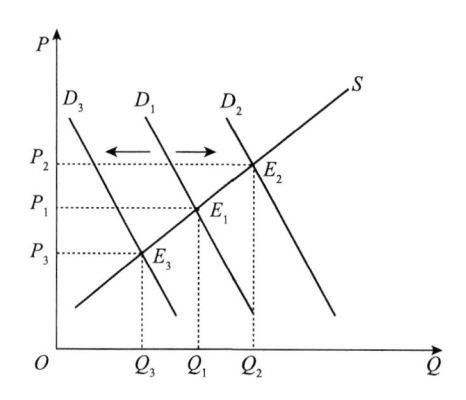

图 2-23 需求的变动和均衡价格的变动

2）供给变动的影响。在需求不变的情况下，供给增加会使供给曲线向右平移，从而使均衡价格下降，均衡数量增加；供给减少会使供给曲线向左平移，从而使均衡价格上升，均衡数量减少，如图 2-24 所示。

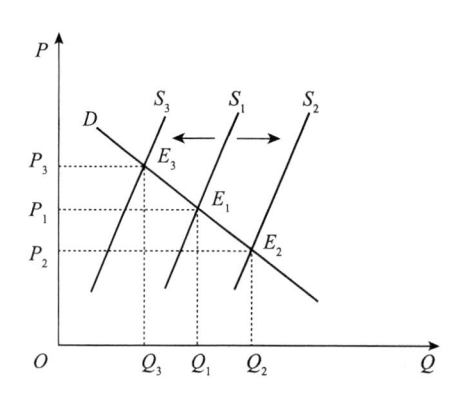

图 2-24 供给的变动和均衡价格的变动

在图 2-24 中，既定的需求曲线 D 和最初的供给曲线 S_1 相交于 E_1 点。在均衡点 E_1 的均衡价格和均衡数量分别为 P_1 和 Q_1。供给增加使供给曲线向右平移至 S_2 曲线的位置，并与 D 曲线相交于 E_2 点。在均衡点 E_2，均衡价格下降为 P_2，均衡数量增加为 Q_2。相反地，供给减少使供给曲线向左平移至 S_3 曲线的位置，且与 D 曲线相交于 E_3 点。在均衡点 E_3，均衡价格上升为 P_3，均衡数量减少为 Q_3。

综上所述，可以得到供需定理：在其他条件不变的情况下，需求变动分别引起均衡价格和均衡数量同方向的变动；供给变动引起均衡价格反方向的变动，引起均衡数量同方向的变动。

2.4 市场结构理论

2.4.1 完全竞争市场

1. 完全竞争市场的条件

完全竞争市场必须具备以下四个条件。

1）市场上有大量的买者和卖者。由于市场上有无数的买者和卖者，所以相对于整个市场的总需求量和总供给量而言，每一个买者的需求量和每一个卖者的供给量都是微不足道的，都好比是一桶水中的一滴水。任何一个买者买与不买，或买多与买少，以及任何一个卖者卖与不卖，或卖多与卖少，都不会对市场的价格水平产生任何的影响。于是，在这样的市场中，每一个消费者或每一个厂商对市场价格没有任何控制力量，他们每一个人都只能被动地接受既定的市场价格，他们被称为价格接受者。

2）市场上每一个厂商提供的商品都是完全同质的。所谓商品同质，是指厂商之间提供的商品是完全无差别的，它不仅指商品的质量、规格、商标等完全相同，还包括购物环境、售后服务等方面也完全相同。这样对于消费者来说，无法区分产品是由哪一家厂商生产的，或者说购买任何一家厂商的产品都是一样的。在这种情况下，如果有一个厂商单独提价，那么其产品就会完全卖不出去。当然，单个厂商也没有必要单独降价。因为在一般情况下，单个厂商总是可以按照既定的市场价格实现属于自己的那一份相对来说很小的销售份额。所以，厂商既不会单独提价，也不会单独降价。可见，完全竞争市场的第二个条件进一步强化了在完全竞争市场上每一个买者和卖者都是被动的既定市场价格的接受者的说法。

3）所有的资源具有完全的流动性。这意味着厂商进入或退出一个行业是完全自由和毫无困难的。所有资源可以在各厂商之间和各行业之间完全自由地流动，不存在任何障碍。这样，任何一种资源都可以及时地投向能获得最大利润的生产，并及时地从亏损的生产中退出。在这样的过程中，缺乏效率的企业将被市场淘汰，取而代之的是具有效率的企业。

4）信息是完全的。即市场上的每一个买者和卖者都掌握与自己的经济决策有关的一切信息。这样，每一个消费者和每一个厂商可以根据自己所掌握的完全的信息，做出自己最优的经济决策，从而获得最大的经济利益。而且，由于每一个买者和卖者都知道既定的市场价格，都按照这一既定的市场价格进行交易，这也就排除了由于信息不通畅而可能导致的一个市场同时按照不同的价格进行交易的情况。

符合以上四个假定条件的市场称为完全竞争市场。经济学家指出，完全竞争市场是一个非个性化的市场。由于市场中的每一个买者和卖者都是市场价格的被动接受者，而且他们中的任何一个成员都既不会也没有必要去改变市场价格；每个厂商生产的产品都是完全相同的，毫无自身的特点；所有的资源都可以完全自由地流动，不存在同种资源之间的报酬差距；市场上的信息是完全的，任何一个交易者都不具备信息优势。因此，完全竞争市场中不存在交易者的个性。所有的消费者都是相同的，都是无足轻重的，相互之间意识不到竞争；所有的生产者也都是相同的，也都是无足轻重的，相互之间也意识不到竞争。所以，完全竞争市场中不存在现实经济生活中的那种真正意义上的竞争。

2. 完全竞争厂商的需求曲线

市场上对某一个厂商的产品的需求状况，可以用该厂商所面临的需求曲线来表示，该曲线也简称为厂商的需求曲线。在完全竞争市场条件下，厂商的需求曲线是什么形状的呢？在完全竞争市场上，由于厂商是既定市场价格的接受者，因此完全竞争厂商的需求曲线是一条由既定市场价格水平出发的水平线，如图 2 – 25 所示。在图 2 – 25（a）中，市场的需求曲线 D 和供给曲线 S 相交的均衡点 E 所决定的市场的均衡价格为 P_e，相应地，在图 2 – 25（b）中，由给定的价格水平 P_e 出发的水平线 d 就是厂商的需求曲线。水平的需求曲线意味着厂商只能被动地接受给定的市场价格，且厂商既不会也没有必要去改变这一价格水平。

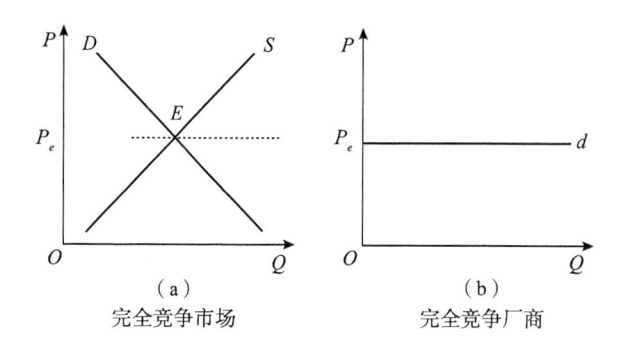

图 2 – 25　完全竞争厂商的需求曲线

需要注意的是，在完全竞争市场中，单个消费者和单个厂商无力影响市场价格，他们中的每一个人都是被动地接受既定的市场价格，但这些并不意味着完全竞争市场的价格是固定不变的。在其他一些因素的影响下，如消费者收入水平的普遍提高、先进技术的推广，或者政府有关政策的作用等，使得众多消费者的需求量和众多生产者的供给量发生变化时，供需曲线的位置就有可能发生移动，从而形成市场的新的均衡价格。在这种情况下，就会得到由新的均衡价格水平出发的一条水平线，如图 2 – 26 所示。在图 2 – 26 中，开始时的需求曲线为 D_1，供给曲线为 S_1，市场的均衡价格为 P_1，相应的厂商的需求曲线是从价格水平 P_1 出发的一条水平线 d_1。当需求曲线的位置由 D_1 移至 D_2，同时供给曲线的位置由 S_1 移至 S_2 时，市场均衡价格上升

为 P_2，于是相应的厂商的需求曲线是从新的价格水平 P_2 出发的另一条水平线 d_2。不难看出，厂商的需求曲线可以出自各个不同的给定的市场的均衡价格水平，但它们总是呈水平状。

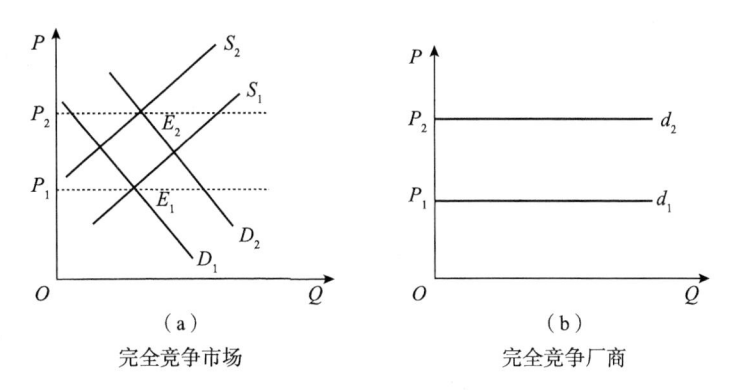

图 2-26　完全竞争市场价格的变动和厂商的需求曲线的变动

2.4.2　完全垄断市场

1. 垄断市场的条件

垄断市场是指整个行业中只有唯一的一个厂商的市场组织。具体地说，垄断市场的条件主要有三点：①市场上只有唯一的一个厂商生产和销售商品；②该厂商生产和销售的商品没有任何相近的替代品；③其他任何厂商进入该行业都极为困难或不可能。在这样的市场中，排除了任何的竞争因素，独家垄断厂商控制了整个行业的生产和市场的销售，所以垄断厂商可以控制和操纵市场价格。

形成垄断的原因主要有以下四点：①独家厂商控制了生产某种商品的全部资源或基本资源的供给。这种对生产资源的独占，排除了其他厂商生产同种产品的可能性。②独家厂商拥有生产某种商品的专利权。这便使独家厂商可以在一定的时期内垄断该产品的生产。③政府的特许。政府往往在某些行业实行垄断的政策，如铁路运输部门、供电供水部门等，于是独家企业就成了这些行业的垄断者。④自然垄断。有些行业的生产具有这样的特点：企业生产的规模经济需要在一个很大的产量范围和相应的巨大的资本设备的生产运行水平上才能得到充分的体现，以至于整个行业的产量只有由一个企业来生产时才有可能达到这样的生产规模。而且，只要发挥这一企业在这一生产规模上的生产能力，就可以满足整个市场对该种产品的需求。在这类产品的生产中，行业内总会有某个厂商凭借雄厚的经济实力和其他优势，最先达到这一生产规模，从而垄断了整个行业的生产和销售。这就是自然垄断。

如同完全竞争市场一样，垄断市场的假设条件也很严格。在现实的经济生活里，垄断市场也是几乎不存在的。在西方经济学中，由于完全竞争市场的经济效率被认为是最高的,从而完全竞争市场模型通常被用来作为判断其他类型市场经济效率高低的标准,那么垄断市场模型就是从经济效率最低的角度来提供。

2. 垄断厂商的需求曲线和收益曲线

(1) 垄断厂商的需求曲线。

由于垄断市场中只有一个厂商,所以市场的需求曲线就是垄断厂商所面临的需求曲线,它是一条向右下方倾斜的曲线。仍假定厂商的销售量等于市场的需求量,于是,向右下方倾斜的垄断厂商的需求曲线表示:垄断厂商可以用减少销售量的办法来提高市场价格,也可以用增加销售量的办法来压低市场价格。即垄断厂商可以通过改变销售量来控制市场价格,而且垄断厂商的销售量与市场价格呈反方向的变动。

(2) 垄断厂商的收益曲线。

厂商所面临的需求状况直接影响厂商的收益,这便意味着厂商的需求曲线的特征将决定厂商的收益曲线的特征。垄断厂商的需求曲线是向右下方倾斜的,其相应的平均收益 AR 曲线、边际收益 MR 曲线和总收益 TR 曲线的一般特征如图 2-27 所示。第一,由于厂商的平均收益 AR 总是等于商品的价格,所以在图 2-27(a)中,垄断厂商的 AR 曲线和需求曲线 d 重叠,是同一条向右下方倾斜的曲线。第二,由于 AR 曲线是向右下方倾斜的,则根据平均量和边际量之间的相互关系可以推知,垄断厂商的边际收益 MR 总是小于平均收益 AR。因此,图 2-27(a)中 MR 曲线位于 AR 曲线的左下方,且 MR 曲线也向右下方倾斜。第三,由于每一销售量上的边际收益 MR 值就是相应的总收益 TR 曲线的斜率,所以当 $MR>0$ 时,TR 曲线的斜率为正;当 $MR<0$ 时,TR 曲线的斜率为负;当 $MR=0$ 时,TR 曲线达最大值点。

垄断厂商的需求曲线 d 可以是直线,也可以是曲线。图 2-27(a)中垄断厂商的需求曲线 d 是直线,体现了垄断厂商的 AR 曲线、MR 曲线和 TR 曲线相互之间的一般关系。在此,需要指出的是,当垄断厂商的需求曲线 d 为直线时,相应的 MR 曲线还有其他一些重要的特征。

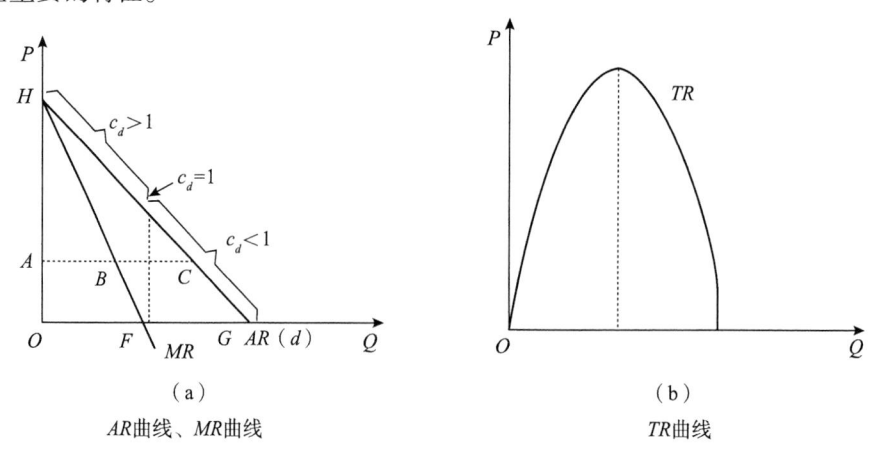

(a) AR曲线、MR曲线

(b) TR曲线

图 2-27 垄断厂商的收益曲线

2.4.3 垄断竞争市场

1. 垄断竞争市场的条件

完全竞争市场和完全垄断市场是理论分析中的两种极端的市场组织。在现实经济生活中，通常存在的是垄断竞争市场和寡头市场。其中，垄断竞争市场与完全竞争市场比较接近。

垄断竞争市场是这样一种市场组织：一个市场中有许多厂商生产和销售有差别的同种产品。根据垄断竞争市场的这一基本特征，西方经济学家提出了生产集团的概念。因为在完全竞争市场和完全垄断市场的条件下，行业的含义是很明确的，它是指生产同一种无差别的产品的厂商的总和。而在垄断竞争市场，产品差别这一重要特点使得上述意义上的行业不存在。为此，在垄断竞争市场理论中，把市场上大量的生产非常接近的同种产品的厂商的总和称作生产集团。例如，汽车加油站集团、快餐食品集团、理发店集团等。

具体地说，垄断竞争市场的条件主要有以下三点。

1）在生产集团中有大量的企业生产有差别的同种产品，这些产品彼此之间都是非常接近的替代品。例如，牛肉面和鸡丝面是有差别的同种（面食）产品，二者具有较密切的替代性。

产品差别不仅指同一种产品在质量、构造、外观、销售服务条件等方面的差别，还包括商标、广告方面的差别和以消费者的想象为基础的任何虚构的差别。例如，虽然在两家不同饭馆出售的同一种菜肴（如清蒸鱼）在实质上没有差别，然而在消费者的心中却认为一家饭馆的清蒸鱼比另一家鲜美。这时，即存在着虚构的产品差别。

一方面，由于市场上的每种产品之间存在着差别，或者说由于每种带有自身特点的产品都是唯一的，因此每个厂商对自己的产品的价格都具有一定的垄断量，从而使得市场中带有垄断的因素。一般来说，产品的差别越大，厂商的垄断程度也就越高。另一方面，由于有差别的产品相互之间又是很相似的替代，或者说每一种产品都会遇到大量的其他相似产品的竞争，因此市场中有竞争的因素。如此，便构成了垄断因素和竞争因素并存的垄断竞争市场的特征。例如，不同品牌的香烟、饮料和方便面。

2）一个生产集团中的企业数量非常多，以至于每个厂商都认为自己的影响很小，不会引起竞争对手的注意和反应，因而自己也不会受到竞争对手任何报复措施的影响。例如，快餐、理发行业。

3）厂商的生产规模比较小，因此进入和退出一个生产集团比较容易。在现实生活中，垄断竞争的市场组织在零售业和服务业中是很普遍的，如修理、糖果零售业等。在垄断竞争生产集团中，各个厂商的产品是有差别的，厂商们相互之间的成本曲线和需求曲线未必相同。但是在垄断竞争市场模型中，西方学者总是假定生产集团内的所有厂商都具有相同的成本曲线和需求曲线,并以代表性厂商进行分析。这一假定能使分析得以简化,而又不影响结论的实质。

2. 垄断竞争厂商的需求曲线

由于垄断竞争厂商可以在一定程度上控制自己产品的价格,即通过改变自己生产的有差别的产品的销售量来影响商品的价格,所以如同垄断厂商一样,竞争厂商所面临的需求曲线也是向右下方倾斜的。所不同的是,由于各垄断厂商的产品相互之间都是很接近的替代品,市场中的竞争因素又使得垄断竞争厂商的需求曲线具有较大的弹性。因此,垄断竞争厂商向右下方倾斜的需求曲线比较平坦,相对地比较接近完全竞争厂商的水平形状需求曲线。

垄断竞争厂商所面临的需求曲线有两种,它们通常被区分为 d 需求曲线和 D 需求曲线。下面用图 2-28 分别说明这两种需求曲线。

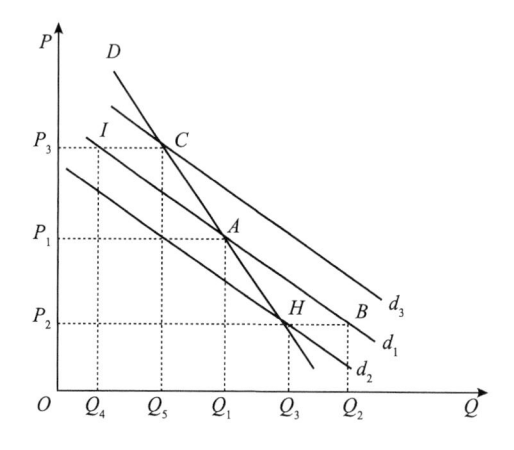

图 2-28 垄断竞争厂商的需求曲线

(1) d 需求曲线。

d 需求曲线表示在垄断竞争生产集团中的某个厂商改变产品价格,而其他厂商的产品价格都保持不变时,该厂商的产品价格和销售量之间的关系。在图 2-28 中,假定某垄断竞争厂商开始时处于价格为 P_1 和产量为 Q_1 的 A 点上,它想通过降价来增加自己产品的销售量。因为该厂商认为,它降价以后不仅能增加自己产品的原有买者的销售量,而且还能把其他买者从生产集团内的其他厂商那里吸引过来。该垄断竞争厂商相信其他厂商不会对它的降价行为做出反应。随着它的产品价格由 P_1 下降为 P_2,它的销售量会沿着 d_1 需求曲线由 Q_1 增加为 Q_2。因此,它预期自己的生产可以沿着 d_1 需求曲线由 A 点运动到 B 点。

(2) D 需求曲线。

D 需求曲线表示在垄断竞争生产集团的某个厂商改变产品价格,而且集团内的其他所有厂商也使产品价格发生相同变化时,该厂商的产品价格和销售量之间的关系。在图 2-28 中,如果某垄断竞争厂商将价格由 P_1 下降为 P_2,集团内其他所有厂商也都将价格由 P_1 下降为 P_2，于是该垄断竞争厂商的实际销售量是 D 需求曲线上的 Q_3，Q_3 小于它的预期销售量即 d_1 需求曲线上的 Q_2。这是因为集团内其他厂商的买者没有被该厂商吸引过来，每个厂商的销售量增加仅来自于整个市场的价格水平的下降。所以，该垄断竞争厂商降价的结果是使自己的销售量沿着 D 需求曲线由 A 点运动到 H 点。同时，d_1 需求曲线也相应地从 B 点平移到 H 点，即平移到 d_2 需求曲线的位置。d_2 需求曲线表示当整个生产集团将价格固定在新的价格水平 P_2 以后，该垄断竞争厂商单独变动价格时在各个价格下的预期销售量。

所以，关于 D 需求曲线，还可以说它是表示垄断竞争生产集团内的单个厂商在每一市场价格水平的实际销售份额。若生产集团内有 n 个垄断竞争厂商，不管全体 n 个厂商将市场价格调整到何种水平，D 需求曲线总是表示每个厂商的实际销售份额为市场总销售量的 $1/n$。

从以上的分析中可以得到关于 d 需求曲线和 D 需求曲线的一般关系：①当垄断竞争生产集团内的所有厂商都以相同方式改变产品价格时，整个市场价格的变化会使得单个垄断竞争厂商的 d 需求曲线的位置沿着 D 需求曲线发生平移。②由于 d 需求曲线表示单个垄断竞争厂商单独改变价格时所预期的产品销售量，D 需求曲线表示每个垄断竞争厂商在每一市场价格水平实际所面临的市场需求量，所以 d 需求曲线和 D 需求曲线相交意味着垄断竞争市场的供需相等状态。③很显然，d 需求曲线的弹性大于 D 需求曲线，即前者较之于后者更平坦一些。

2.4.4 寡头垄断市场

1. 寡头垄断市场概述

寡头垄断市场又称为寡头市场。它是指少数几家厂商控制整个市场产品的生产和销售的一种市场组织。寡头市场被认为是一种较为普遍的市场组织。西方国家中不少行业都表现出寡头垄断的特点。例如，美国的汽车业、电气设备业、罐头行业等，都被几家企业所控制。

形成寡头市场的主要原因有：①某些产品的生产必须在相当大的生产规模上运行才能达到最好的经济效益；②行业中几家企业对生产所需的基本生产资源的供给的控制；③政府的扶植和支持等。由此可见，寡头市场的成因和垄断市场是很相似的，只是在程度上有所差别而已。寡头市场是比较接近垄断市场的一种市场组织。

寡头行业可按不同方式分类。根据产品特征，可以分为纯粹寡头行业和差别寡头行业两类。在纯粹寡头行业中，厂商之间生产的产品没有差别。例如，可以将钢铁、水泥等行业看成是纯粹寡头行业。在差别寡头行业中，厂商之间生产的产品是有差别的。例如，可以将汽车、冰箱等行业看成是差别寡头行业。此外，寡头行业还可按厂商的行动方式，区分为有勾结行为的（即合作的）和独立行动的（即不合作的）不同类型。

寡头厂商的价格和产量决定是一个很复杂的问题。其主要原因在于：在寡头市场上，每个厂商的产量都在全行业的总产量中占一个较大的份额，从而每个厂商的产量和价格变动都会对其他竞争对手以至整个行业的产量和价格产生举足轻重的影响。正因如此，每个寡头厂商在采取某项行动之前，必须首先推测这一行动对其他厂商的影响以及其他厂商可能做出的反应，然后才能在这些反应方式的前提下采取最有利的行动。所以，每个寡头厂商的利润也都是所有厂商决策相互作用的影响。寡头厂商们行为之间这种复杂关系，使得寡头理论复杂化。下面介绍一个经典的寡头模型，即古诺模型，该模型属于独立行动条件下的模型。

古诺模型是早期的寡头模型。它是由法国经济学家古诺于 1838 年提出的。古诺模型常被作为寡头理论分析的出发点。古诺模型是一个只有两个寡头厂商的简单模型，该模型也被称为"双头模型"。古诺模型的结论可以很容易地推广到三个或三个以上的寡头厂商的情况中去。

古诺模型分析的是两个出售矿泉水的生产成本为零的寡头厂商的情况。古诺模型假定：市场上只有 A、B 两个厂商生产和销售相同的产品，它们的生产成本为零；它们共同面临的市场需求曲线是线性的，A、B 两个厂商都准确地了解市场的需求曲线；A、B 两个厂商都是在已知对方产量的情况下，各自确定能够给自己带来最大利润的产量，即每一个厂商都是消极地以自己的产量去适应对方已确定的产量。

如同垄断厂商和垄断竞争厂商一样，寡头厂商面临的需求曲线也是向右下方倾斜的，寡头厂商的均衡产量和均衡价格之间也不存在一一对应关系，所以不存在寡头厂商和行业的具有规律性的供给曲线。此外，再考虑到寡头厂商之间的行为的相互作用的复杂性，建立寡头厂商和市场的具有规律性的供给曲线也就更困难了。

如上所述，在寡头市场上，厂商们之间的行为是相互影响的，每一个厂商都需要首先推测或了解其他厂商对自己所要采取的某一个行动的反应，然后在考虑到其他厂商这些反应方式的前提下，再采取最有利于自己的行动。在寡头市场上的每一个厂商都是这样思考和行动的，因此厂商之间行为的互相影响和相互作用的关系就如同博弈（即下棋）一样。

博弈论也称为对策论，是描述和研究行为者之间策略相互依存和相互作用的一种决策理论。博弈论被应用于政治、外交、军事、经济等领域。自 20 世纪 80 年代以来，博弈论在经济学中得到了更广泛的应用，它对寡头理论、信息经济学等的发展做出了重要的贡献。博弈论的应用被认为是微观经济学的重要发展。

2. 进一步阅读

微观经济学的理论可以用图 2-29 来表示。其中价格理论是整个微观经济学的核心。其他理论有消费者行为理论、生产者行为理论、收入分配理论、一般均衡理论与福利经济学和市场失灵与微观经济政策等。

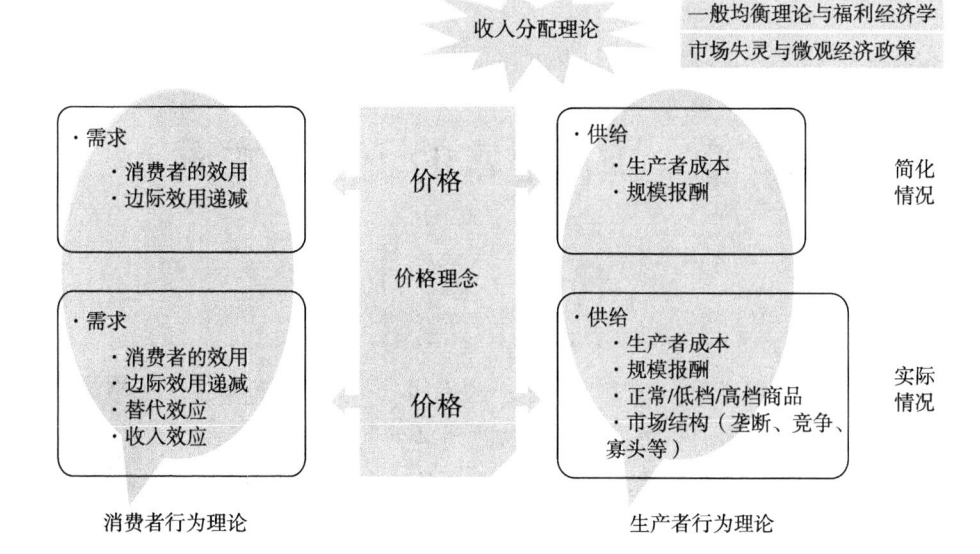

图 2-29 微观经济学理论示意图

曼昆在他所著的《经济学原理》中，提出了著名的十大主题，这些主题是：

1) 人们面临权衡取舍（People face tradeoffs）。

2) 某些东西的成本是为了得到它所放弃的东西（The cost of something is what you give up to get it）。

3) 理性人考虑边际量（Rational people think at the margin）。

4) 人们会对激励做出反应（People respond to incentives）。

5) 贸易能使每个人的状况变得更好（Trade can make everyone better off）。

6) 市场通常是组织经济活动的一种最好方法（Markets are usually a good way to organize economic activity）。

7) 政府有时可以改善市场结果（Governments can sometimes improve market outcomes）。

8) 一国的生活水平取决于它生产物品与劳务的能力（A country's standard of living depends on its ability to produce goods and services）。

9) 当政府发行了过多的货币时，物价上升（Prices rise when the government prints too much money）。

10) 社会面临通货膨胀与失业之间的短期权衡取舍（Society faces a short-run tradeoff between inflation and unemployment）。

第3章 国民财富的表现和本质

亚当·斯密在《国富论》序言中的第一句话是:"一国国民每年的劳动,本来就是供给他们每年消费的一切生活必需品和便利品的源泉。构成这种必需品和便利品的,或是本国劳动的直接产物,或是用这类产物从外国购进来的物品。"我们循着亚当·斯密开创的自由之路,以国家为单位,探究国民财富的表现和本质。

学习目标
- 了解国际经济学的发展
- 掌握优势理论
- 掌握人力资本理论
- 了解贵金属的概念与意义
- 了解要素禀赋理论

3.1 传统国际经济学理论发展简介

国际经济学不仅包括国际贸易学,还包括国际资本学。相对国际资本学而言,国际贸易理论更为基础,也更加简单。我们以传统国际贸易理论和传统国际资本理论的发展为例论述知识经济和博弈下的国际经济。

3.1.1 传统国际贸易理论的发展及其阶段划分

国际贸易理论可以按三条线索进行分析。

第一,按国际贸易理论涉及的生产要素进行划分。国际贸易理论的发展可以划分为三个阶段,即单要素理论—双要素理论—多要素理论。其中,单要素主要是指劳动这一要素;双要素则包括劳动和资本;多要素则除了劳动和资本外,还有其他要素,如知识。

第二，按对市场的假设进行划分。在前期，由于研究较为初步和简单，把市场看成是完全竞争的，因而这种理论是完全竞争的国际贸易理论。后来，随着研究的深入和复杂，市场不再被看作是完全竞争的，因而国际贸易理论就由完全竞争的国际贸易理论发展为不完全竞争的国际贸易理论。

第三，按研究内容进行划分。国际贸易理论先后经历了重商主义—古典贸易理论—新古典贸易理论—现代贸易理论—国际贸易理论新发展五个阶段。这五个阶段其实都有要素和市场的参与。因此，我们重点介绍这一线索下的国际贸易理论的发展。

国际贸易纯理论所要回答的基本问题有三个方面，即国际贸易的原因、国际贸易的结构和国际贸易的结果。国际贸易的原因要说明，一国为什么要参与国际贸易，它的动力是什么。国际贸易的结构所要回答的是，国际贸易的生产结构或分工结构是什么。从而要回答一国在国际贸易中所出口或进口的商品结构是什么。国际贸易的结果所要回答的问题是，国际贸易能否给参加国带来经济利益。要回答这三个基本问题还有待于国际贸易理论前提的确立。基于不同的经济学理论前提所得出的国际贸易理论是不同的。

在第三条线索中，重商主义不能系统地回答上述三个问题，国际贸易理论新发展也不能完整地回答上述三个问题，因此我们从古典贸易理论、新古典贸易理论和现代贸易理论这三个阶段进行说明。

第一阶段：古典贸易理论。这一理论的基本前提：①企业是完全竞争的企业；②在当生产要素从一个部门转向另一个部门，或其他部门时，增加某种商品生产的机会成本不变；③一国的生产资料在本国范围内得到充分利用；④生产要素在各国之间不流动，各国对商品贸易不加干预。古典贸易理论的核心内容是比较利益理论。这一理论有一种表述是技术差异论。技术差异论认为，各国之间开展贸易的基础在于它们生产同一产品或同质商品的价格差。这种价格差的基本原因是各国生产该商品时劳动生产率的差别。在生产中只投入一种生产要素——劳动力的假定条件下，这种劳动生产率的差别表现为各国劳动力熟练程度上的差别，从而是单位产品的成本差别。在这里比较利益实质上是比较各国在生产同一产品时的劳动生产率，从而是劳动力熟练程度在各国的差异。各国在同一商品生产上的劳动生产率的差别又进一步表现为：各国在生产同一产品时的相对劳动生产率，即表现为生产某种产品的机会成本的差别。在假定世界上只有两个国家的情况下，当一国在两种产品生产上的劳动生产率都高于另一国时，从相对意义上看，该国专门生产其中一种劳动生产率较高的商品时，可以发挥本国劳动力的比较优势，即将本国的生产要素都投入到生产其机会成本比较低的商品，进而通过贸易交换到本国放弃生产的那种产品。相应地，尽管另一国生产两种产品的劳动生产率都低于一国，但是它仍然可以专门生产自己（相对于外国）机会成本较低的产品，进而通过交换获得本国放弃生产的商品。在这里技术差异——劳动生率的差异成为各国进行国际贸易和分工的原因和决定各国专门生产某种商品结构的基础。这种贸易和分工使参加国际贸易的双方都获得了利益。因此在这一理论的提出者亚当·斯密和大卫·李嘉图等看来，劳动生产率的差别或技术差别是各国生产同一产品时存在价格差别的基本原因，这种价格差及生产者对较高价格的追求是国际贸易的原因或动力；每个国家专门生产自己有优势的产品并根据自己对产品的需要进行交换是国际分工的结果；各国经过国际贸易都能够获得实际收入水平的提高则是国际贸易的结果。基于获得和维持这一结果的因素，国际贸易得以维持和发展。

第二阶段：新古典贸易理论。新古典贸易理论的观点是生产要素禀赋论。在其提出者赫克歇尔和伯蒂尔·奥林看来，现实生产中投入的生产要素不只是一种——劳动力，而是多种，而投入两种生产要素则是生产过程中的基本条件。根据生产要素禀赋理论，在各国生产同一产品的技术水平相同的情况下，两国生产同一产品的价格差来自产品的成本差别，这种成本差别来自生产过程中所使用的生产要素的价格差别，这种生产要素的价格差别则取决于该国各种生产要素的相对丰裕程度。由于各种产品生产所要求的两种生产要素的比例不同，一国在生产密集使用本国比较丰裕的生产要素的产品时，成本就比较低，而生产密集使用别国比较丰裕的生产要素的产品时，成本就比较高，从而形成各国生产和交换产品的价格优势，进而形成国际贸易和国际分工。此时本国专门生产自己有成本优势的产品，而换得外国有成本优势的产品。在国际贸易理论中，这种理论观点也被称为狭义的生产要素禀赋论。广义的生产要素禀赋论指出，当国际贸易使参加贸易的国家在商品的市场价格、生产商品的生产要素的价格相等的情况下，以及在生产要素价格均等的前提下，两国生产同一产品的技术水平相等（或生产同一产品的技术密集度相同）的情况下，国际贸易取决于各国生产要素的禀赋，各国的生产结构表现为每个国家专门生产密集使用本国比较丰裕的生产要素的商品。生产要素禀赋论假定，生产要素在各部门转移时，增加生产的某种产品的机会成本保持不变。奥林在他的老师赫克歇尔提出的观点的基础上，系统地论述了生产要素禀赋理论。这一理论突破了单纯从技术差异的角度解释国际贸易的原因、结构和结果的局限，而是从比较接近现实的要素禀赋来说明国际贸易的原因、结构和结果。

第三阶段：现代贸易理论。古典和新古典的国际贸易理论解释了不同国家之间不同产业的贸易，但是产业内贸易和发达国家之间的贸易迅猛增长，促进了现代贸易理论的出现（见图3-1）。

自20世纪60年代以来，随着科学技术的不断发展，国际贸易实践中又出现了一种和传统贸易理论的结论相悖的新现象，即国际贸易大多发生在发达国家之间，而不是发达国家与发展中国家之间；而发达国家间的贸易，又出现了既进口又出口同类产品的现象。这就促使规模经济与不完全竞争模型理论的出现。

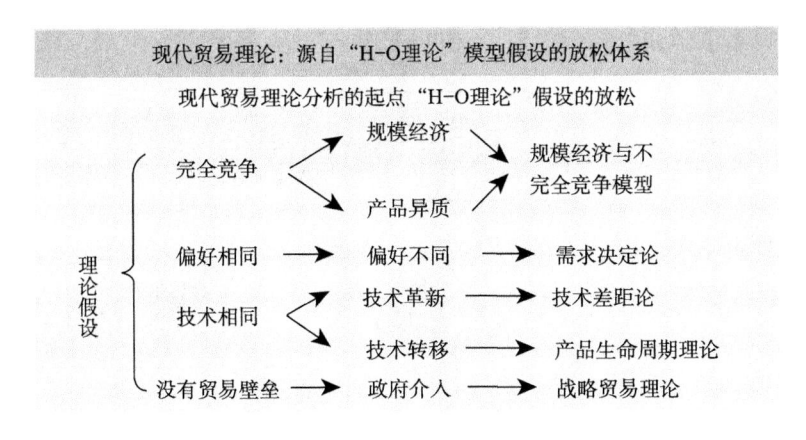

图 3-1 现代贸易理论

雷蒙德·弗农是美国在第二次世界大战以后国际经济关系研究方面最多产的经济学家之一。他有着 20 年在政府部门任职的经历，还在短期内从事过商业。从 1959 年开始，他在哈佛大学任教，是克拉维斯·狄龙学院的国际问题讲座教授。

雷蒙德·弗农早期曾致力于区位经济学的研究，后转入对信息和专业化服务的研究，受克拉伍斯和波斯纳技术差距理论的启发，于 1966 年发表《产品周期中的国际投资和国际贸易》一文，提出了著名的产品生命周期理论。他认为，产品生命周期理论可以解释发达国家出口贸易、技术转让和对外直接投资的发展过程。他在国际贸易理论方面的主要贡献是创立了产品周期理论。

3.1.2 国际资本理论的发展简介

西方国际资本理论的发展脉络如图 3-2 所示。可以看出，西方国际资本理论的发展大致经历了三个时期，第一个时期是古典时期，第二个时期是凯恩斯时期，第三个时期是后凯恩斯时期。

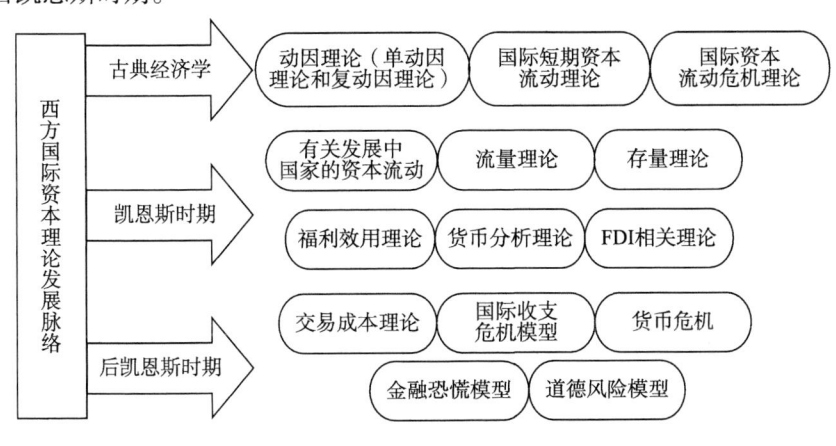

图 3-2 西方国际资本理论脉络图

(1) 古典经济学涉及的相关理论（见图 3-3）。

古典经济学的理论

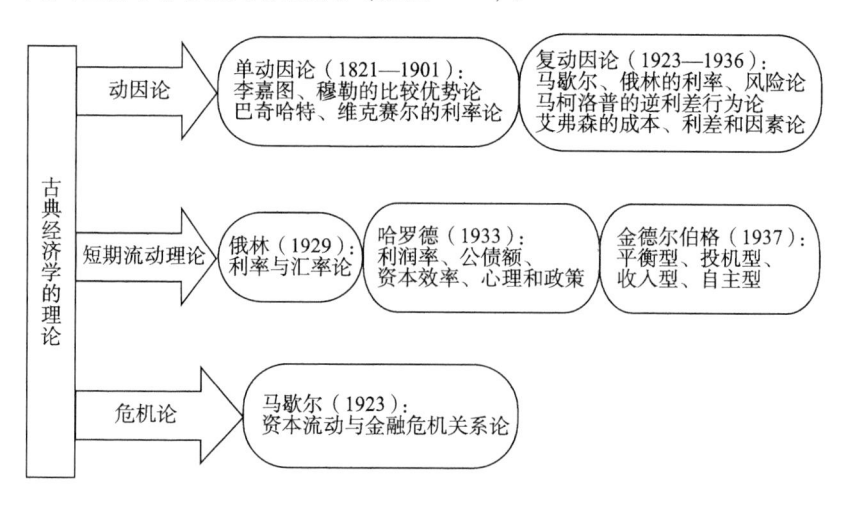

- 动因论
  - 单动因论（1821—1901）：李嘉图、穆勒的比较优势论 巴奇哈特、维克赛尔的利率论
  - 复动因论（1923—1936）：马歇尔、俄林的利率、风险论 马柯洛普的逆利差行为论 艾弗森的成本、利差和因素论
- 短期流动理论
  - 俄林（1929）：利率与汇率论
  - 哈罗德（1933）：利润率、公债额、资本效率、心理和政策
  - 金德尔伯格（1937）：平衡型、投机型、收入型、自主型
- 危机论
  - 马歇尔（1923）：资本流动与金融危机关系论

图 3-3 古典经济学涉及的国际资本流动理论

(2) 凯恩斯时期的流动理论（见图 3-4）。

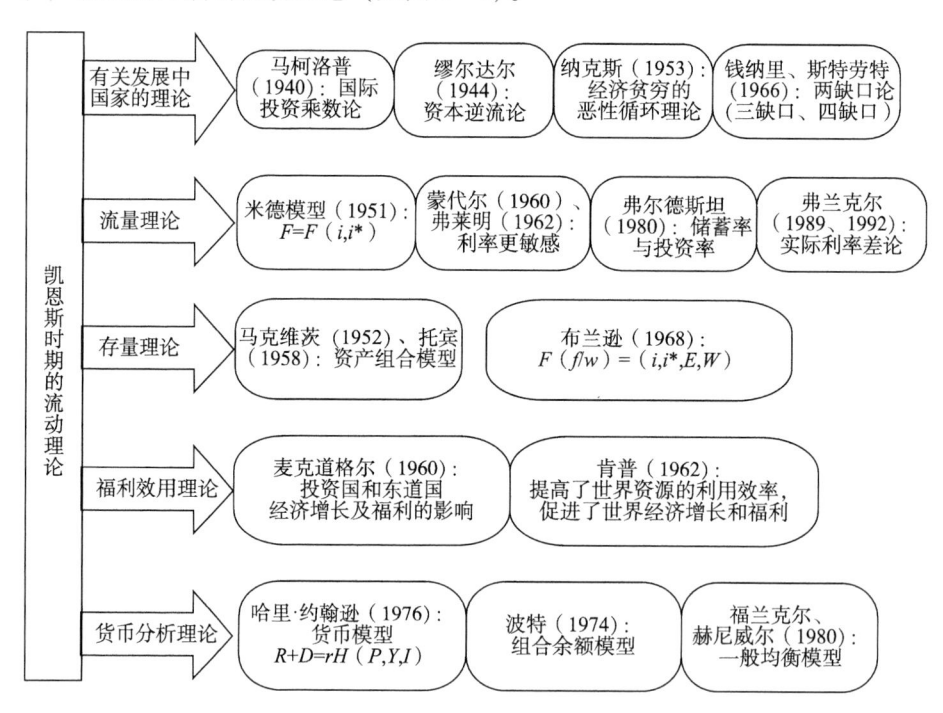

凯恩斯时期的流动理论

- 有关发展中国家的理论
  - 马柯洛普（1940）：国际投资乘数论
  - 缪尔达尔（1944）：资本逆流论
  - 纳克斯（1953）：经济贫穷的恶性循环理论
  - 钱纳里、斯特劳特（1966）：两缺口论（三缺口、四缺口）
- 流量理论
  - 米德模型（1951）：$F=F(i,i^*)$
  - 蒙代尔（1960）、弗莱明（1962）：利率更敏感
  - 弗尔德斯坦（1980）：储蓄率与投资率
  - 弗兰克尔（1989、1992）：实际利率差论
- 存量理论
  - 马克维茨（1952）、托宾（1958）：资产组合模型
  - 布兰逊（1968）：$F(f/w)=(i,i^*,E,W)$
- 福利效用理论
  - 麦克道格尔（1960）：投资国和东道国经济增长及福利的影响
  - 肯普（1962）：提高了世界资源的利用效率，促进了世界经济增长和福利
- 货币分析理论
  - 哈里·约翰逊（1976）：货币模型 $R+D=rH(P,Y,I)$
  - 波特（1974）：组合余额模型
  - 福兰克尔、赫尼威尔（1980）：一般均衡模型

图 3-4 凯恩斯时期的流动理论

(3) 后凯恩斯时期的流动理论（见图3-5）。

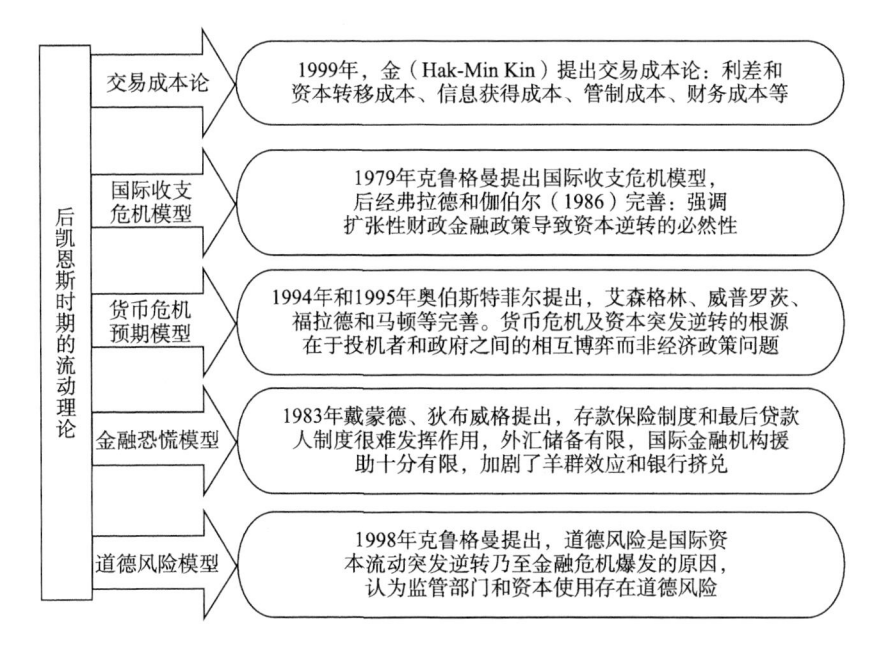

```
后凯恩斯时期的流动理论
├─ 交易成本论 → 1999年，金（Hak-Min Kin）提出交易成本论：利差和资本转移成本、信息获得成本、管制成本、财务成本等
├─ 国际收支危机模型 → 1979年克鲁格曼提出国际收支危机模型，后经弗拉德和伽伯尔（1986）完善：强调扩张性财政金融政策导致资本逆转的必然性
├─ 货币危机预期模型 → 1994年和1995年奥伯斯特菲尔提出，艾森格林、威普罗茨、福拉德和马顿等完善。货币危机及资本突发逆转的根源在于投机者和政府之间的相互博弈而非经济政策问题
├─ 金融恐慌模型 → 1983年戴蒙德、狄布威格提出，存款保险制度和最后贷款人制度很难发挥作用，外汇储备有限，国际金融机构援助十分有限，加剧了羊群效应和银行挤兑
└─ 道德风险模型 → 1998年克鲁格曼提出，道德风险是国际资本流动突发逆转乃至金融危机爆发的原因，认为监管部门和资本使用存在道德风险
```

图3-5　后凯恩斯时期的流动理论

当经济的开放性超越了商品跨国流动这一较低层次时，资本流动真正使各国经济紧密连为一体。在各种类型的国际资本流动中，金融性资本流动特别值得注意，这些主要活动于国际金融市场上的资本流动与传统的贸易性资本流动、国际直接投资不同，它们流动非常迅速，对利率、汇率、股价等金融市场上各种行市的变化非常敏感，并且在近年来发展极为迅猛，日益与实物经济基础相脱离而具有自己独特的规律。

3.2　国民财富的表现

有些女人牢牢抓住一个男人，有些女人牢牢抓住房子，有些女人牢牢抓住钱，却不知道这一切都有一双脚，是会走的。男人会带着爱情离开，房子会贬值，钱会失去。别人永远拿不走，也没有人能够从你身上拿走的，是知识。可惜，我们好像从来不觉得需要牢牢抓住那些真正属于自己的东西，并且要拼命抓得更多。

国民财富是什么？是"金银珠宝"（重商主义）还是"长得高大帅气"（绝对优势）或者是"我们之间差距小，这是我的财富"（比较优势）？上述结论在某些理论看来正确，在某些理论看来不正确。我们的观点是知识改变国民素质，知识就是财富。

有一次，马云在哈佛做演讲，一位学生提问说："阿里巴巴成功的秘诀是什么？"马云幽默地回答道："我为什么能够成功，原因有三：第一是因为我没有钱，第二是因为我对于互联网一窍不通，第三是因为我想得像傻瓜一样。"

马云的财富在哪儿？

马云最初创业是和朋友一起创办了一家翻译社做英语翻译。他选择这一行是因为他的英语水平非常高，用他自己的话说"可能当时在杭州是英语最好的一个人"，就连他的妻子都开玩笑说"马云说梦话说的都是英语"。可见，马云对翻译工作有着十足的把握，而且坚信自己能比别人干得好，因此才会以翻译社作为创业的起点。之后，马云投身互联网行业，虽然他对互联网一窍不通，但是美国之行让他确信互联网必将成为人们生活中不可缺少的部分。此后他做的中国黄页网站就是电子商务的雏形，这段经历让他了解了电子商务的运营模式，并且发现中国的中小企业对信息有着极大的需求，因此他进一步打入电子商务领域，并且取得了成功。

本节首先以传统国际经济学的发展说明国民财富表现的不同，然后说明这种财富其实就是知识。

3.2.1　贵重金属与重商主义

1. 重商主义理论

重商主义盛行于 16～18 世纪的西欧，伴随着民族国家的兴起。中世纪后期的西欧，发生了一系列削弱封建制度的变革，流动性货币资金的大量使用、经济体内部对交易的更大程度的依赖、清教徒反对罗马教廷的宗教改革运动、关注人类短期福利的人道主义的兴起、技术的变革（尤其是农业技术的进步和耕作方法的改进）、地理大发现和贸易的扩张、圈地运动与农业的商业化经营等，都为新的商业阶级的兴起和商业资本的扩张准备了条件。同时，一种新型的政治统治形式和政治单位——民族国家出现了。民族国家开始在全国范围内而非在以前的城镇水平上进行管理和控制，对内建立全国性的统一市场，整合整个国家领土范围内的资源，为国家的对外竞争提供力量。在重商主义时代，国家力量的增强、常备军、战争和贸易是紧密联系在一起的，欧洲国家为争夺对贸易的垄断权而经常发动战争，而扩张领土、开辟殖民地和进行奴隶贸易也是重商主义时代的典型特征。在这个时代，以英法为首的欧洲国家已经建立起了自己的制造业（如英国的棉纺织业等），尽管其规模和效率都无法与后来以工厂制度为核心的制造体系相提并论，但已经初步具备了现代工业的雏形。系统的重商主义的思想和实践正是在此种背景之下出现并得到了发展，而且其影响了 20 世纪甚至今天的全球化，正如英国经济思想史学家埃里克·罗尔所言："先前的重商主义思想并没有消逝。直到今天，它们都时不时地披着不同的外衣再出现，甚至有时这种重新发现的古代真理被认为是出奇地符合现代情况而大受欢迎。"

通常被称为重商主义的理论，主要是一些小册子文献，这些重商主义文献的作者主要是商人或顾问行政官。在英国，最早的重商主义文献出现于17世纪20年代，其中许多文献不只是反映了商人或官员的特殊利益，也是对当时的经济现实和客观情势的理论反映。

一般认为，重商主义文献并不具有内在的一致性，而且没有形成系统的经济理论。但是为了便于处理，必须做出某种程度的简化，将重商主义划分为两大阵营，第一个阵营倾向于从生产的角度解释经济问题和经济危机，第二个阵营则倾向于从交换和金融的角度解释经济问题和经济危机，本书关注的是重商主义的第一个阵营。

重商主义是一种致力于国家和民族富强的国家主义学说，其基本要点包括：

1）对外贸易是国家财富与权力的来源。
2）贸易顺差是积累财富的途径，对外贸易的原则是努力实现贸易顺差。
3）限制外国制成品的输入、鼓励原材料进口和本国制成品输出，以获取金银。
4）通过国家干预和贸易管制（关税保护、垄断和贸易限制措施等）保护和扶植本国制造业的发展，阻止外国制成品进入本国市场。

实际上，重商主义文献还包括增加人口、限制人口外流和鼓励有技能的工人移入本国等观点，尤其对于17世纪英国和法国的重商主义者而言，重视金银，把金银当作财富的形态甚至是唯一的形态，而且把获取和经营殖民地看作是理所当然的事情。总而言之，可以简要地把重商主义概述成如下的主张：国家政策至高无上的目标必须是使国家富强；需要繁荣、多产的农业，各种形式的制造业，并保证可以进入外国的市场和供应地；为此目的所采取的手段主要是保护国内工业和管制贸易；是否成功的检验标准在于是否可以取得连续不断的贸易顺差。

2. 重商主义的政策实践

在重商主义时代，许多国家都推行重商主义政策，一些国家还取得了巨大的成功。在工业革命中领先的英国，最初只是一个农业国，向其他国家提供原材料（羊毛等）及出口少量低附加值的羊毛纺织品，还从欧洲大陆进口技术，可以说，英国当初相对于欧洲大陆比较发达的国家及地区来说，还是一个欠发达国家。在后来的经济史上，我们看到英国、法国、美国、德国等国家相继实现了赶超并成为世界强国。它们的经验告诉我们：赶超是可能的，但是赶超是否成功取决于一系列因素，其中最重要的就是国家所采取的政策。

（1）贸易限制。

贸易尤其是远程贸易在当时具有非常重大的意义，各民族国家之间争相运用武力或其他手段垄断贸易渠道，把国家力量用于经济目的。

许多国家直接把外国人排除在某些区域之外，西欧各国（荷兰除外）都直接对贸易进行管制，葡萄牙在整个16世纪都试图垄断同东方的贸易，西班牙垄断其与殖民地之间的贸易，而英国更是不遗余力地通过武力、航海法案和其他手段对贸易进行限制，并且取得了巨大的成效。英国都铎王朝（1485—1603年）时代，尤其是在亨利七世和伊丽莎白一世时代，都曾利用高关税阻止制成品（如羊毛织品、皮革和金属制品等）的输入和原料（如羊毛等）的输出，鼓励制造品的出口和原料的输入，从亨利七世开始执行促进羊毛加工业的计划（实质上是一种进口替代政策），到伊丽莎白一世，英国用了100多年的时间才使其羊毛加工业具备国际竞争力。在1721年之前，英国主要是以征服贸易（主要通过殖民扩张和航海法案）和提高政府收入为目标，1721年之后英国开始以提升制造业为政策目标。

（2）航海法案。

西班牙、法国和英国等国家都颁布过航海法，但是只有英国取得了空前的成功。英国的航海法案规定，尽可能用英国及其殖民地的船只运输货物，此举成功地把外国人（主要针对荷兰）排挤出了英国的沿海贸易、英国与其殖民地之间的贸易；航海法还规定英国船只必须由英国建造，其中3/4的船只由英国人操纵；英国加强对殖民地贸易的垄断，规定殖民地只能向其他英属殖民地出口最重要的殖民地产品。英国甚至动用武力来确保这些法案的施行。

英国由于其岛国的地理特点，早就意识到大海事务的重要性，从单纯贸易扩张和海运业发展的角度看，英国制定航海法的目的似乎是想通过贸易限制来增加其财富，但是这只是英国所获取的经济方面的利益。更重要的是，它必须维持一支庞大的常备军（尤其是海军）以确保航海法案的施行，海军的发展开启了国家竞争的新时代，使民族国家从陆地走向海洋，国家防卫的地理范围突破了民族国家的领土界限，海权、战争与经济（贸易和商业扩张）密不可分。它的战略和政治意义往往容易被人们忽视。后来，美国也意识到了海军建设的重要战略意义，在著名的《海权对历史的影响》一书中，美国战略家、海军上将马汉赞成建设一支强大的海军以保护商业的扩张。

毋庸置疑，航海法案促进了英国海运业和工业的发展，迅速提升了英国的国际竞争力。连一贯提倡自由贸易的亚当·斯密也在《国富论》的第四编第二章"论限制从外国输入国内能生产的货物"中承认："航海法对国外贸易……是不利的。……但是，由于国防比国富重要得多，所以，在英国各种通商条例中，航海法也许是最明智的一种。"

（3）殖民地体系。

殖民地的开发与扩张对于重商主义时代的西欧也具有异常重要的意义。一方面，欧洲母国以增进国家财富与权力的方式开发殖民地，把殖民地当作母国的原料供应基地和制成品的销售市场，殖民地体系从属于中心国家集团的经济和政治需要；另一方面，母国利用航海法案限制殖民地的贸易自由，压制殖民地的工业（尤其是附加值高的制造业）发展，禁止殖民地输出制成品。殖民地开发对殖民地后来的发展产生了深远的社会、经济和文化影响，它以一种外在的方式把具有破坏性的经济发展模式植入当地的社会政治经济结构，许多殖民地甚至在20世纪陆续独立后也不能摆脱殖民统治所导致的负面影响。

（4）扶植民族工业。

在重商主义时代，对民族工业的扶植和保护也带有明显的重商主义色彩，但却为后来的后发国家实现赶超提供了灵感和启发，奠定了现代产业、贸易和技术政策的基础。

对民族工业的保护，包含一系列丰富的政策思想和内容，当时的西欧国家主要采取以下措施发展民族工业：①大力发展高附加值的制造业，"输入原材料、输出制成品"成为英国商业政策几个世纪以来的主导原则。②鼓励技工到国外学习，以秘密或公开的方式引进熟练技工。如亨利七世曾秘密引进低地国家的熟练工人；在伊丽莎白一世时代，英国积极鼓励德国矿工与金属业工人移入等。③利用贸易保护政策对国内制造业进行保护，所用手段主要有：对原料进口免税、出口退税、补贴，对制成品进口征收高关税等。④通过授予垄断权、发放贷款、奖励、组织展览会等方式促进工业发展，提高先进技术意识，降低开办企业的风险。在法国，财政大臣科尔伯特除了采取这些措施外，甚至还动用皇家基金创办工业企业，制订了一套严密的、无所不包的工业发展计划。⑤注重基础设施建设，如科尔伯特兴建了许多港口、公路和运河，改善了国内运输。

这些重商主义的政策实践实际上是相互联系的，国家干预体现在各个环节之中。在重商主义时代，由于意识形态和国家政治形态差异等方面的影响，我们不太容易从中辨别出一套前后一贯的经济政策原则，但是无法否认的是，正是在一系列相互交织的因素的作用下，西欧的许多国家逐渐实现了赶超，成为今天的发达国家。

3. 对重商主义的重新评价

亚当·斯密在《国富论》第四编不加批判地接受了法国重农主义的先驱布阿吉尔贝尔对重商主义的攻击。斯密的批判主要集中于贸易差额论点上，他谴责"重商主义体系"（Mercantile System）混淆了国家财富和货币积累之间的区别，反对垄断和政府限制政策，认为政府的干预和垄断容易滋生"裙带资本主义"，斯密甚至认为正是因为重商主义混淆了货币和财富，因此才导致追求工业与贸易保护的错误政策。斯密的谴责以及英国的现实需要导致了重商主义的迅速衰落，而后来的经济学家沿袭了斯密对重商主义的误读，尽管包含重商主义要素的经济理论曾在19世纪至20世纪的不同时期出现过小规模的复兴，但是总的来看，重商主义被看作是一种错误的、过时了的经济思想。然而，这是对重商主义的正确阐释吗？

在评价重商主义时，我们将坚持熊彼特所提出的如下原则：16世纪和17世纪的行为模式，必须根据16世纪和17世纪的事实和人的观点来考察。如果我们这样做的话，那么当时人们的行为的不合理性就不那么明显了，即使从纯经济的角度来考虑也是如此。

关于重商主义混淆货币与财富的观点，虽然斯密的批判不无道理，但是在重商主义时代，除了最早的重金主义（Bullionism）者外，很少有真正的重商主义者会混淆财富与货币。斯密固执地从纯粹交换的角度去理解贸易和金银的积累，实际上托马斯·孟在其《英国得自对外贸易的财富》一书中，已经将贸易与生产联系在一起了：贫于生产、人造财富的缺乏和无节制的战争使西班牙无法将金银留在国内。热那亚因为威尼斯的崛起而丧失了贸易渠道，最后从商品贸易转向了货币兑换，国家因此而陷于贫困境地。可见贸易顺差和金银的积累是与生产联系在一起的，西班牙成为重商主义者眼中的一个缺少制造业、没有能力将金银留在国内的负面典型。再者，从罗马时代以来，米达斯的传说一直作为一种训诫而被人们广泛接受。在西班牙，重商主义者们很早就摆脱了重金主义的影响。在重商主义时代，大多用金银偿付战争（很多战争实际上发生在国外）开支、购买武器装备，而战争又和贸易的发展、国家权力与财富的增长密不可分，因此金银很容易被看成是财富的一般代表。

关于垄断以及限制性、保护性政策。虽然当时的商人或政府官员难免会为自己所代表的利益集团辩护，而且这些措施执行起来也必然会导致垄断或低效率，导致政府与商人之间的勾结以及消费者福利的损失，但是我们不能仅仅着眼于限制性措施所产生的静态效果，也不能用自由放任的思想原则去看待过去的事物。首先，在当时那样一种条件下，如果政府不授予企业或商人以特权、垄断权，开办企业的风险太大，没有垄断权，企业根本无法生存；其次，诸如排斥外国人进入本国市场之类的限制性措施，实际上起到了保护本国市场、维护本国生产者利益和保证国内就业的作用；最后，从保护性政策的动态收益看，我们无法否认这些政策所产生的效果，正是保护贸易制度，才使英国的制造业（尤其是毛纺织业）具备国际竞争力，有些学者甚至认为如果没有毛纺织业，英国就很难发生工业革命。至于重商主义者所明确倡导的国家干预思想，斯密为贯彻其自由放任的原则，把国家的作用降低到了最低限度，他相信自由放任可以保证经济的良性运转，从这个角度看，斯密的确是反对国家管理本身，而在重商主义时代，国家干预往往和垄断、贸易管制和保护贸易联系在一起。我们无法想象没有国家干预的英国能否发展到这样一种状态：提升制造业竞争能力，进行自由贸易并形成支配世界的优势地位。

斯密是以他所处的时代的眼光去看待过去的事物的，而且斯密提高了经济学的抽象水平，过分注重从经验内容中提取一般性原理（如自由放任等），这种提取和抽象导致他无法把重商主义的观念和政策推理放在特定的、具体的历史情境下去评价，因此斯密的批判就显得有些武断。而且斯密似乎对重商主义时代盛行的官房学派毫无所知，这就不可避免地导致他对重商主义及其时代特征产生偏见。

有许多重商主义政策并没有产生预期的效果（如科尔伯特的过于详尽、管制过于严厉的工业发展计划，西班牙和法国的航海法案等），而且消极意义也非常明显，但是任何一种管理制度都不是完美无缺的，重商主义作为经济政策史上的一个阶段，使大多数西欧国家逐渐摆脱了落后的欠发达状态，为后来的赶超和工业的飞速发展奠定了基础。正如埃里克·罗尔所说:"在《国富论》发表以前的一百年里,全国规模的工业与商业管制逐步加强的真实意义在于工业资本主义的兴起,重商主义的理论和政策完成了它们的历史使命。"

4. **重商主义与经济发展:实践智慧及其当代阐释**

重商主义的信念在18世纪末期开始退潮,随着自由放任和自由市场学说的出现以及英国工业革命的完成,作为一种特定历史阶段的重商主义时代结束了。但是重商主义时代的政策实践及其背后隐含的经济思想却在其他国家生根发芽,甚至英国也没有完全放弃政府干预和保护性关税政策。

重商主义的思想并没有随着重商主义时代的结束而消逝,重商主义的主题也存在于自李斯特开始的德国历史学派、"美国体系"的追随者、英国"自由贸易帝国主义"的追随者中,因此可将这个体系延伸至19世纪。李斯特最初是一个自由贸易论者,于1825年被迫移居美国,他对亚历山大·汉密尔顿的思想进行了深入研究,考察了美国保护主义实践与美国的经济现实,转而成为"美国体系"的坚定支持者,以倡导贸易保护主义而闻名于世。他的著述包含着丰富的思想,对德国历史学派产生了深远的影响,而德国历史学派更立足于德国长远的官房学派传统,古典经济学虽在19世纪传入,但未能占据主导地位,德国历史学派在19世纪和20世纪初期一直主导着德国的政策实践和理论界。亚历山大·汉密尔顿和"美国体系"的倡导者们的思想构成了另一条独特的思想路线,Spannaus甚至将"美国体系"和美国宪法中"公共福利"的思想根源追溯到了莱布尼兹。在实践中,重商主义的某些政策工具被一再运用于那些试图实现赶超的国家中,在发达国家,重商主义的某些要素也一再出现。结合经济史,对重商主义的理论和政策实践进行重新表述,以期更好地理解重商主义的实质,这对于我国当前的经济赶超和发展政策的制定也许不无裨益。

重商主义阶段是一个后发国家实现经济赶超的必经之路,它所包含的一套复杂的政策工具在不同的时代得到灵活的运用,而且政策工具的范围随着时代的发展也有所拓展。当后发国家欲图自强时,就会借助国家的系统性组织力量来开发人力和技术、动员资源和财力以实现跃迁,当然,在不同的国家环境和政治情势下会采取不同的政体形式和意识形态表述方式。这些政策工具及其背后的思想含义如下:

1)经济增长是活动特定的。近代早期思想家们已经注意到制造业总是在城镇中繁荣起来,制造业与农业相比,具有更高的增长潜力和改善人类福利的能力,是与报酬递增活动联系在一起的。制造业能够带来高工资、高利润和高税收,德国的官房学派发现,以制造业为基础的活动,其缴税能力要优于任何其他活动,因此德国各邦都非常重视发展制造业。这说明只有某些特定的经济活动才能通过自身所创造的协同效应带动经济增长,这就是当今发达国家集中精力发展高科技产业、高附加值产业的根本原因所在。不同的生产活动对增长的贡献是不同的,新古典经济学消除了异质性(如代表性企业或行为者的概念、经济活动都服从报酬不变的假设、"均等性"或"匀质性"假设等），因此也就排除了不完全竞争，无法在报酬递增与报酬递减的生产活动之间做出区分。在实践中对这一思想的娴熟运用体现在"马歇尔计划"和"摩根索计划"之中。为防止德国再次发动战争，1945 年美国实施了"摩根索计划"，试图瓦解德国工业（尤其是重工业和军工业），采取关闭工厂、将工业机器拖出德国、向矿山注水等方式使德国去工业化；而在 1947 年，美国为对抗以苏联为首的共产主义阵营，防止共产主义在德国的蔓延，又实施了援助欧洲的"马歇尔计划"，意在重建欧洲经济，这是一项旨在恢复欧洲工业能力的再工业化计划。一个拥有多样化制造业的国家，即使是效率不高，也比一个在原材料生产上富有效率的国家要富有得多。我们从 20 世纪 80 年代以后发展中国家实施"结构调整"之后的结局就可以得出这个结论，苏联及东欧社会主义阵营的崩溃导致民族工业瓦解和民族资本流失，其结果是国民经济崩溃、国民收入大幅下滑，经济增长的良性循环被打断。

2）生产是财富之源，贸易和交换只是实现了商品的价值但并不能创造商品的价值。尽管在现代市场经济条件下，贸易、销售和交换具有异常重要的意义，但是生产是交换、贸易、销售、分配、消费等活动的基础，当生产条件的连续性能够得到保证时（即不存在生产的瓶颈和时空断裂），人们更关注的是商品价值的实现，因此只有在经济危机、战时等特殊时期，人们才会关注影响生产连续性的因素，才会动用国家力量（国家干预）为生产创造条件，为产品创造需求。例如，第二次世界大战期间，美国、德国和苏联都曾运用各种不同形式的国家干预来引导投资、促进生产，虽然它们分别披着新政、法西斯主义和共产主义的外衣，但是剔除了这些意识形态的表象，它们所遵循的基本原则是一致的。而在我们看来，发展中国家缺乏的正是一个发达的生产体系，因此对于后发国家来说，国家干预是必需的，这也是我们从重商主义理论和实践中得出的最重要的结论之一。施穆勒甚至把重商主义与国家的建构联系起来，他认为重商主义的"内核是国家的建构……社会及其组织、国家及其制度取代地方性的、区域性的经济政策的全面转型"。三十年战争（1618—1648 年）使德国的经济和政治发展中断，人口锐减，永远地改变了德国的政治和文化形态。在一片废墟之上重建经济和政治秩序，必须借助国家的力量，在共同福利的框架内实现个人的自由和进步，在此情形下，捍卫所谓的自然秩序无异于自我毁灭。在施穆勒生活的时代，国家所面临的任务是在全国范围内进行管理以创造出有效的国家规模，由此看来把重商主义和国家建构联系起来，是具有合理性的，德国经济学传统强调共同福利和国家干预是有着一贯的连续性的。

3）后发国家必须采取积极的贸易政策和产业政策以保护本国的生产能力、制造业（高附加值的产业）和就业。这些政策工具我们已在重商主义理论中介绍过了，从 1485 年的亨利七世到第二次世界大战后的日本，再到韩国、新加坡等的崛起，都曾采用过积极的贸易政策和产业政策，这些政策具有一贯的连续性，这实际上是一种"进口替代"的发展战略，目的在于实现追赶、提升国家的竞争能力。贸易是不流血的战争，西欧重商主义的政策实践明确区分了"好"的贸易形式与"坏"的贸易形式,好的贸易可以使国家臻于富强,坏的贸易则使国力锐减。出口制成品是好的贸易,而出口原材料则是坏的贸易,这种思想曾主导了英国的产业和贸易政策达几个世纪之久,英国开发殖民地、禁止殖民地发展制造业在某种程度上也可视为一种特殊的产业政策。保护贸易与自由贸易的争论实质上反映了发达国家和欠发达国家之间不同的利益诉求,后发国家实施贸易保护所取得的成功已经在经济史上多次得到验证。例如,英国在18世纪早期对棉纺织业所实施的贸易保护,此举导致印度历史悠久的棉纺织业发生了毁灭性的崩溃,无数以此为生的纺织工随着棉纺织业的崩溃而消失;拿破仑的大陆封锁政策实际上促进了法国工业的发展,随着拿破仑在欧洲大陆的失败,法国工业很快又陷入凋敝之中;英美战争期间,战争所导致的贸易中断使美国工业得到初步发展;日本和韩国在经济崛起过程中,实际上也曾实行过程度不同的保护贸易政策。至于非对称情形下自由贸易对后发国家的损害,一个较近的例子是中国从美国进口了大量大豆导致中国豆农收入锐减,大豆种植面积缩减。

4)后发国家应着力模仿发达国家的经济结构,而不是根据发达国家输出的经济理论来制定经济政策和决定经济发展的方向。从最初英国模仿荷兰发展海运业到法国和德国模仿英国发展棉纺织业和机器工业,再到韩国模仿美国对汽车工业、电子工业和半导体行业进行保护,我们发现后发国家之所以能够走上成功的道路,与它们成功模仿发达国家的经济结构有关。而卡萝塔·佩雷丝在《技术革命与金融资本:泡沫与黄金时代的动力学》一书中所提出的观点为我们阐释这个问题提供了新的视角,她研究了技术革命以及技术—经济范式在发达经济体中传播的长期过程,认为后发国家如果能在特定的历史时期抓住技术—经济范式所提供的赶超机会,就能成功实现赶超。如果对技术革命的主导产业和将会成为支撑新技术—经济范式的产业进行重点扶植,并有导向地运用在一次巨潮的酝酿期和狂热期从发达国家流出的生产和金融资本,则可以取得生产力的跨越式发展,从而大幅度提高国家的竞争力。以日本为例,第二次世界大战之后日本曾在政府的规划和指导下,选择了汽车、钢材、化学品、造船及机械制造等若干产业作为支柱产业进行重点扶植,多样化的、高附加值的制造业发展为日本的崛起奠定了基础。在计划经济时代的中国,也把发展国防工业和重工业作为发展的重点,如此选择虽然是基于现实的考虑,但是却与我们的命题相一致,中国以苏联为样板,建立起了门类较为齐全的工业化体系。我们可以看到,这种选择是违背所谓的比较优势战略的,新古典经济学中把不确定问题确定化的短期优化理论,实际上是一种追求静态收益最大化的理论,而我们认为经济学在某种意义上是一种战略学。

因此,后发国家要实现赶超和可持续的经济发展,就必然要经过一个重商主义阶段,然后才会转向"世界主义"的经济政策与原则,这种转变本身也是基于国家的利益考虑的。

总而言之,国家的干预应注重诱发新知识的创造,对新知识的生产进行保护,并提供与新知识相关的基础设施，对新知识所引致的增长利益进行分配和调节，以促进公民的共同福利。西欧的大多数国家在崛起过程中都曾实施过专利法，以刺激和保护新知识的创造与生产；基础设施对于经济增长和生产方式的扩张都具有重要的意义。历史和实践充分证明，基础设施对于经济增长和文明的发展具有不可替代的重要作用，从经济理论的角度讲，基础设施具有规模报酬递增的效应，它大大降低了经济发展的固定成本，能够带动经济产生协同效应，使经济进入良性循环的发展轨道；市场对增长利益的调节具有内在的局限性，必须借助国家干预以促进共同福利的提高。

3.2.2 显性知识与优势理论、相互需求理论

一个人事业能够达到的高度，取决于最长那根木板的高度而不是最短的那根。如果放弃了优势，不去培养、扶持它，而是花大把的力气去培养提高自己的弱势项目，就像让鸭子去赛跑而让兔子去游泳一样愚蠢和荒谬。

人生很短，有价值的时间更有限，把宝贵的时间放在那些可以让自己大有可为的地方，而不是那些微不足道的地方。谚语说：你能让大象学会爬树，但永远爬得没有猫快。人们要善于与人合作，各取其长，各得其乐。

关于国际贸易发生的原因与影响，最早由英国古典学派经济学家在劳动价值论基础上，从生产成本方面用绝对优势（Absolute Advantage）与比较优势（Comparative Advantage）来说明的。主要观点是：劳动是唯一的生产要素，生产成本取决于劳动生产率，主张自由贸易。其结论是劳动生产率的高低成为国际贸易的重要决定因素。因此古典国际贸易理论是单要素理论和完全竞争理论。

1. 绝对优势理论

绝对优势理论（Theory of Absolute Advantage），又称绝对成本说（Theory of Absolute Cost）、地域分工说（Theory of Territorial Division of Labor）。该理论将一国内部不同职业之间、不同工种之间的分工原则推演到各国之间的分工，从而形成其国际分工理论。绝对优势理论是最早的主张自由贸易的理论，由英国古典经济学派主要代表人物亚当·斯密创立。

亚当·斯密的绝对成本说主要阐明了如下内容。

1）分工可以提高劳动生产率，增加国民财富。斯密认为，交换是出于利己心并为达到利己目的而进行的活动，是人类的一种天然倾向。人类的交换倾向产生分工，社会劳动生产率的巨大进步是分工的结果。他以制针业为例说明其观点。根据斯密所举的例子，分工前，一个粗工每天至多能制造 20 枚针；分工后，平均每人每天可制造 4800 枚针，每个工人的劳动生产率提高了几百倍。由此可见，分工可以提高劳动生产

率,增加国民财富。

2)分工的原则是成本的绝对优势或绝对利益。斯密进而分析到,分工既然可以极大地提高劳动生产率,那么每个人专门从事他最有优势的产品的生产,然后彼此交换,则对每个人都是有利的。即分工的原则是成本的绝对优势或绝对利益。他以家庭之间的分工为例说明了这个道理。他说,如果一件东西购买所花费用比在家内生产的少,就应该去购买而不要在家内生产,这是每一个精明的家长都知道的格言。裁缝不为自己做鞋子,鞋匠不为自己裁衣服,农场主既不打算自己做鞋子,也不打算自己缝衣服。他们都认识到,应当把他们的全部精力集中用于比邻人有利的事情中,用自己的产品去交换其他物品,会比自己生产一切物品得到更多的利益。

3)国际分工是各种形式分工中的最高阶段,在国际分工基础上开展国际贸易,对各国都会产生良好效果。斯密由家庭推及国家,论证了国际分工和国际贸易的必要性。他认为,适用于一国内部不同个人或家庭之间的分工原则,也适用于各国之间。国际分工是各种形式分工中的最高阶段。他主张,如果外国的产品比自己国内生产的要便宜,那么最好是输出在本国有利的生产条件下生产的产品,去交换外国的产品,而不要自己去生产。他举例说,在苏格兰可以利用温室种植葡萄,并酿造出同国外一样好的葡萄酒,但要付出比国外高30倍的代价。他认为,如果真的这样做,显然是愚蠢的行为。每一个国家都有其适宜生产某些特定产品的绝对有利的生产条件,如果每一个国家都按照其绝对有利的生产条件(即生产成本绝对低)去进行专业化生产,然后彼此进行交换,则对所有国家都是有利的,世界的财富也会因此而增加,这就是"绝对利益论"。

4)国际分工的基础是有利的自然禀赋或后天的有利条件。斯密认为,有利的生产条件来源于有利的自然禀赋或后天的有利条件。自然禀赋和后天的条件因国家而不同,这就为国际分工提供了基础。因为有利的自然禀赋或后天的有利条件可以使一个国家生产某种产品的成本绝对低于别国而在该产品的生产和交换上处于绝对有利地位。各国按照各自的有利条件进行分工和交换,将会使各国的资源、劳动和资本得到最有效的利用,将会大大提高劳动生产率和增加物质财富,并使各国从贸易中获益。这便是绝对成本说的基本精神。

亚当·斯密是国际分工和国际贸易理论的创始者。在其代表著作《国富论》中,他提出了国际分工与自由贸易的理论。绝对优势理论从劳动分工原理出发,第一次论证了贸易互利性原理,克服了重商主义者认为国际贸易只是对单方面有利的片面看法。这种贸易分工互利的双赢思想到现代也没有过时,将来也不会过时。从某种意义上说,这种双赢理念仍然是当代各国扩大对外开放,积极参与国际分工贸易的指导思想。

2. 绝对优势理论的经典例证

(1)条件及问题。

假定:2×2×1。即世界上只有两个国家:英国和法国;两国仅生产两种商品:小麦和布；生产要素抽象为只有劳动力一种，劳动力在国内能自由流动，而在国与国之间不能自由流动。假设在没有国际贸易的情况下，两国生产50吨小麦和20匹布所耗费的劳动量见表3-1。问题：如何分工才能从总体上提高生产效率？

表3-1 英、法两国生产两种产品投入的劳动量　　　　　（单位：人年）

产品	小麦（50吨）	布（20匹）
英国	100	100
法国	150	50

（2）比较劳动消耗量和劳动生产率。

同量小麦（生产50吨，单位：人年）：$W_{英}=100$，$W_{法}=150$，$W_{英}<W_{法}$。

生产小麦的劳动生产率（单位：吨/人年）：$R_{英}=50/100=0.5$，$R_{法}=50/150=0.33$，$R_{英}>R_{法}$，所以英国占绝对优势。

同量布（生产20匹，单位：人年）：$C_{英}=100$，$C_{法}=50$，$C_{英}>C_{法}$。

生产布的劳动生产率（单位：吨/人年）：$R_{英} 20/100=0.2$，$R_{法}=20/50=0.4$，$R_{英}<R_{法}$，所以法国占绝对优势。

按照亚当·斯密的观点，英国生产小麦，法国生产布。

（3）利益分析。

如果英国全部生产小麦：生产总量＝（100+100）×0.5＝100（吨）。

如果法国全部生产布：生产总量＝（150+50）×0.4＝80（匹）。

分工前后产量对比：分工前，小麦的生产总量是100吨，布的生产总量是40匹。
　　　　　　　　　分工后，小麦的生产总量是100吨，布的生产总量是80匹。

可见，投入的劳动量不变，但总量增加了，财富增加了。

$$\Delta W=100-100=0，保持不变，未减少$$
$$\Delta C=80-40=40（匹），增加了100\%$$

（4）绝对优势理论的意义。

1）揭示了社会分工和国际分工能使资源得到有效利用，从而提高劳动生产率的规律。

2）若各国利用自己的优势从事专业化生产，然后进行国际贸易，假如英国用50吨小麦交换法国40匹布，则两国都能从贸易中受益（都多得到20匹布），从而揭示了国际贸易产生的原因以及开展国际贸易的动机和目的。

绝对优势理论能解决两个互有优势的国家之间进行贸易的问题。若两国之间发展程度的差异巨大，相对落后的国家无任何优势，这时是否有必要进行国际分工和交换呢？下面介绍的比较优势理论解决了这一问题。

3. 比较优势理论

比较优势理论又称比较利益理论、比较成本论。比较优势理论是对绝对优势理论的继承和发展,进一步完善了古典学派的国际贸易理论。它由英国古典经济学派的另一位著名代表人物大卫·李嘉图创立。比较优势理论认为,国际贸易产生的基础并不限于生产技术的绝对差别,只要各国之间存在着生产技术上的相对差别,就会出现生产成本和产品价格的相对差别,从而使各国在不同的产品上具有比较优势,使国际分工和国际贸易成为可能,进而获得比较利益。总之,进一步分析并揭示了国际贸易所具有的互利性和国际分工的必要性。它证明各国通过出口相对成本较低的产品,进口相对成本较高的产品就可能实现贸易的互利。比较优势理论的核心是比较优势原则。它一直被西方国际经济学界奉为经典,并成为国际贸易分工理论发展的主线。然而该理论只提出国际分工的一个依据,未能揭示出国际分工形成和发展的主要原因和价值规律的国际内容。

不管是绝对优势理论,还是比较优势理论,与重商主义的一个根本区别在于必须对国家的显性知识进行总结。下面从绝对优势理论和比较优势理论的假设及内容来说明这种根本区别。

绝对优势理论通过对国家的认知,提出以下七个主要假设。

①全世界只有两个国家,每个国家都能生产两种产品。
②劳动是生产过程中唯一的成本。
③生产要素在两国之间不流动,但在一国范围内各部门间可以自由流动。
④两国的资源都得到充分的利用。
⑤当资源从一个部门转移到另一个部门时,机会成本不变。
⑥不计运输成本或其他交易成本。
⑦产品在各国间可自由移动等。

比较优势理论则认为可以运用如下七个主要假设来认知国家。

①全世界只有两个国家,每个国家都能生产两种产品。
②生产要素在两国之间不流动,但在一国范围内各部门间可以自由流动。
③不计运输成本。
④自由贸易,没有关税等贸易壁垒。
⑤没有技术进步。
⑥生产成本一定,不存在规模经济或规模不经济。
⑦坚持劳动价值论,商品的价值取决于生产它所需要的劳动时间。

将比较优势理论的七个假设与绝对优势理论的七个假设进行比较,可以发现比较优势理论对国家的显性知识更加具体和现实。

例:表3-2列出了美、英两国在单位劳动时间内生产两种产品的产量。从表中可以知道,在小麦的生产上美国与英国相比具有绝对优势,在布的生产上英国与美国相比具有绝对优势。因此,按照绝对优势理论,美国应生产小麦,放弃生产布;英国应生产布,放弃生产小麦。

表 3-2　美、英两国在单位劳动时间内生产两种产品的产量

国家	美国	英国
小麦/单位劳动时间	6	1
布/单位劳动时间	1	3

注：产量单位为抽象的单位水平。

从比较优势理论看，美国生产小麦的劳动生产率与生产布的劳动生产率的比值大于英国，因此美国生产小麦具有比较优势；同样，英国生产布的劳动生产率与生产小麦的劳动生产率的比值大于美国，因此英国生产布具有比较优势。

但是，对于下面的例子，绝对优势理论和比较优势理论就存在差异了。

思考题：表 3-3 列出了美、英两国在单位劳动时间内生产另外两种产品的产量，请使用绝对优势理论与比较优势理论来进行国际分工。

表 3-3　美、英两国在单位劳动时间内生产另外两种产品的产量

国家	美国	英国
啤酒/单位劳动时间	6	1
衣服/单位劳动时间	3	2

注：产量单位为抽象的单位水平。

4. 比较优势理论的经典例证

（1）前提条件：2×2×1。

以中国和美国为例，中、美两国劳动投入和产出情况见表 3-4，试决定是否有必要进行国际分工和国际贸易。

表 3-4　中、美两国劳动投入和产出情况

产品	小麦			布		
	劳动投入	产出	生产率	劳动投入	产出	生产率
美国	100	120	1.2	100	100	1.0
中国	400	120	0.3	200	100	0.5
相对生产率	0.3/1.2 = 0.25			0.5/1.0 = 0.5		

注：1. 为方便计算，劳动投入和产出的单位均分别为抽象的单位水平。
　　2. 相对生产率：两国同种商品生产率之比。它反映两国生产率的差距。

从表 3-4 可知，中国在小麦和布上的劳动生产率都低于美国，按照绝对优势理论，两国间没有分工的必要。但是比较而言，中国布的相对生产率要高于小麦的相对生产率。按照比较优势理论，国际分工和国际贸易是可以进行的，即中国专门生产布，美国专门生产小麦。

（2）利益分析。

若美国专门生产小麦，则总产量 =（100 + 100）× 1.2 = 240。

若中国专门生产布，则总产量 =（400 + 200）× 0.5 = 300。

小麦总产量的变化 = 240 - (120 + 120) = 0。

布总产量的变化 = 300 - (100 + 100) = 100 > 0。

假若分工后美国以 120 单位小麦与中国 150 单位布进行交换，则交换后两国都能多得到 50 单位的布。

结论：即使两国在没有各自的绝对优势的情况下开展国际贸易，双方同样能从国际贸易中获得利益。

可证，绝对优势理论是比较优势理论的一个特例。

（3）比较优势理论的重要意义。

比较优势理论证明，无论是生产力水平高还是低的国家，按照比较利益的思想参与国际分工和国际贸易都可以得到实际利益。

5. 相互需求理论

相互需求理论（Reciprocal Demand Theory）的提出者约翰·穆勒是 19 世纪英国最有影响的经济学家，代表作是《政治经济学原理》。他拥护李嘉图的比较优势理论，但他认为，比较优势理论仅涉及国际贸易供给方面的分析，没有讨论国际贸易的需求因素。

穆勒在继承了比较优势理论与方法的同时，着重讨论国际商品交换比例关系，提出了"国际需求方程式"，即两国间商品交换的比例（国际价值）是由两国对彼此的商品的需求强度决定的。

6. 相互需求理论的例证

例 1：英、德两国在单位时间内毛呢和麻布的产量见表 3-5。

表 3-5　英、德两国在单位时间内毛呢和麻布的产量表　　　　（单位：码）

产品	毛呢	麻布
英国	10	15
德国	10	20

如果没有分工，英国 10 码毛呢可换得 15 码麻布，德国 10 码毛呢可换得 20 码麻布。

如果有分工，英国生产毛呢，德国生产麻布。

对于英国：只要输出 1 码毛呢便可以换回 1.5 码以上的麻布，英国可以获利。

对于德国：只要输出 2 码以下的麻布便可以换回 1 码毛呢，德国可以获利。

因此，只要毛呢与麻布的国际交换价格 $P \in (1.5, 2)$，则两国都能获利。

在 $1.5 < P < 2$ 的范围内，究竟确定为哪一点？穆勒认为，要依据两国的需求强度来确定。

例如，$P = 1.7$，且英国需要德国的麻布数量为 1700 码，德国需要英国的毛呢数量为 1000 码，则交换点确定，贸易平衡，双方获利；如果英国对麻布的需求在 1700 码以上，而德国没有变化，则交换价格 P 就不是 1.7 了，而是在其以下。

穆勒得出了在由比较成本所决定的界限内，两国间商品的比例（国际价值）由两国对彼此商品的需求强度决定的重要结论。

例2：中、美两国劳动投入和产出情况见表 3-4。

在例2中，若没有国际贸易，中国布与小麦的国内交换价为 1 单位布 = 0.6 单位小麦（0.3 小麦/0.5 布 = 0.6 小麦/布），美国布与小麦的国内交换价格为 1 单位布 = 1.2 单位小麦。可知，布的国际交换价格 $P \in (0.6, 1.2)$。

对于中国：若布的国际交换价格 $P < 0.6$，则不愿出口。

对于美国：若布的国际交换价格 $P > 1.2$，则不愿进口。

布的国际交换价格到底在哪一点上，取决于美国对布的需求强度和中国对小麦的需求强度。

若美国对布的需求强度大，则布的世界交换价格就高；反之，就低。

古典国际贸易理论的发展过程说明，国家财富表现为国家的显性知识。没有全面的显性知识，就无法衡量国家的财富。

3.2.3 显性知识、要素禀赋理论与多要素理论

知人者智，自知者明。识人难，识己更难。很多人常说："我没有什么优势，我就是个普通人，我实在找不到自己的优势。"由此对自己失去信心，心情很低落。有个寓言故事，蝎子要过河，央求青蛙背它过去。青蛙说："那可不行，万一你咬我怎么办？"蝎子说："那怎么可能呢！如果我咬你，你死了，我也过不了河，也得淹死。"青蛙想想也是，就答应了蝎子。在河中央的时候，蝎子突然咬了一口青蛙。青蛙痛苦地问："你明明知道这样做你自己也会死，为什么还要咬我呢？"蝎子呛了最后一口水，同样痛苦地回答说："对不起兄弟，我实在忍不住……"这个故事很残忍，但至少说明一个道理：就像蝎子咬人、青蛙跳水一样，每个人都有自己独特的禀赋，它永远会牢牢地跟着你，发挥着特殊的作用，甚至有的时候我们自己都不知道。

在完全竞争的假设前提下，封闭条件下的相对价格差异是国际贸易产生的基础，相对价格决定着比较优势。国家供给和需求方面的差异是造成相对价格差异的根源。本小节主要从供给的角度——要素禀赋理论（Factor Endowment Theory）来探讨国际贸易的成因和影响。要素禀赋理论最早由赫克歇尔和俄林提出，经萨缪尔森等人加以完善。要素禀赋理论在理论和实际运用中的成功使其在 20 世纪前半叶至 70 年代末成为国际贸易理论的典范，至今仍在国际贸易中占据重要地位。赫克歇尔和俄林所运用的分析工具是由新古典经济学所建立起来的等产量线、无差异曲线、生产可能性边界等，

该理论也被称为新古典贸易理论。新古典贸易理论与古典贸易理论相比，它不仅承认了比较利益是国际贸易发生的基本原因，更重要的是它找到了比较利益形成的根源，即贸易双方要素禀赋的差异。

1. 赫克歇尔－俄林模型

赫克歇尔－俄林模型简称 H－O 模型，由瑞典经济学家赫克歇尔和俄林提出。1919 年赫克歇尔发表《对外贸易对收入分配的影响》一文，文中运用不同于一般均衡理论的分析方法，第一次用生产要素密集的分析来解释国际贸易。但是，在当时并没有引起很大反响。1933 年俄林出版《地区间贸易与国际贸易》一书才使该理论方法产生了巨大影响。这就是著名的赫克歇尔－俄林模型。该理论模型对于古典模型，尤其是李嘉图单一要素模型做出了修正和完善，从各国要素禀赋的差异来解释国际贸易的成因，奠定了现代国际贸易理论的基础。

2. 赫克歇尔－俄林模型的假设前提

（1）要素禀赋。

生产要素是指生产活动必须具备的主要因素或在生产中必须投入的或使用的主要手段，通常指土地、劳动和资本三要素，如果加上企业家才能则称为四要素。要素禀赋是指一个国家所拥有的生产资源状况。在新古典经济学中，对生产有重要影响的生产资源为土地、劳动和资本。国家之间要素禀赋的差异并不是指生产要素的绝对量在两个国家不同，而是指各种生产要素的相对量在两个国家不同。

假设有两个国家 A、B，我们可以从两个角度来计量一个国家的要素丰裕度。

一种方法是物理量定义法。如果两国资本、劳动的禀赋比例分别为 K_A/L_A 和 K_B/L_B，而且有 $K_B/L_B > K_A/L_A$，就可以认为相对于 A 国而言，B 国是资本丰裕型国家（K－abundant），相对于 B 国而言，A 国是劳动力丰裕型国家（L－abundant），即 A 国劳动力丰裕而资本稀缺，B 国资本丰裕而劳动力稀缺，如图 3－6 所示。

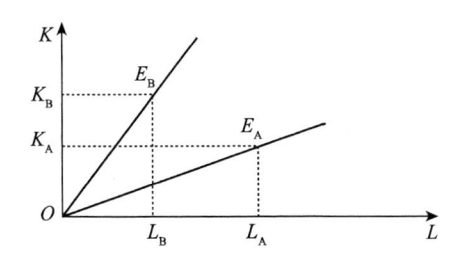

图 3－6 要素丰裕度

在 E_A 点，A 国拥有资本总量为 K_A、劳动总量为 L_A，相对量为 K_A/L_A。

在 E_B 点，B 国拥有资本总量为 K_B、劳动总量为 L_B，相对量为 K_B/L_B。

因为假设有 $K_B/L_B > K_A/L_A$，所以图中 OE_B 的斜率大于 OE_A 的斜率，OE_B 与 OE_A 的斜率值分别为 A、B 两国的要素禀赋状况。

另一种方法是价格定义法。在 A、B 两个国家中资本要素价格为 r，劳动要素价格为 w，如果两国的工资利率比分别为 r_A/w_A 和 r_B/w_B，而且有 $r_A/w_A > r_B/w_B$，就可以认为相对于 A 国而言，B 国是资本丰裕型国家，相对于 B 国而言，A 国为劳动丰裕型国家。

物理量定义法是一种相对的数量关系，仅从生产要素供给角度而言。而价格定义法则受要素市场供需的影响。对生产要素的需求主要有两个影响因素：一是生产技术的变化会使生产一个单位的商品所需要的生产要素量发生变化；二是消费偏好变化会使消费商品数量改变，从而使生产商品所需要的生产要素量发生变化。如果假定两国的生产技术和消费偏好相同，那么要素禀赋的两种计量方法的关系就是明确的。例如，若 $K_B/L_B > K_A/L_A$，则必有 $r_B/w_B < r_A/w_A$，即 B 国无论采用哪种方法计量都是资本丰裕型国家。如果两国生产技术或消费偏好不同，运用不同定义得出的国家的丰裕情形将不一致。

要素丰裕度或要素稀缺度是一个相对的概念，它与一个国家实际拥有的生产要素绝对量有很大区别。要素丰裕度是指一国的生产要素禀赋中某种要素供给的比例大于别国同种要素的供给比例，其相对价格低于别国同种要素的价格。在上述两种计量方法中，价格定义法考虑了要素的供给和需求，相比来说较为科学。鲍恩等人提供了 1966 年部分国家的数据，用三种生产要素的三个不同的相对量来分析各个国家的要素禀赋状况，见表 3-6。

表 3-6 部分国家的要素禀赋

国家	资本/劳动（每个劳动力比美元数）	资本/土地（每公顷土地比美元数）	劳动/土地（每公顷土地比劳动力人数）
澳大利亚	7415.5	67.2	0.009
巴西	1151.6	42.8	0.037
加拿大	10583.1	198.0	0.019
日本	3358.5	5286.5	1.574
美国	10260.9	1058.6	0.103

由表 3-6 可知，不同角度的衡量其结果不同。美国是资本拥有量最多的国家，但是如果以资本/劳动来衡量，加拿大的资本要素比美国更丰裕，如果以资本/土地来衡量，日本的资本丰裕度要高于美国。

（2）要素密集度。

要素密集度是指生产某种商品所投入的两种生产要素的配合比例。要素密集度主要通过两种产品中投入的生产要素（如资本、劳动）的比例而确定，与生产要素的绝对投入量没有关系，是一个相对的概念。一般来说，如果某一要素投入比例较大，可以称该产品为该要素密集程度高。并根据产品生产过程中投入比例最高的要素种类不同，将产品分为若干种类型。例如，生产纺织产品投入劳动比例最大，则称为劳动密集型产品；生产电子产品资本投入比例最大，则称为资本密集型产品。

假设两种产品 X、Y，使用两种生产要素资本 K 和劳动 L，其生产中所使用的资本、劳动的投入比例分别为 K_X/L_X 和 K_Y/L_Y。如果 $K_Y/L_Y < K_X/L_X$，就可以称产品 X 为资本密集型产品（K - intensive），产品 Y 为劳动密集型产品（L - intensive）。

如果产品 X、Y 的生产采用的都是固定要素比例的生产技术，那么在任何情况下，产品 X、Y 的生产资本、劳动的投入比例保持不变，此时，X、Y 的要素密集度可以通过直接比较 K_X/L_X 和 K_Y/L_Y 来确定。然而，对于绝大多数产品，其生产的要素配合比例是可变的，资本和劳动在生产过程中可以相互替代。资本和劳动的相互替代关系受资本和劳动的价格影响即利率 r 和工资率 w。

图 3 - 7 表示了两种生产要素生产。Q_1、Q_2、Q_3 表示等产量线，沿着 Q_1 曲线上的所有点的组合能实现在 Q_1 的产量水平。A 点要素投入比例为 (L_1，K_1)，B 点要素投入比例为 (L_2，K_2)。

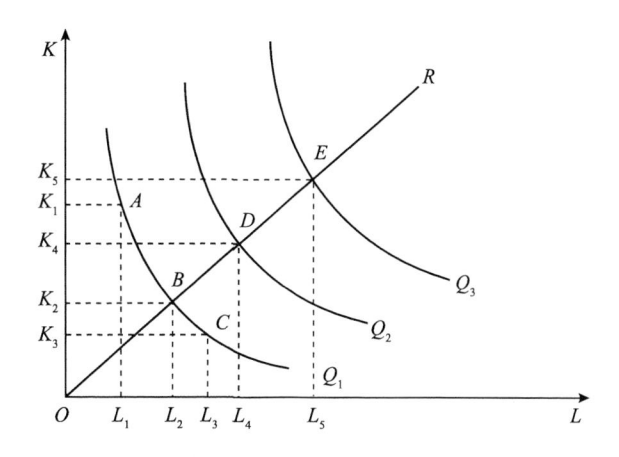

图 3 - 7 等产量线

生产者可以选择曲线上的任意一点进行生产。从生产技术角度讲，资本量和劳动量是可以相互替代的，不会影响产出数量。

产量水平 $Q_1 < Q_2 < Q_3$，离原点越远产量越大。等产量线是建立在要素可以相互替代的假设基础之上的。在维持产量不变的前提下，一种要素增加要求另一种要素减少的数量称为边际技术替代率。如图 3 - 7 中由 A 点到 B 点，劳动增加 ΔL（$L_1 L_2$），则资本减少 ΔK（$K_1 K_2$），此时产量保持 Q_1 水平不变。$MRTS_{LK} = -\Delta K/\Delta L$，当 $\Delta L \to 0$ 时，$MRTS_{LK} = dK/dL$，此时边际技术替代率等于等产量线上定点的斜率。

按照生产要素最优组合原则，当产量既定时，生产者按要素价格的比例来选择要素组合点。即

$$MRTS_{LK} = w/r$$

在图 3 - 8 中，Q_X、Q_Y 分别为产品 X、Y 的等产量线。在 r 和 w 既定的条件下，厂

商选择等成本线与等产量线的切点为最佳组合点，即 $MRTS_{LK} = w/r$。两条等成本线（平行线）的斜率为 $-w/r$，分别与等产量线 Q_X、Q_Y 相切于 A、B 两点。此时，产品 X、Y 的要素投入比例为 K_X/L_X 和 K_Y/L_Y，且 $K_X/L_X > K_Y/L_Y$，由图 3-8 可以看出 Ok_X 线比 Ok_Y 线陡峭，更靠近纵轴。可以确定 X 为资本密集型产品，Y 为劳动密集型产品。如果 w、r 改变，等成本线相应改变，如斜率为 $-w'/r'$，则均衡点改变为 A'、B' 点，此时判断依据和结论同上。

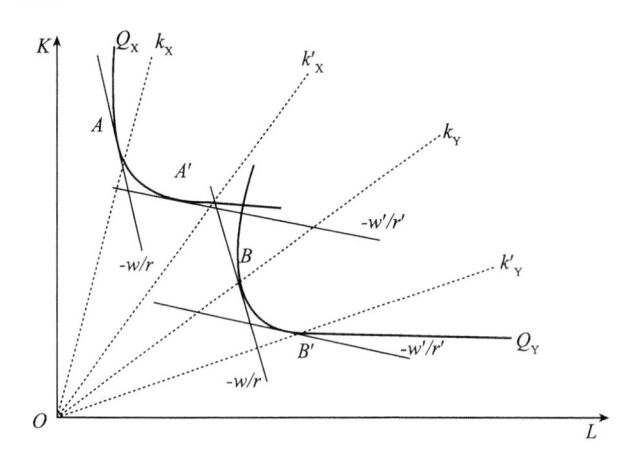

图 3-8 要素密集度

（3）模型假设。

赫克歇尔和俄林认为国际贸易建立在生产要素禀赋的基础上，即使生产技术相同，只要两国要素禀赋条件不同，就仍存在国际贸易的可能性，可以带来国际贸易利益。

赫克歇尔－俄林模型建立在以下严格的假定之上。

假定 1：$2 \times 2 \times 2$ 假定。假定只有两个国家，两种商品 X、Y，两种生产要素 K、L。这一假定使现实经济简单化，有利于分析问题。

假定 2：自由贸易假定。假定没有运输成本、关税以及其他限制商品自由流动的障碍。

假定 3：要素流动性假定。生产要素只能在一国范围内自由流动，在国际不能自由流动。因而，国内劳动力和资本收益相等，国家间由于要素流动障碍可能存在要素收益的差异。

假定 4：完全竞争假定。假定两个国际的商品市场和要素市场都实现完全竞争。参与市场交易的供给者、需求者众多，生产要素、商品是同质的，具有完全信息。在长期内完全竞争市场商品的价格等于生产商品的边际成本，同时等于商品的边际收益。

假定 5：规模收益不变假定。假定两国在两种商品的生产上保持规模收益不变，产量增加的比例等于生产要素投入量增加的比例，即 $f(tK, tL) = tf(K, L)$。

假定 6：技术相同假定。假定两国具有相同的技术水平，具有相同的生产函数，投入同样数量的生产要素生产同等数量的某种商品。强调技术不是不变，而是两国生产同种商品的技术保持相同。

假定7：要素密集度假定。假定两种商品的要素密集度不同，一种为劳动密集型，另一种为资本密集型。由于两个国家生产同种商品的技术相同，生产函数相同，所以同种商品在两个国家密集度是相同的。没有要素密集型转变的情况。

假定8：消费者偏好相同假定。假定两国消费者对两种商品偏好相同。消费者偏好可以用一组常规的（即凸向原点的）社会无差异曲线表示。两国的社会无差异曲线在形状和位置上一致。在假定7、假定8的基础上，要素禀赋的两种计量方法是确定一致的。

假定9：资源充分利用假定。假定两国在贸易前后都能生产出最大可能的产量，生产点总是落在生产可能性边界上。

任何一个假定条件变化，赫克歇尔－俄林模型的结论都有可能不同，甚至不成立。

3. 赫克歇尔－俄林模型的基本内容

在封闭的条件下，两国要素禀赋的差异将引起生产可能性边界的差异，进而导致相对供给的差异。两国相对供给的差异将导致两国的相对价格差异。

图3－9表示在贸易前两个国家在封闭条件下的均衡状况。AA'代表A国的生产可能性曲线，BB'代表B国的生产可能性曲线。各自对应的社会无差异曲线为I_1和I_2。两个国家都根据本国的社会需求偏好和生产成本选择均衡点。在两国消费者偏好相同的条件下，无差异曲线形状相同。A国均衡点为E_A，B国均衡点为E_B。A、B两国在封闭条件下的相对价格差异由无差异曲线与生产可能性边界相切决定。A国国内X、Y产品价格比为$(P_X/P_Y)_A$，即图中的相对价格线P_A，B国国内X、Y产品价格比为$(P_X/P_Y)_B$，即图中的相对价格线P_B。无差异曲线与生产可能性边界切线P_A与P_B的斜率分别为$(P_X/P_Y)_A$、$(P_X/P_Y)_B$。P_A斜率的绝对值小于P_B斜率的绝对值，两国产品的相对价格$(P_X/P_Y)_A$小于$(P_X/P_Y)_B$。因此，A国在X产品上具有相对优势，B国在Y产品上具有相对优势，即劳动丰裕的国家在劳动密集型产品的生产上具有相对优势，而资本丰裕的国家在资本密集型产品的生产上具有相对优势。

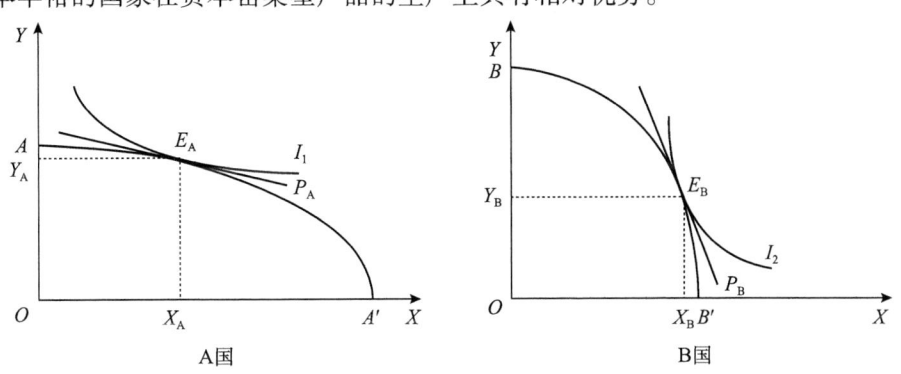

图3－9 封闭条件下的均衡

图 3-10 表示自由贸易条件下两国的均衡状况。在封闭的条件下,两国的要素禀赋差异导致了产品的相对价格差异。在自由贸易条件下,由于 B 国市场 X 产品的价格高于 A 国,A 国将出口 X 产品到 B 国。同样,B 国也将出口 Y 产品到 A 国。即 A 国进口 Y 产品,B 国进口 X 产品。A、B 两国自由贸易会使同一产品的相对价格趋于一致,两国将面对相同的国际均衡价格 P_i。

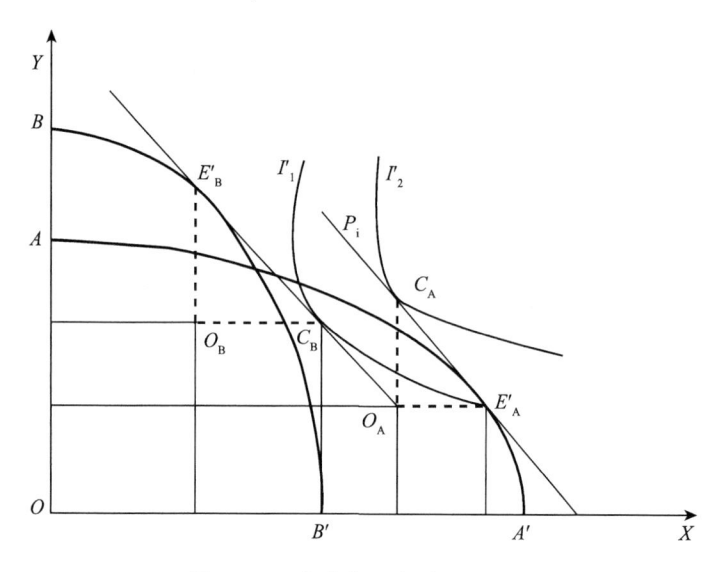

图 3-10 自由贸易条件下的均衡

图 3-10 中两条 P_i 价格线平行,表示两国面对相同的国际均衡价格(均衡的国际贸易条件)。国际均衡价格 P_i 必然位于 $(P_X/P_Y)_A$、$(P_X/P_Y)_B$ 之间,比图 3-9 中的相对价格线 P_A 陡峭,比相对价格线 P_B 平坦。在国际贸易中,A 国出口 X 产品,进口 Y 产品,B 国正好相反。此时,两国的均衡点由原来没有发生国际贸易时的 E_A、E_B,转移到 E'_A、E'_B。E'_A 与 E_A 相比,X 的产量增加,Y 的产量减少,均衡点下移。同理,B 国的均衡点上移到 E'_B。贸易条件形成后,两国的消费组合 C_A、C_B 点对应的无差异曲线为 I'_1、I'_2,两国福利提高。对于新的均衡点,A 国出口量为 $O_A E'_A$,进口量为 $O_A C_A$,形成 $O_A C_A E'_A$ 贸易三角形;B 国出口量为 $O_B E'_B$,进口量为 $O_B C_B$,形成 $O_B C_B E'_B$ 贸易三角形。

A 国为劳动丰裕国家,X 为劳动密集型产品,A 国出口 X 产品进口 Y 产品。B 国为资本丰裕国家,Y 产品为资本密集型产品,B 国出口 Y 产品进口 X 产品。

结论:A、B 两国在封闭条件下,资源禀赋差异导致供给能力差异,进而引起相对价格差异。价格差异是两国发生贸易的直接原因。开展自由贸易后,一个国家会出口密集使用其要素丰裕的产品,进口密集使用其要素稀缺的产品。这就是赫克歇尔-俄林定理。

4. 要素禀赋理论的拓展

赫克歇尔-俄林定理的结论显然是要素禀赋差异引起国际自由贸易。然而,斯托尔珀和萨缪尔森却发现,在某种条件下,一国采取保护贸易的措施也能使实际收入趋于增加。

1941年美国经济学家斯托尔珀和萨缪尔森合写的《保护主义与实际工资》一文中提出一种关于关税对国内生产要素价格或国内收入分配影响的西方经济学理论,被称为斯托尔珀－萨缪尔森定理。斯托尔珀和萨缪尔森研究了关税对收入分配的影响,并把其研究结果扩大到一般国际贸易对收入分配的影响。斯托尔珀－萨缪尔森定理证明了：实行保护主义会提高一国相对稀缺要素的实际报酬,或者说,保护主义会提高进口品中密集使用的生产要素的实际报酬。

斯托尔珀－萨缪尔森定理是在赫克歇尔－俄林定理的基础上提出的,其分析和成立必须满足H－O模型的全部假设条件,同时还假设两种商品都是最终产品。

在完全竞争条件下,生产要素的价格由其边际生产力(Marginal Productivity)决定,按照表现形式有三种：产品形式为边际物质产品(MPP),收益形式为边际收益产品($MRP = MPP \cdot MR$),价值形式为边际产品价值($VMP = MPP \cdot P$)。在完全竞争条件下,$MRP = VMP$。在均衡状态下,生产要素在所有部门的报酬相等。

假定以MPP_{LX}、MPP_{LY}分别表示X、Y产品部门中劳动要素的边际产出,MPP_{KX}、MPP_{KY}分别表示X、Y产品部门中资本要素的边际产出,则在均衡状态下,有

劳动的价格(工资率)：
$$w = P_X \cdot MPP_{LX} = P_Y \cdot MPP_{LY}$$

资本的价格(利息率)：
$$r = P_X \cdot MPP_{KX} = P_Y \cdot MPP_{KY}$$

如果X产品的相对价格上升,则该部门的生产要素的报酬与Y产品部门不相等。生产要素将从要素报酬低的部门流向报酬高的部门。X产品为劳动密集型,Y产品为资本密集型,在生产过程中劳动和资本的配合比例不同,$K_X/L_X < K_Y/L_Y$。因此在生产过程中,Y产品部门释放出的劳动供给不能满足X产品部门生产对劳动的需求(超额需求),而Y产品部门释放的资本供给超过了X产品部门生产对资本的需求(超额供给)。由于供需关系的变化,在要素市场上,劳动的价格将上涨,资本的价格将下跌。由于资本和劳动的价格发生变化,各部门生产的资本与劳动的比例也会随之调整。即厂商将采用便宜的要素替代更昂贵的要素。因此,一种生产要素相对价格的变化,会导致其密集使用的要素名义价格发生变化,而另一要素名义价格发生相反变化。

由上述等式有
$$w/P_X = MPP_{LX}, \ w/P_Y = MPP_{LY}$$
$$r/P_X = MPP_{KX}, \ r/P_Y = MPP_{KY}$$

生产要素的实际报酬或实际价格取决于要素的边际生产力。上述等式表明要素的实际报酬等于其边际生产力。

若生产函数 $Q = F(K, L)$ 规模收益不变，则有
$$(1/L)F(K,L) = F(K/L, 1)$$
令
$$f(k) = F(K/L, 1)$$
$$F(K,L) = Lf(k)$$
$$MPP_L = \partial F(K,L)/\partial L = \partial(Lf(k))/\partial L$$
$$= f(k) + Lf'(k)(-K/L^2)$$
$$= f(k) - kf'(k)$$
$$MPP_K = \partial F(K,L)/\partial K = \partial(Lf(k))/\partial K$$
$$= Lf'(k)(1/L) = f'(k)$$

因此，在规模收益不变的条件下，边际生产力取决于两要素投入的相对比例（资本/劳动），与要素投入的绝对量无关。产品的相对价格变化对生产要素实际报酬的影响，仅仅取决于产品中投入的要素比例的变化。当 Y 产品的相对价格上升时，在生产调整过程中厂商改变要素组合，两部门的资本/劳动的值都下降。按照边际收益递减规律，资本/劳动的值下降，资本的边际生产力上升，劳动的边际生产力下降。即资本的实际报酬 r/P_X、r/P_Y 上升，而劳动的实际报酬 w/P_X、w/P_Y 下降。

结论：一种产品的相对价格上升，将导致该产品密集使用的生产要素实际报酬或实际价格提高，而另一种生产要素的实际报酬或实际价格下降。斯托尔珀－萨缪尔森定理对新古典贸易中只有自由贸易才能产生福利的观点提出了质疑，认为在一国国内要素自由流动条件下，该国对其使用相对稀缺要素的生产部门进行关税保护，可以明显提高稀缺要素的收入。

斯托尔珀－萨缪尔森定理的基本思想是：关税提高受保护产品的相对价格，将增加该受保护产品密集使用的要素的收入。如果关税保护的是劳动密集型产品，则劳动要素的收入趋于增加；如果关税保护的是资本密集型产品，则资本要素的收入趋于增加。

这一结论表明，国际贸易虽然能提高整个国家的福利水平，但是并不对每一个人有利，一部分人在收入增加的同时，另一部分人的收入却减少了。国际贸易会对一国要素收入分配格局产生实质性的影响。这也恰巧是为什么有人反对自由贸易的原因。

5. 赫克歇尔－俄林－萨缪尔森定理

赫克歇尔－俄林理论认为，封闭条件下产品的相对价格差异导致国际贸易的发生。随着贸易的开展，产品的相对价格不断调整，贸易参加国国内的相对价格等于均衡价格，密集使用丰裕要素的产品的相对价格会因为出口的增加而上升，密集使用稀缺要素的产品的价格会因进口而下降。两个国家两种产品的价格最终会趋于一致。

产品价格的变化对要素价格的变化有重要影响。国际贸易可能导致要素价格均等

化的论点首先由赫克歇尔提出。俄林则认为,虽然各国要素缺乏流动性使世界范围内要素价格相等的状态不能实现,但是商品贸易可以部分代替要素流动,弥补缺乏流动性的不足,因此国际贸易使要素价格存在均等化的趋势。萨缪尔森于1948年发表了《国际贸易与要素价格均等化》一文,在赫克歇尔-俄林定理的基础上,考察了国际贸易对生产要素价格的影响,论证了自由贸易将导致要素价格均等化,该理论被称为赫克歇尔-俄林-萨缪尔森定理(H-O-S定理)。萨缪尔森认为,在完全竞争和技术不变的条件下,产品的价格等于其边际成本($P=MC$),边际成本由生产要素投入的数量和价格决定。国际贸易改变了产品的相对价格,必然也将改变生产要素的相对价格。自由贸易将带来国际同质生产要素相对和绝对的价格均等。

在图3-11中,Q_X、Q_Y分别为X、Y产品的等产量线,k_X、k_Y分别代表X、Y产品使用的要素的比例。按照要素密集度定义,可以确定X是劳动密集型产品,Y是资本密集型产品。P为相对价格线w/r,P'为变动后的相对价格线$(w/r)'$。A、B、A'、B'为相应情况下的最优组合点。当价格P变动为P'时,表示$w/r>(w/r)'$,劳动的相对价格上升,资本的相对价格下降。此时,等产量线与相对价格线切点改变为A'、B',k'_X、k'_Y为新的价格下的要素使用比例。k'_X比k_X更陡峭,X产品的资本密集程度提高;k'_Y比k_Y更陡峭,Y产品的资本密集程度也提高。虽然,两种商品的资本密集程度均提高,按照赫克歇尔-俄林模型的假设,X产品仍为劳动密集型,Y产品仍为资本密集型。正如图3-11所示,k'_X仍更靠近横轴,k'_Y仍更靠近纵轴。

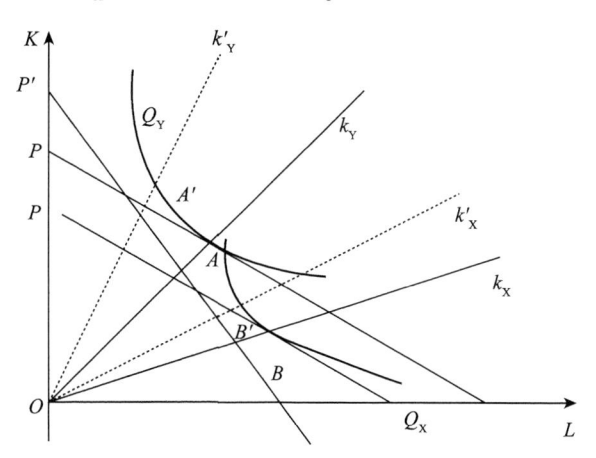

图3-11 要素价格与要素密集度

假定A国劳动丰裕、资本稀缺,贸易前工资率与利率相比,前者较低,A国出口X产品,进口Y产品。B国劳动稀缺、资本丰裕,贸易前利率相对工资率较低,B国出口Y产品,进口X产品。随着两国贸易的开展,A国X产品的生产增加,Y产品的生产减少;B国则相反,Y产品的生产增加,X产品的生产减少。生产的变化导致对要素需求的变化,A国对劳动要素需求增加,工资率上升,对资本的需求下降,利率随之下降；B 国则对资本的需求上升，利率上升，对劳动的需求下降，工资率随之下降。

图 3-12 中，A 国等产量线 Q_X 更靠近横轴，表示 A 国劳动丰裕；B 国等产量线更靠近纵轴，表示 B 国资本丰裕。按照要素禀赋理论假定，两国生产函数相同，两国的等产量线无差别。Q_X、Q_Y 曲线分别表示 X、Y 产品在两国的单位价值等产量线，$K_B L_B$、$K_A L_A$ 分别为两国等成本线，表明贸易前用于购买资本和劳动的支出，$OL_A > OK_A$，$OK_B > OL_B$。

A、B 两国经过自由贸易，已形成均衡贸易价格水平。A 国出口 X 产品，B 国出口 Y 产品。两国对本国丰裕要素的需求随出口而增长。在供给不变的情况下，需求的增长将改变要素的相对价格，两国要素价格差异将不断缩小。自由贸易持续开展，直至将两国要素价格拉平为止。$K_B L_B$、$K_A L_A$ 等成本线发生旋转，直到与 $K_W L_W$ 重合。即两国面临同一等成本线，要素价格趋于一个共同的水平。

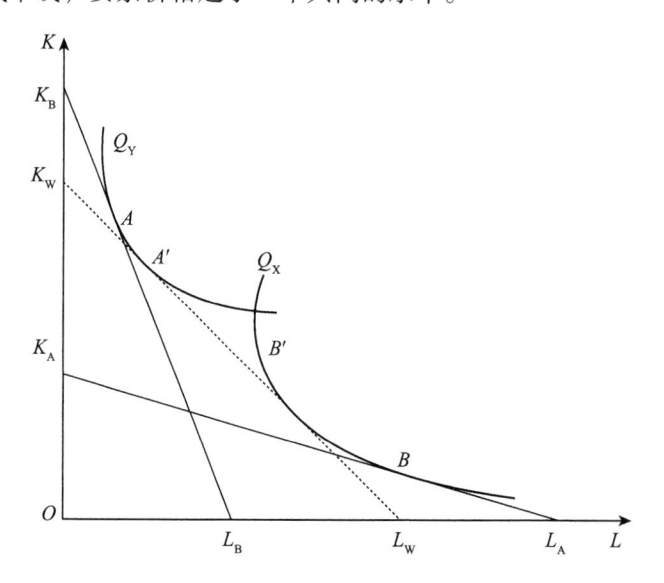

图 3-12 两国自由贸易后要素价格相等

结论：得到要素价格均等化定理。在均衡的条件下，两国商品贸易的绝对价格和相对价格相等，由于两国具有相同的生产函数且生产要素同质，因此两国商品的绝对成本和相对成本相同，两国的国内生产要素的相对价格必然相同。要素价格均等化理论的贡献在于分析了商品价格与要素价格之间的关系。要素价格均等化定理要在严格的假定条件下才能实现，有的假设与现实不完全一致。要素价格的均等以商品价格的均等为先决条件。在现实中，贸易壁垒以及运输成本等原因会使各国的商品价格难以达到一致，要素价格均等化定理较难实现。

赫克歇尔-俄林模型得出的结论建立在一国拥有的要素总量固定不变的基础上。但是在现实中，一国的要素数量经常发生变化，如人口的增长、资本的积累、自然资源的开发等。一般来说，要素总量的变化会导致一国生产可能性边界改变，从而影响国家的比较优势，甚至改变一国的国际贸易结构。

雷布钦斯基分析了在商品相对价格不变的前提下，一国要素数量的变化对生产的影响。该理论认为当商品价格不变时，一种要素禀赋的增加将导致需密集使用该要素的商品产出量以更大比例地增加，同时会减少其他产品的产出。

当一国商品价格保持不变时，一国劳动力增加，该国的劳动密集型产品的产出将以更大比例扩张，而资本密集型产品的产出将下降。这是因为当劳动力 L 增加时，要使价格不变，要素价格也必须保持不变。而只有当要素比例（K/L）以及 K 和 L 在两种商品 X、Y 中的生产力保持不变时，要素价格才能保持不变。使新增劳动力实现充分就业，以及使 K/L 保持不变的唯一途径是使资本密集型产品 Y 产出下降，释放出足够的资本 K（和少量的劳动力 L）以吸收所有新增的 L 来共同生产商品 X。因此，X 的产出量将会上升，而 Y 的产出量将会下降。由于从 Y 商品中释放出部分劳动力 L，它和从 Y 中释放出的资本 K 共同生产了部分 X 商品，因此 X 产出量的扩张比例会高于劳动力的数量扩张，这也称为"放大效应"（Magnification Effect）❶。同理，如果只有资本 K 增加，并且商品价格保持不变，那么 Y 的产出量将以更大比例扩张，X 的产出量将会下降。最后达到如下状态，并同时满足：

$$K_X/L_X = (K_X + \Delta K + \Delta K_Y) / (L_X + \Delta L_Y)$$
$$K_Y/L_Y = (K_Y - \Delta K_Y) / (L_Y - \Delta L_Y)$$

如图 3-13 所示，OX、OY 直线的斜率分别表示均衡时两个部门的要素使用比例。X 为资本密集型产品，Y 为劳动密集型产品。E 点表示一国要素变化前的禀赋点。根据要素充分利用的假设，$OYEX$ 为一个平行四边形。X、Y 点所对应的资本和劳动量，代表两个产品部门的要素投入量。假定劳动供给不变，资本增加，则图中的要素禀赋 E 点转变为 E' 点。在商品价格不变时，要素禀赋点移动，但 X、Y 两种产品生产的要素比例仍保持原来水平不变。由于保证所有要素的充分利用，图中四边形 $OYEX$ 发生变化，新的四边形为 $OY'E'X'$。根据几何图示可以得到，X 产品产出量增加，Y 产品产出量减少。

结论：得到雷布钦斯基定理。在商品相对价格不变的条件下，某一要素的增加，将导致密集使用该要素的产品部门的生产增加，而密集使用另一要素的产品部门的生产下降。如果假定密集使用增长要素的产品是一项出口产品，则其贸易条件将恶化；反之，如果该产品是一项进口产品，则其贸易条件将改善。

---

❶ 国际贸易中有两个著名的放大效应。一个是产品价格变化对要素价格变化的放大效应，即斯托尔珀－萨缪尔森定理；另一个是要素禀赋变化对产品产量变化的放大效应，即雷布钦斯基定理。美国经济学家琼斯在其 1965 年的《简单一般均衡模型的结构》一文中命名了这两个放大效应，这两个放大效应之间的对偶关系反映的实际上是要素禀赋的产出效应和产品价格的投入效应之间的对称性，即所谓的"相互关系"。

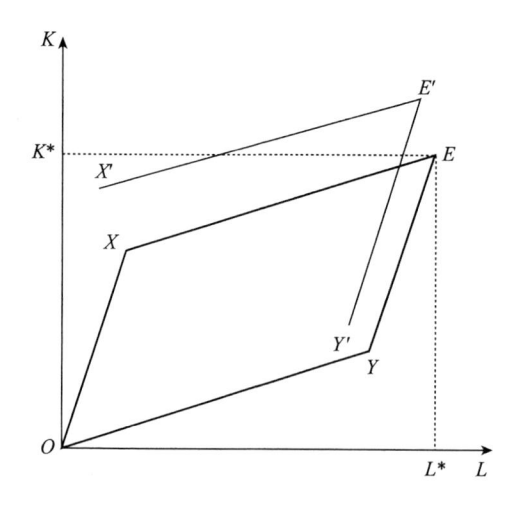

图 3-13 雷布钦斯基定理

6. 多要素理论

要素禀赋理论已经把单要素理论发展为双要素理论，但是其背景依然是完全竞争市场理论。双要素理论的不足还引发人们采用更多理论去解释，因此出现多要素理论。

新生产要素理论赋予了生产要素除了土地、劳动和资本以外更丰富的内涵，认为还包括自然资源、技术、人力资本、研究与开发、信息、管理等新型生产要素，从新要素的角度说明国际贸易的基础和贸易格局的变化。

(1) 自然资源理论。

1959 年，美国学者凡涅克提出了以自然资源的稀缺解释列昂惕夫悖论的观点，认为美国对进口自然资源的开发或提炼是耗费大量资本的，会使进口替代产品中的资本密集度上升。去掉资源的影响，美国资本密集型产品的进口就会小于其出口。

(2) 人力资本理论。

人力资本理论以基辛、凯南、舒尔茨为代表，对 H-O 理论做了进一步扩展，将人力资本作为一种新的生产要素引入。

通过对劳动力进行投资，提高其素质和技能，进而提高劳动生产率。

人力资本充裕的国家在贸易结构和流向上，往往趋于出口人力资本或人力技能要素密集的产品。

(3) 研究与开发学说。

格鲁伯、维农认为研究与开发也是一种生产要素，一个国家出口产品的国际竞争能力和该种产品中的研究与开发要素密集度之间存在着很大的正相关关系。

一国研究与开发能力的大小，可以改变它在国际分工中的比较优势，进而改变国际贸易格局。

(4) 信息要素。

信息虽然是一种无形资源，但它能够创造价值。现代信息技术对生产的影响越来越大，对信息的利用状况会影响一个国家的比较优势，从而改变一国的国际分工和国际贸易地位。

3.2.4　美好的前景：国内差距减小，国际差异均等化

比较优势理论告诉人们，不管国家大小，不管生产技术水平高低，只要有相对比较优势，就一定能在国际贸易中获得利益。

要素禀赋理论：各国生产要素的价格存在差异就决定了比较利益的存在，形成各国生产要素相对价格差异的原因是各国生产要素的自然禀赋/资源禀赋不同。

要素禀赋比率定理：从没有贸易转到自由贸易，会使在价格上升行业中密集使用的生产要素的报酬提高，而使在价格下降的行业中密集使用的生产要素的报酬降低。

根据要素禀赋比率定理可以推知：国际贸易会提高该国丰富要素所有者的实际收入，降低稀缺要素所有者的实际收入。

要素均等化理论：贸易前，由于两国要素禀赋存在差异，两国的要素价格也不一致。但贸易后，原来 A 国相对价格较低的 X 商品，由于对方国家的需求，其相对价格趋于上升。根据要素禀赋比率定理，X 所使用的生产要素——资本的价格将上升，劳动的价格将下跌。最后，两国的要素价格差异将趋于均等化。

雷布钦斯基定理：在商品相对价格不变的前提下，某一要素的增加会导致密集使用该要素部门的生产增加，而另一部门的生产则下降。

如果时间足够长的话，要素积累可能改变一国的比较优势的形态，即以前具有比较优势的产品，现在由于经济增长可能变得比较劣势；反之，以前具有比较劣势的产品，现在可能变得具有比较优势。

新古典国际贸易理论给全人类描述了自由贸易的天堂：每个国家都可以参与国际贸易，参与国际贸易不仅可以带来国家财富的增加，而且可以减少国家内部价格高低的差距，可以减少与发达国家之间的差距，甚至在某些时候比较优势和比较劣势相互转化……

但是理论是美好的，缺陷是明显的，实践是残酷的。

3.3　新古典国际贸易理论的碰壁之路

经济学贵为"社会科学的皇后"，对于人类发展的重要性毋庸置疑。在很多人的眼里，经济学似乎一直高居庙堂之上；其实不然，生活中的点点滴滴都与经济学密不可分，经济学存在于我们生活的方方面面。在我们的日常生活当中，衣、食、住、行无一不与经济学息息相关。水果、蔬菜是我们每天生活的必需品，为什么一场大雪使各

地的蔬菜卖出了"肉价"？为什么此时一向冷清的干货市场及腌制品市场却空前繁荣？同样是必需品消费，为什么有的人更倾向于购买大米，而有的人则倾向于购买馒头？大家去商店买衣服，为什么同一件商品卖给不同的人价钱不一样，但是买者却都觉得物超所值呢？同样是购买大米，为什么从日本进口的大米卖出了"天价"大家反而趋之若鹜呢？"由俭入奢易，由奢入俭难"，这背后又隐含了什么道理呢？一路狂飙的房价让很多工薪阶层都"望房兴叹"，是买房还是租房，到底该怎么选择呢？经济学涉及的问题可小、可大，可以毫不夸张地说，我们已经成为经济的"奴隶"。如何才能让我们的生活过得明明白白、清清楚楚？掌握每一件事情背后所隐藏的经济学知识，是我们每一个人应努力去做的事情。

3.3.1 列昂惕夫之谜

根据赫克歇尔－俄林模型，在贸易中，各国出口的商品是密集使用本国拥有的相对丰裕的生产要素的产品，而进口的商品是密集使用本国相对稀缺的生产要素的产品。这一理论与许多国家的贸易模式相吻合。然而，列昂惕夫运用投入产出分析法，对1947年美国出口行业和进口竞争行业的资本存量和工人数值进行了比较，却得出了相反的结论。

列昂惕夫运用投入产出表把整个经济中所有产业都包含在内，详细分析每个产业的投入来源和产出流向，完整地分析了各个产业原料、中间产品、最终产品之间的供需关系。投入产出表内的产品都被还原成生产产品所需要的生产要素。每一种表内的产品都可以用生产这些产品的总要素需求（包括直接要素需求和间接要素需求）来表示。一个国家经济的总体平衡和各个产业间的供需平衡，可以通过投入产出表显示，它们之间的相互关系都是用生产要素的数量表示的。

对于赫克歇尔－俄林模型是否符合现实，列昂惕夫运用美国进出口商品的有关数据进行了检验，通过投入产出分析法，其结论与赫克歇尔－俄林模型正好相反。

表3-7显示了列昂惕夫悖论的一些信息。

表3-7 美国每百万美元进出口商品所需的资本和劳动

	生产要素	出口商品	进口商品
1947年	资本/美元	2550780	3091339
	劳动/年劳动人数	182	170
	资本与劳动比例/（美元/人）	14010	18180
1951年	资本/美元	2256880	2303400
	劳动/年劳动人数	174	168
	资本与劳动比例/（美元/人）	12977	13726

列昂惕夫将出口商品的资本与劳动比例（K_E/L_E）与进口竞争的商品的资本与劳动比率（K_I/L_I）进行了计算。如果计算结果大于1，则表示出口商品是资本密集型产品，进口商品是劳动密集型产品；如果计算结果小于1，则表示进出口商品密集度相反，出口商品是劳动密集型产品，进口商品是资本密集型产品。这就是所谓的"列昂惕夫统计项"（Leontief Statistic）。如表3-7所示，以1947年为例，出口商品每个劳动力一年所使用的资本为14010美元（资本与劳动比为14∶1），然而与进口商品竞争的行业产品，每一个劳动力一年中所使用的资本为18180美元（资本与劳动比为18∶1）。也就是说，当时美国的（K_E/L_E）/（K_I/L_I）= 14/18 = 0.78。进口商品的资本密度约为出口商品的1.3倍（18180/14010），表明美国在1947年出口商品为劳动密集型产品，进口商品为资本密集型产品。

第二次世界大战结束后，美国是世界公认的资本最富裕的国家，其劳动力是相对稀缺的。至少在20世纪70年代以前，美国比世界上任何国家都富裕。美国工人人均资本占有量也显然比其他国家高。即使后来西欧和日本赶上来了，美国仍然是世界上资源禀赋资本劳动比例最高的国家。按照赫克歇尔-俄林模型，美国应该出口资本密集型产品，进口劳动密集型产品，即（K_E/L_E）/（K_I/L_I）的值应该远远大于1。然而实际情况却并不如此，美国的出口产品不如进口产品的资本密集度高。列昂惕夫和其他经济学家对于美国出口产品与进口产品的资本与劳动比例用同样的方法进行了多次计算，其结果都与第一次相同。

"美国之参加国际分工是建立在劳动密集型生产专业化的基础上，而不是建立在资本密集型生产专业化基础上。换言之，这个国家是利用对外贸易来节约资本和安排剩余劳动力，而不是相反。"❶ 这一结论与赫克歇尔-俄林定理恰恰相反，故被称为"列昂惕夫悖论"（The Leontief Paradox）。列昂惕夫曾对此矛盾的现象进行反思，他认为自己没有认真评估美国的要素禀赋状况，而是假设美国是资本丰裕的国家。列昂惕夫试图从有效劳动（Effective Labor）角度做出解释。各个国家自身的劳动素质不相同，在同样的资本配合比例下，美国的劳动生产力约为其他国家（如意大利）的3倍。因此，如果以其他国家作为衡量标准，相比较来说，美国的有效劳动数量应该为现存劳动数量的3倍。所以，如果这样衡量有效劳动的数量，美国应该为（有效）劳动相对丰裕的国家，而资本却相对稀缺。按照这种解释，列昂惕夫的检验结果与赫克歇尔-俄林理论一致，不存在列昂惕夫悖论。

许多经济学家试图解开列昂惕夫悖论，并利用其他一些数据进行分析，通过其他国家的一些资料对赫克歇尔-俄林定理进行检验，然而情况却更为棘手。"悖论"仍然

---

❶ 列昂惕夫：《国内生产与对外贸易：美国资本状况的重新检验》，转引自姚曾《国际贸易概论》，人民出版社1987年版，第604页。

存在，检验结果既没有肯定地证实赫克歇尔－俄林模型，也没有否定赫克歇尔－俄林模型。1988年，哈利·伯文、爱德华·利默、里昂·斯威考斯卡斯利用27个国家有关12个生产要素对赫克歇尔－俄林模型进行了验证。表3-8说明了哈利·伯文等人所做的一项实证研究。

表3-8 检验赫克歇尔－俄林模型

生产要素	论断准确率	生产要素	论断准确率
资本	0.52	产业工人	0.70
劳动	0.67	服务工人	0.67
技术人员	0.78	农业工人	0.63
管理人员	0.22	可耕地	0.70
销售人员	0.67	牧场	0.52
服务人员	0.67	森林	0.70

注：论断准确率指净出口产品包含的要素符合理论预测的国家占全部国家的比重。

根据商品贸易实质上是生产要素的间接贸易的思路，鲍温等经济学家计算了每个国家生产要素禀赋与全球该要素供给的比例，然后将这些比例和每个国家在世界收入中的份额相比。如果要素禀赋理论是符合现实的，那么这些国家都应该出口要素比例超过收入比例的产品，进口那些要素比例低于收入比例的产品。表3-8显示了检验的结果，结果表明：有2/3的生产要素在不到70%的情况下符合赫克歇尔－俄林模型的预测。这说明，列昂惕夫悖论在更大范围内仍然存在，贸易并不与赫克歇尔－俄林模型的预测一致。

1961年，加拿大经济学家沃尔对加拿大20世纪50年代与美国的对外贸易进行分析，结果是加拿大出口资本密集型产品，进口劳动密集型产品。由于加拿大与美国的贸易占很大比重，这个结果似乎与列昂惕夫结论比较一致，与赫克歇尔－俄林模型相悖。

1959年，日本的两位经济学家建元正弘和市村真一使用与列昂惕夫类似的方法对日本20世纪50年代的对外贸易进行分析，从日本整体上的对外贸易来看，建元和市村的结论支持列昂惕夫悖论，日本是一个劳动力丰裕的国家，出口的却主要是资本密集型产品，进口的是劳动密集型产品。然而就双边贸易而言，建元和市村的结论认同赫克歇尔－俄林定理，日本向美国出口劳动密集型产品，从美国进口资本密集型产品，日本向不发达国家出口资本密集型产品，因为日本的资本和劳动的供给比例介于发达国家和不发达国家之间。日本与发达国家的贸易在劳动密集型产品上占优势，而与不发达国家的贸易在资本密集型产品上占优势。

对苏联20世纪50年代和60年代的对外贸易进行分析，结果表明苏联与发展中国家的对外贸易中，出口商品为资本密集型产品；苏联与发达国家的贸易中，出口商品为劳动密集型产品。这一结论与赫克歇尔－俄林模型一致。

德国的两位经济学家斯托尔伯和劳斯坎普对民主德国的贸易研究显示，该国出口产品相对于进口产品来说是资本密集型产品。由于民主德国大约3/4的贸易是与东欧其他国家进行的，这些国家与民主德国相比资本相对稀缺，因此斯托尔伯和劳斯坎普的结论支持了赫克歇尔－俄林模型。

1962年，印度经济学家巴哈德瓦奇分析印度的贸易结构，其结论表明印度与美国的贸易证实了列昂惕夫悖论的存在，印度出口美国的是资本密集型产品，进口的是劳动密集型产品。然而，在印度与其他国家的贸易中，印度出口的是劳动密集型产品，进口的是资本密集型产品，这又符合赫克歇尔－俄林模型。

表3-9表明南北贸易较为符合赫克歇尔－俄林模型的论断。但是南北贸易仅仅占世界贸易的大约10%，所以赫克歇尔－俄林模型仍然不能很好地解释一切。

表3-9　1992年美国与韩国的贸易　　　　　　　　　　（单位：亿美元）

商品种类	美国向韩国出口	美国从韩国进口
化学、塑料、医药产品	13.4	1.05
动力设备	7.05	0.93
专业与科技仪器	5.12	0.96
公路以外的交通工具（主要是飞机等）	15.31	0.78
服装与鞋类	0.11	42.03

3.3.2　工资差距扩大之谜

按照新古典国际贸易理论，国家内或者国家之间的要素价格不应该扩大，但是实践上恰恰相反。

相对工资差距指不同技术水平（或教育程度）的劳动者之间工资收入的差距。最简单的分类是将一个国家的工人分为高技术工人和低技术工人两组。用 w_H 代表该国高技术工人的平均工资，w_L 代表该国低技术工人的平均工资。这个国家的相对工资差距可以用高技术工人平均工资和低技术工人平均工资之比（w_H/w_L）来衡量。因为这个比值反映了高技术能力的超额报酬，因此又称为技能溢价（Skill Premium）。

至于如何定义高技术工人和低技术工人，研究者可以根据一个国家的经济发展水平和数据可获得性来确定。例如，发达国家的高技术工人可定义为具有大学本科文凭以上的劳动者，而发展中国家的高技术工人可定义为具有高中（或初中甚至小学）文凭以上的劳动者。在缺乏教育程度数据的情况下，高技术工人还可近似地定义为不在生产第一线的劳动者（Non-production Workers）或者白领工人，低技术工人则可近似地定义为生产线上的劳动者（Production Workers）或者蓝领工人。

相对工资差距成为经济学家们关注的焦点，最主要的原因在于相对工资差距在许多国家呈扩大化的趋势。先看美国，1967—1981年，美国制造业的相对工资差距从1.6下降到1.52；1982—1996年，美国制造业的相对工资差距从1.52上升到1.72；1997—2006年，美国制造业的相对工资差距从1.72上升到1.83。作为获取高技能的回报，高技术工人的工资理应高于低技术工人的工资，所以相对工资差距应该高于1。美国1982年以前相对工资差距呈下降趋势，一般认为对美国社会缩小贫富差距有正面意义。但1982年以后美国相对工资差距的迅速上升，则视为一种负面的发展。尤其值得注意的是，20世纪80年代以后相对工资差距的上升趋势在世界上许多国家普遍发生。有学者统计了1978—1988年27个国家的相对工资差距变化率，指出在9个高收入国家中有8个国家相对工资差距上升，在11个中等收入国家中有8个国家相对工资差距上升，而在7个低收入国家中也有3个国家相对工资差距上升。

为什么相对工资差距的上升会让经济学家们联想到国际贸易呢？因为20世纪80年代以后世界贸易发生的若干重要变化对各国相对工资差距的上升可能产生了影响。各国之间的贸易开放程度大大提高了。在关税及贸易总协定和世界贸易组织的全球贸易谈判以及各国之间区域和双边贸易谈判的推动下，世界上大多数国家的关税水平都呈下降趋势。虽然非关税贸易壁垒和新型的贸易保护方式层出不穷，但总体而言没有能够阻挡住贸易开放程度提高的大势。由于通信运输等技术水平的提高，国家之间开展贸易的技术壁垒也大大下降了。

除了数量的增长外，世界贸易在20世纪80年代发生了一些质的变化。首先，中间产品贸易的比重大大提高了。由于贸易壁垒的下降和跨国公司的发展，产品生产过程的国际分割程度不断上升，中间产品的外包活动大大增加。例如，美国向发展中国家的外包活动在1979—1987年年均增长了约0.7%。其次，发展中国家尤其是中国在世界贸易中的比重大大提高了，发展中国家采取贸易开放政策成为主流。发展中国家贸易占GDP的比重从1980年的44%上升到了2003年的55%。最后，发展中国家的出口结构升级迅速，不再只是农矿产品和原材料的出口国，而且出口大量的制造业产品，甚至是通常由发达国家出口的属于高端产品范畴的制造业产品。

国际贸易对相对工资差距的影响可以由H-O-S理论得到解释。根据H-O-S定理，国际贸易将会提高一国丰裕要素所有者的实际收入，降低稀缺要素所有者的实际收入。对于熟练劳动力要素相对丰富的发达国家而言，出口熟练劳动密集型产品会提高该产品的国内价格，从而增加该产品密集使用的熟练劳动力要素的工资收入，扩大熟练劳动力与非熟练劳动力间的工资差距。而对于非熟练劳动力相对丰富的发展中国家而言，出口非熟练劳动密集型产品会提高非熟练劳动力的工资收入，从而降低相对工资差距。

在H-O-S框架下，贸易与工资的关系仅仅是因为产品价格。在外部力量的作用下，产品价格的变化会引起要素价格的变化，这种作用机制即所谓的斯托尔珀-萨缪尔森定理。然而，作用于国内产品价格的外部力量是什么呢？在H-O-S理论框架下，外部力量来源于两个方面：一是贸易自由化，二是劳动力供给（要素禀赋）的相对变化。然而，如果假设劳动力要素禀赋（熟练劳动力和非熟练劳动力的供给）是不变的，那么要保持劳动力市场的均衡，发达国家工资差距的扩大将伴随着熟练劳动力需求的相对增加，发展中国家工资差距的缩小将伴随着非熟练劳动力需求的相对增加。

3.3.3 产业内贸易之谜

按照新古典国际贸易理论，一国不可能同时出口和进口相同的商品。但产业内贸易出现了。

1. 产生背景

传统的国际贸易理论主要是针对国与国、劳动生产率差别较大的和不同产业之间的贸易。但自20世纪60年代以来，随着科学技术的不断发展，国际贸易实践中又出现了一种和传统贸易理论的结论相悖的新现象，即国际贸易大多发生在发达国家之间，而不是发达国家与发展中国家之间；而发达国家间的贸易，又出现了既进口又出口同类产品的现象。为了解释这种现象，国际经济学界产生了一种新的理论——产业内贸易理论。产业内贸易（Intra-industry Trade）理论是当代最新国际贸易理论之一，它突破了传统国际贸易理论的一些不切实际的假定（如完全竞争的市场结构、规模收益不变等），从规模经济、产品差异性、国际投资等方面考察贸易形成机制，从而解决了传统贸易理论所不能解释的贸易现象：产业内贸易日益占据国际贸易的主要地位。

2. 定义

从产品内容上看，可以把国际贸易分成两种基本类型：一种是国家进口和出口的产品属于不同的产业部门，如出口初级产品、进口制成品，这种国际贸易称为产业间贸易（Inter-industry Trade）；另外一种是产业内贸易，即一国同时出口和进口同类型的制成品，因此这种贸易通常也称为双向贸易（Two Way Trade）或重叠贸易（Over-lap Trade）。产业内贸易即一个国家在一定时期内（一般为一年）既出口又进口同一种产品，同时同一种产品的中间产品（如零部件和元件）大量参加贸易。

产业内贸易理论中所指的产业必须具备两个条件：一是生产投入要素相近，二是产品在用途上可以相互替代。符合上述条件的产品可以分为两类：同质产品和异质产品，也称作相同产品或差异产品。

3. 产业内贸易理论的假设前提

1）从静态出发进行理论分析。

2）分析不完全竞争市场，即垄断竞争。

3）经济中具有规模收益。

4）考虑需求相同与不相同的情况。

4. 主要内容

这里对产业内贸易提出了一些非常简单的解释。例如，有些国家幅员辽阔，对于一些本身价值低而运费比重大的产品，不必强求在本国生产和非要在本国销售。如中国东北边境生产的某种产品可以向俄罗斯东部出口销售，而西部边境有需求时俄罗斯相邻地区有供应，那么就可以从俄罗斯进口。这种情况在中俄之间就形成了产业内贸易，其动机不是价格差而是节省运费。再如有些季节性商品，冬夏季需求强度大不一样，而工业制成品是均衡时间分布生产的产品，不可能将生产规模仅满足旺季或淡季，为了生产与销售的均衡，只能利用南北半球季节相反的条件，在本国需求淡季出口一部分产品，到旺季再进口一部分产品，从而形成了产业内贸易。这种贸易动机同样并非因为价格差，而是为了避免用仓储平衡市场供需的成本。但这只能解释一些特殊产品和特殊情况下的贸易，并没有解释大量存在的普通产品的产业内贸易。

（1）产品的同质性和异质性。

产业内贸易理论认为同一产业部门的产品可以区分为同质产品和异质产品两种类型。同质产品也称相同产品，是指那些价格、品质、效用都相同的产品，产品之间可以完全相互替代，即商品需求的交叉弹性极高，消费者对这类产品的消费偏好完全一样。这类产品在一般情况下属于产业间贸易的对象，但由于市场区位不同、市场时间不同等原因，也在相同产业中进行贸易。

异质产品也称差异产品，是指企业生产的产品具有区别于其他同类产品的主观上或客观上的特点，该种产品间不能完全替代（尚可替代），要素投入具有相似性。大多数产业内贸易的产品都属于这类产品。

（2）同质产品的产业内贸易。

同质产品的产业内贸易有以下几种形式。

1）国家间大宗产品的交叉型产业内贸易，如水泥、木材、玻璃和石油的贸易。如果产品的运输成本太高，那么使用国便会从距离使用者最近的国外生产地购入，而不会在国内远距离地运输。例如，俄罗斯西伯利亚地区如果需要大量钢材或者建筑材料，从中国东北地区进口就比从处于欧洲区域的俄罗斯其他地区购买更为经济。

2）经济合作或因经济技术因素而产生的产业内贸易。例如，中国吸引外国银行在华投资，却又在世界其他国家投资建立分行。

3）大量的转口贸易。在转口贸易中，进口和出口的是完全同质的产品。这些同质产品将同时反映在转口国的进口项目与出口项目中，形成统计上的产业内贸易，这是一种特殊的产业内贸易。

4）政府干预产生的价格扭曲。尤其是相互倾销，会使一国在进口的同时，为了占领其他国家的市场而出口同质产品，从而形成产业内贸易。另外，当存在出口退税、进口优惠时，国内企业为了与进口产品竞争，就不得不出口以得到退税，再进口以享受进口优惠，也形成了产业内贸易。

5）季节性产品贸易。为了调剂市场而在不同时间进出口产品，如欧洲一些国家之间为了"削峰填谷"而形成的电力进出口。

6）跨国公司的内部贸易也会形成产业内贸易。因为同种商品的成品、中间产品和零部件大都归入同组产品，因而形成产业内贸易。

（3）异质产品的产业内贸易。

资料表明，大多数的产业内贸易发生在差异化产品之间。在制造业，产业内贸易商品明显偏高的是机械、药品和运输工具。属于同一产品大类的差异化产品在现代经济中有着很高的占有率。因此，在同一大类的不同品种的产品之间，也会发生双向的贸易流动。

异质产品的产业内贸易主要有以下三种情况。

1）使用价值完全一样，但生产投入极不相同的异质产品。这类异质产品的产业内贸易可以用要素禀赋理论来解释。

2）在生产投入方面极为相似，但使用价值极不相同的异质产品。这类异质产品的产业内贸易可以用要素禀赋理论和产业内贸易理论相结合来解释。

3）产品的使用价值几乎完全一样，生产投入又极为相似的异质产品贸易，只能用产业内贸易理论来解释。

异质（差异）产品又可以分为三种：水平差异产品、技术差异产品和垂直差异产品。

不同类型的差异产品引起的产业内贸易也不相同，分别为水平差异产业内贸易、技术差异产业内贸易和垂直差异产业内贸易。

1）水平差异产业内贸易。水平差异是指产品特征组合方式的差异。在一组产品中，所有的产品都具有某些共同的本质性特征，即核心特征，这些特征不同的组合方式决定了产品的差异性，同差异内部一系列不同规格的产品中可以看出水平差异的存在。如烟草、香水、化妆品、服装等，这类产品的产业内贸易大多与消费者偏好的差异有关。差异产品在牌号、规格、服务等特点上的不同，也正是由于差异产品的这种不完全可替代性使得人们对同类产品也产生了不同需求。在人们日益追求生活质量的时代里，在科技进步的作用下，厂商能够提供的差异产品日益繁多，但一国国内厂商很难满足国内消费者的所有需求。如果一国消费者对外国产品的某种特色产生了需求，就可能出口和进口同类产品。

2）技术差异产业内贸易。技术差异是指由于技术水平提高所带来的差异，即新产品的出现带来的差异。从技术的产品角度看，是产品的生命周期导致了产业内贸易的产生。技术先进的国家不断地开发新产品，技术落后的国家则主要生产那些技术已经成熟的产品，因此在处于不同生命周期阶段的同类产品间产生了产业技术差异，处于产品生命周期不同阶段的同类产品（如不同档次的家用电器）在不同类型国家进行生产，继而进行进出口贸易，便会产生产业内贸易。

3）垂直差异产业内贸易。垂直差异是指产品在质量上的差异。为了占领市场，人们需要不断提高产品质量，但是一个国家的消费者不能全部追求昂贵的高质量产品，而是因个人收入的差异存在不同的消费者需要不同档次的产品。为了满足不同层次的消费需求，高收入水平的国家就有可能进口中低档产品来满足国内低收入阶层的需求；同样，中低收入水平的国家也可能进口高档产品来满足国内高收入阶层的需求，从而产生产业内贸易。

以上三类情况，都有着从供给看存在的规模经济，从需求看存在的需求偏好方面的重叠。当然我们也注意到，基于产品差异的产业内贸易是建立在不完全竞争的基础上的（传统贸易理论一般都假设市场是完全竞争的）。

5. 产业内贸易的成因

（1）产品的异质性是产业内贸易的基础。

作为产业内贸易主要对象的异质产品，主要有水平异质性、技术异质性和垂直异质性三种情形。产品的异质性满足了不同消费者的特殊偏好，并且成为产业内贸易存在与发展的客观条件。有的学者甚至认为，并不一定要有规模效益，只要产品存在多样性，就足以引起产业内贸易。例如，美国和日本都生产小轿车，但日本轿车以轻巧、节能、价廉、质优为特色，而美国轿车则以豪华、耐用为特色。这样就引起双方对对方产品的需求，这种相互需求促使了国际贸易的发生。

（2）消费者的偏好。

消费者的偏好是多种多样的，并且受到其收入水平的制约。消费者偏好的差别若从需求方面分析，同样可以分为垂直差别与水平差别两种。前者指消费者对同类产品中不同质量、等级的选择；后者指对同一质量等级的同类产品在其尺寸、款式、品种等方面的不同选择。因此，可选择的产品品种、规模、款式、等级越多，消费者需求的满足程度越高；消费者偏好的差异性越大，产业内贸易的可能性也越大。

（3）两国需求的重叠程度及经济发展水平。

发达国家中有一定数量的中、低收入者，与不发达国家高收入者的需求相互重叠。这种重叠需求使得两国之间具有差别的产品的相互出口成为可能。但究竟有多大的可能性，还取决于其经济发展水平。经济发展水平是产业内贸易的重要制约因素。经济发展水平越高，产业内部分工就越精细，异质产品的生产规模也就越大，从而形成异质产品的供给市场；经济发展水平越高，人均国民收入就越高，国民购买能力也就越强。在国民购买能力达到较高水平时，消费需求便呈现出对异质产品的强烈需求，从而形成异质产品的消费市场。在两国之间收入水平趋于相等的过程中，两个国家之间的需求结构也趋于接近，最终造成产业内贸易的发生。

（4）追求规模经济效益的动机。

同类产品因产品差别与消费者偏好的差异而相互出口，可以扩大生产规模进而扩大市场。这样，就使研制新产品的费用和设备投资分摊在更多的产品上，可以节约研发费用，进而降低单位产品成本。产业内贸易是以产业内的国际分工为前提的。产业内的国际专业化分工越精细、越多样化，不同国家的生产厂商就越有条件减少产品品种和产品规格型号，在生产上就越专业化。这种生产上的专业化不仅有助于企业采用更好的生产设备，提高生产效率，降低成本，而且有助于降低生产企业之间的市场竞争程度，有利于厂商扩大生产规模和市场规模，从而充分体现企业生产的内部规模经济效益。因为生产和市场的细分化虽然减少了国内消费者数量，但企业可以面对同类型的更大规模的国际消费者群体进行生产和销售，使从事国际生产和国际贸易的微观企业具有经济上的合理性和可行性。

6. 理论评述

(1) 产业内贸易理论的积极意义。

首先，产业内贸易理论是对传统贸易理论的批判，其假定更符合实际。如果产业内贸易的利益能够长期存在，说明自由竞争的市场是不存在的。因为其他厂商自由进入这一具有利益的行业将受到限制，因而不属于完全竞争的市场，而是属于不完全竞争的市场。其次，该理论不仅从供给方面进行了论述，而且从需求方面分析和论证了部分国际贸易现象产生的原因以及贸易格局的变化，说明了需求因素和供给因素一样是制约国际贸易的重要因素，这实际上是将李嘉图理论中贸易利益等于国家利益的隐含假设转化为供给者与需求者均可受益的假设。再次，这一理论还认为，规模经济是当代经济重要的内容，它是各国都在追求的利益，而且将规模经济的利益作为产业内贸易利益的来源，这样的分析较为符合实际。最后，这一理论还论证了国际贸易的心理收益，即不同需求偏好的满足，同时又提出了产业间贸易与产业内贸易的概念，揭示了产业的国际分工和产业间国际分工的问题。

(2) 产业内贸易理论的不足之处。

同其他理论一样，产业内贸易理论也有不足之处，它只能说明现实中的部分贸易现象。其不合理的地方有如下几点。

1) 虽然在政策建议上，该理论赞同动态化，但它使用的仍然是静态分析的方法，这一点与传统贸易理论是一样的。它虽然看到了需求差别和需求的多样化对国际贸易的静态影响，但是它没有能够看到需求偏好以及产品差别是随着经济发展、收入增长、价格变动而不断发生变化的。

2) 似乎只能解释现实中的部分贸易现象而不能解释全部的贸易现象。这是贸易理论的通病。

3) 对产业内贸易发生的原因还应该从其他的角度予以说明。产业内贸易理论强调规模经济利益和产品差别以及需求偏好的多样化对于国际贸易的影响无疑是正确的。但是，有些产品的生产和销售不存在规模收益递增的规律，对于这些产业的国际贸易问题，产业内贸易理论还无法解释。

3.3.4 解谜之路

列昂惕夫悖论引起了经济学家们的注意，这种同时能够处理收入分配和贸易模式且理论上很有说服力的模型却经不起检验。尽管实证研究结果有反对赫克歇尔－俄林模型的，也有支持的，但是大多数学者并不认为仅靠资源禀赋差异就能解释国际贸易。列昂惕夫悖论引起了对"悖论"的不同解释，促成了一些研究工作的发展。

1. 要素密集度逆转

赫克歇尔－俄林模型的假定 7 中，对于要素密集度，认为两种商品的要素密集度不同，同种商品在两个国家密集度相同，没有要素密集型转变的情况。严格的假定条件限制了理论的实际适用。如果同种产品在两个国家的要素密集度不同，赫克歇尔－俄林定理就难以成立。要素密集度逆转（Factor Intensity Reversal）是指同一种产品在资本丰富的国家是资本密集型产品，在劳动丰裕的国家是劳动密集型产品的情况。当两种商品的替代弹性有较大差异时，要素相对价格变化，就会发生要素密集度逆转的现象。即某些要素价格下，X 产品是资本密集型的，Y 产品是劳动密集型的；而另一些要素价格下，X 产品却又是劳动密集型的，而 Y 产品是资本密集型的。图 3－14 表示了要素密集度逆转的情况。X 产品的生产要素替代弹性小于 Y 产品的要素，即 X 产品的等产量线比 Y 产品的等产量线向横轴的弯曲度小，两种产品的等产量线相交。当要素相对价格线为 P_1 时，$k_X > k_Y$，即 X 产品的要素密集度大于 Y 产品。当要素相对价格线为 P_2 时，$k'_X < k'_Y$，即 X 产品的要素密集度小于 Y 产品。要素相对价格线的变化，使两种产品的要素密集度发生逆转。

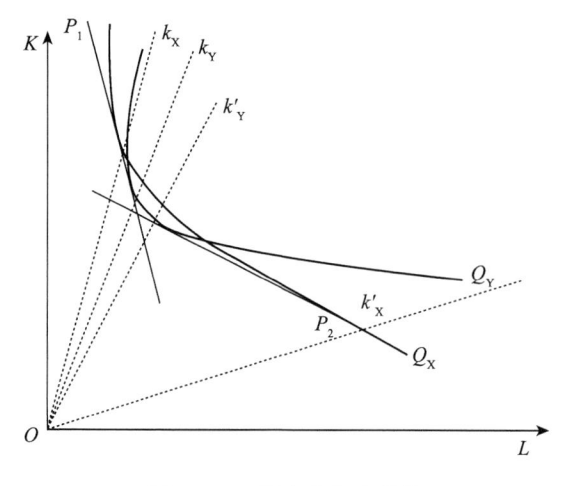

图 3－14 要素密集度逆转

一旦存在要素密集度逆转，要素禀赋理论、要素价格均等化等规律将无法实现，由于同种商品在两国不同的要素价格下，可能属于不同类型。如 A 国出口劳动密集型的 X 产品，B 国出口资本密集型的 Y 产品，但是两国无法实行专业化分工向对方出口同种产品。在这种情况下，两国不可能进行国际分工和国际贸易。要素密集度逆转发生的概率虽然极小，但无法完全排除这种可能性。

最著名的检验是明哈斯于 1962 年完成的。他利用 1947 年和 1951 年的资料，比较研究了美国和日本的 20 个产业，并计算出两国每个产业的 K/L 比值依次排序。在美国，石油工业资本密集度最高，煤炭工业其次，钢铁工业列第 8 位，纺织工业列第 11 位，船舶工业列第 15 位等。如果按照赫克歇尔 - 俄林定理的假设不存在要素密集度逆转，日本的产业要素比率排序应该与美国相同。从统计学意义上说，美国序列和日本序列相同的相关系数为 1.0；如果完全相反，相关系数为 -1.0；如果完全无关，相关系数为 0。明哈斯计算出来的结果为 0.328，两国的相差程度较大。例如，按照资本与劳动比例，日本的钢铁工业列第 3 位，船舶工业列第 7 位。在现实中，由于生产要素在不同区域的替代弹性不同，要素密集度逆转的可能性存在。

2. 要素需求逆转

赫克歇尔 - 俄林模型的假定 8 假定两国消费者对两种商品偏好相同，所以对国际贸易原因的考察剔除了需求方面的影响，仅考虑要素禀赋差异。但是，实际贸易中供需双方都会对国际贸易产生影响。如果一国对于某一种商品享有比较优势，而且消费者特别偏好这一产品时，赫克歇尔 - 俄林模型决定的进口方向将改变。

图 3 - 15 显示了两个国家消费者偏好不同对国际贸易的影响。假定 A、B 两国的消费者偏好不同，A 国特别偏好 X 产品，无差异曲线低且偏向于横轴；B 国特别偏好 Y 产品，无差异曲线高且偏向于纵轴。由生产可能性边界可知，A 国劳动相对丰裕，在劳动密集型产品 X 上占有比较优势；B 国资本丰裕，在资本密集型产品 Y 上占有优势。

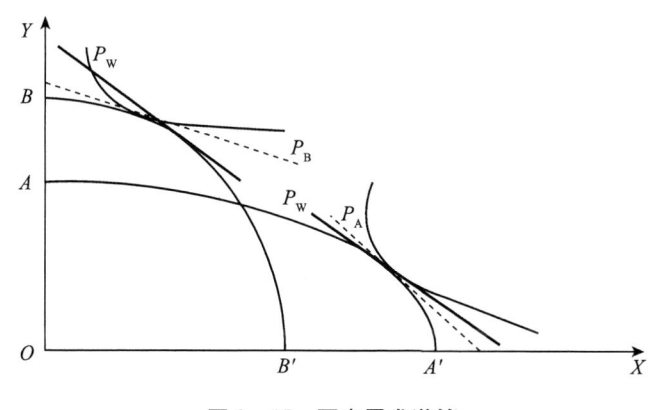

图 3 - 15 要素需求逆转

根据赫克歇尔 - 俄林定理，A 国将出口 X 产品，B 国将出口 Y 产品。但是在封闭条件下，A 国 X 商品的相对价格反而高于 B 国，如图 3 - 15 中 P_A 的斜率的绝对值要大于 P_B 的斜率的绝对值。所以，自由贸易后，A 国生产点上移至与 P_W 的切点，B 国生产

点下移至与 P_w 的切点。即 B 国多生产 X 产品并出口 X 产品，A 国多生产 Y 产品并出口 Y 产品。A 国不是出口 X 产品反而进口 X 产品。需求逆转改变了赫克歇尔－俄林模型原来假设两国需求相同的条件，如果两国消费者偏好有很大不同，需求方面的影响甚至超过了生产要素禀赋方面的差异，那么国际贸易的流向将与赫克歇尔－俄林模型的结论相反。按照需求逆转说，美国是资本丰裕的国家，美国如果偏好资本密集型产品，而美国的贸易方偏好劳动密集型产品，美国的资本密集型产品的相对价格将被抬高，直到美国的比较优势转为劳动密集型产品。因此，美国出口的是劳动密集型产品，进口的是资本密集型产品。

3. 自然资源说

自然资源的丰裕程度会影响一个国家的贸易模式。该理论认为，仅仅考虑资本和劳动两种要素限制了赫克歇尔－俄林模型的使用范围。列昂惕夫曾在 1956 年指出，没有考虑自然资源的影响是可能出现悖论的原因之一。在列昂惕夫悖论中，许多作为资本密集型的进口产品实际上可以说是资源密集型产品。列昂惕夫在计算进口产品的要素需求量时，抬高了进口产品资本/劳动的比例，没有计算自然资源。例如，美国大量进口的石油、煤炭、钢铁等产品的生产，既包含资本的贡献，同时也离不开自然资源的贡献，这些产品可能是自然资源密集型产品。美国的进口产品中初级产品占 60%～70%，这些产品的自然资源密集度很高，把这些产品归入资本密集型产品加大了美国进口产品的资本/劳动比例。

鲍德温利用 1962 年的数据分析美国对外贸易，按不包括自然资源计算，列昂惕夫统计项为 1.04，按包括自然资源计算，列昂惕夫统计项为 1.27。在考虑了自然资源后，列昂惕夫悖论可以减弱但是不能消除。哈蒂冈在处理列昂惕夫的数据时发现，如果不将自然资源分离出来，重新计算美国 1951 年的对外贸易，可以得到与列昂惕夫相似的结论，即"悖论"是成立的。

4. 关税结构说

赫克歇尔－俄林模型认为，一国通过对外贸易可以增加本国丰裕要素的实际报酬，减少稀缺要素的实际报酬。关税结构说主要强调关税对产品要素密集度的影响。就美国来说，关税更倾向于保护劳动力的所有者而不是资本的所有者。美国设置贸易壁垒主要是针对劳动密集型产品的进口。由于关税保护的结构性差异，劳动密集型产品受到较多排斥，所以资本密集型产品成为美国的主要进口产品。列昂惕夫的结论在一定程度上反映了美国的关税结构。这一结论与赫克歇尔－俄林模型中假设的自由贸易模式（假定2）相悖。鲍德温在 1971 年的一项研究中确认了关税结构对贸易模式的影响，并且估计出关税导致进口物品的 $(K/L)_m$ 减少 5%，这在一定程度上减弱了列昂惕夫悖论。

3.4 国民财富的本质

3.4.1 人力资本说

克拉维斯、基辛、凯能和鲍德温等人用人力资本的差异来解释"悖论"的产生。人力资本说认为,"劳动"要素过于宽泛,实际上,劳动有很多种类,性质不同。一般劳动可以分为熟练劳动和非熟练劳动两类。其中熟练劳动不是先天具备的,是必须经过一定的教育和培训后才具有的技能,称为人力资本（Human Capital）。基辛将劳动分为八类,第一类是科学家和工程师,他们的人力资本最高；第二类是技术人员,人力资本其次；最后一类为没有技术的工人。基辛用美国1962年的贸易数据进行分析,把劳动分成八类后,两要素模型变为了多要素模型。基辛通过检验美国进出口商品发现,在美国的出口产品中,第一类劳动的含量比例最高,在美国的进口产品中第一类劳动的含量比例最低。因此,美国可能是一个技术劳动禀赋丰裕的国家。通过美国和其他13个国家相比,美国出口的是技术劳动密集型产品。列昂惕夫认为悖论可能是把劳动看成同质引起的,不同质量的劳动在生产中的作用是不同的,简单地按人/年或单位劳动小时计算会引起误差。如果将美国工人人数乘以3,美国的贸易模式就符合赫克歇尔－俄林模型的推测。加入人力资本后,列昂惕夫悖论可以得到解释。

过去十余年,世界银行重视对国民财富进行统计、测算和研究。继2006年发布题为《国民财富在哪里》的报告后,于2011年发布报告更新版,2018年发布的报告采用将自然资本（如森林和矿产）、人力资本（个人终生收益）、生产资本（建筑物、基础设施等）和国外净资产相加的方法,对141个国家（或地区）在1995—2014年的财富变化情况进行跟踪和评估。报告指出,人力资本在国民财富中的作用突出,自然资本在国民财富中的作用下降,全球财富不平等问题仍然严重。

在全球总财富中,人力资本约占2/3（64%）,生产资本约占1/4（27%）,自然资本约占1/10（9%）。各不同经济发展水平国家群体国民财富比例情况如下：①低收入国家中,生产资本约占12%,自然资本约占47%,人力资本约占41%。②中等偏下收入国家中,生产资本约占22%,自然资本约占27%,人力资本约占51%。③中等偏上收入国家中,生产资本约占25%,自然资本约占17%,人力资本约占58%。④高收入国家（非OECD成员国）中,生产资本约占28%,自然资本约占30%,人力资本约占42%。⑤高收入国家（OECD成员国）中,生产资本约占27%,自然资本约占3%,人力资本约占70%。

中国生产资本占总财富的比例约为27%,与全球平均水平基本持平,略高于中等偏上收入国家平均水平；自然资本约占14%，高于全球平均水平，低于中等偏上收入国家平均水平；人力资本约占59%，低于全球平均水平，但高于中等偏上收入国家平均水平。

人力资本的积累和增加对经济增长与社会发展的贡献远比物质资本、劳动力数量增加重要得多，发达国家是最明显的例子。美国在1990年人均社会总财富大约为42.1万美元，其中24.8万美元为人力资本的形式，占人均社会总财富的59%。其他几个发达国家如加拿大、德国、日本的人均人力资本分别为15.5万美元、31.5万美元、45.8万美元。1978—1995年，劳动力数量增长对于中国经济增长的贡献略低于劳动力质量提高的贡献。但是到20世纪末，这种情况发生了重大转变，人力资本继续保持较高增长率，而劳动力数量增长率显著下降，由1978—1995年的2.4%急剧下降到1.0%。相比之下，人力资本增长率虽有所下降，但是依旧保持较高的增长率，并且成为劳动力贡献于经济增长的主要方式。经济增长的这种模式转变，对人力资本积累提出了巨大需求。而中国庞大的人力资源要转化为人力资本，关键在于提高人力素质，其重要途径在于形成全民学习、终身学习的学习型社会，把中国建成世界最大的学习型社会。中国如果能够在全面建成小康社会的历史机遇期中全面强化人力资本投资，全面建设学习型社会，全面提高人民的素质和能力，就有可能使中国从人口大国迈向人力资源强国，使中国教育与人力资源总量更加充足、结构更加合理、质量更加提高、体系更加完善，人民的学习能力和就业能力得到全面提升。

3.4.2 供给角度下的国际贸易及其收益

国际贸易可以增加组织或者国家的财富。这种财富的增加不仅体现在企业生产成本的降低等产品生产比较优势上，还体现在国家或者企业生产率的提高上。具体可以从四个方面来说明这种国际贸易的收益。

1. 通过对外贸易提高利润率

（1）通过对外贸易可以降低生产成本。

1）通过对外贸易从国外获得廉价的原料、燃料、辅助材料、机器、设备等，降低了不变资本的费用。

2）通过对外贸易使可变资本转化为必需的生活资料变得便宜。

（2）通过资本输出，到别国就地建立企业，进行贸易。

第二次世界大战后，跨国公司通过"全球战略"，利用各个国家经济发展的不平衡、自然资源的差异、廉价的劳动力，与跨国公司本身先进的科学技术、经营管理能力结合起来；绕过进口国家设置的关税与非关税壁垒，利用东道国的销售渠道；通过环境污染严重的工厂外迁，节省大量环保费用。这些都大大提高了利润率。

（3）通过对外贸易可以取得超额利润。

通过对外贸易取得的超额利润一部分来自高于他国的劳动生产率,另一部分来自对市场的垄断。

2. 通过对外贸易提高生产率

(1) 刺激企业家提高生产率。

在国际贸易中,在商品款式、包装一致的情况下,价格在竞争中起着重要作用。

(2) 为企业家提高企业生产率提供了重要途径。

1) 通过国际贸易普及了科学技术,提高了生产率。

2) 利用国际分工,节约社会劳动。

3) 经营效益好的企业,通过对外贸易利用他国的劳动力并吸引外来的移民。

4) 对外贸易的示范作用使企业的经营管理水平不断提高。

3. 通过对外贸易达到规模经济

一个企业通过对外贸易取得规模经济效益,是经济学家埃尔赫南·赫尔普曼和保罗·克鲁格曼等人提出的国际贸易动因理论。

规模经济就是机会成本递减,规模报酬递增。如日本与美国具有相近的轿车生产技术,但在产品功能方面各有千秋。日本轿车节油性能好,价格相对便宜,比较适应石油危机之后节约能源的趋势。美国轿车的造型与内部装饰豪华,给人一种雍容华贵的感觉,易于彰显车主的身份与地位。

美、日生产的汽车有各自的竞争优势,可以相互出口以满足不同的市场需求,从而使本国轿车的市场规模超出了本国市场的范围,为进一步扩大生产规模以获得更多的规模效益创造了条件。

4. 通过对外贸易调节产品变动周期

一个企业参与国际贸易,是为了顺应产品变动周期,以发挥某些产品生产上的比较优势。这是美国经济学家雷蒙德·弗农等人提出的企业进行国际贸易的动因。

他们认为,产品变动周期大致分为新产品、成熟和标准化三个阶段。

1) 新产品阶段:指产品开发与投产的最初阶段。该阶段需求仅仅局限于国内。

2) 产品成熟阶段:指产品及其生产技术逐渐成熟的阶段。出口大量增加,外国厂商开始模仿或引进先进技术从事该产品的生产。

3) 产品标准化阶段:指产品及其生产技术的定型化阶段。由于生产厂家众多,成本、价格、质量成为市场竞争的主要手段,生产地点逐渐向低成本的外国和地区转移。

美国经济学家赫西哲根据产品变动周期理论把世界贸易分为三组:工业高度发达国家(如美国)、较小的工业发达国家(如多数西欧国家)、某些发展中国家或地区。形成如图3-16所示的产品周期贸易周期动因模式。

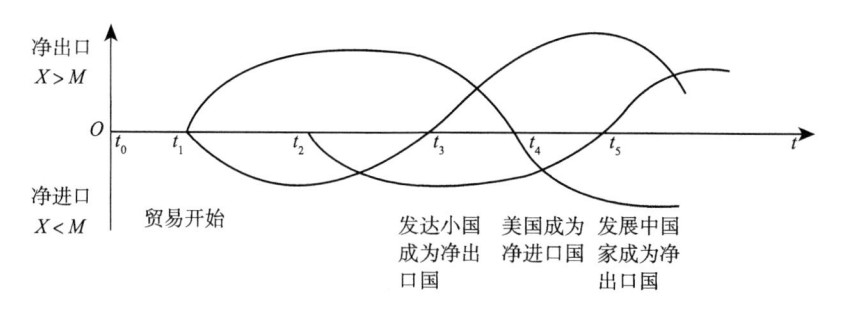

图 3-16 产品周期贸易周期动因模式

假设美国企业是新产品的发明者。

t_0 至 t_1 为新产品阶段，美国企业从事该产品的创新设计与投产，并在国内市场销售。

从 t_1 开始产品逐渐成熟，一部分产品出口到某些经济发达且消费偏好相似的西欧国家。产品进口国的潜在强劲需求刺激这些国际本地厂商模仿或引进生产技术进行生产，并在进口国国内市场上与美国企业出口产品进行竞争，然后也开始向国外出口。

至 t_3 发达小国已经成为净出口国。与此同时，美国随着产品由成熟阶段走向标准化阶段，研究与开发的优势日益被成本与价格的优势所取代，相对优势逐渐消失，至 t_4 成为该产品的净进口国。

从 t_2 开始，美国和其他发达国家的企业纷纷开拓发展中国家市场，潜在而强劲的市场需求也刺激后一类国家的厂商模仿和引进外国先进技术从事生产。

到 t_5 时该产品及其生产技术已经进入标准化阶段，非熟练劳动成本高低成为产品价格竞争的重要武器，于是该产品生产地点逐渐全部移到工资低的发展中国家，并使这些国家成为该产品的净出口国。而当初的技术创新国，即美国及技术引进国西欧等国则因为劳动力成本太高，不得不依赖从发展中国家进口，成为该产品的净进口国。

产品变动周期贸易动因理论，将各国比较优势的变化和产品及其技术周期结合起来，旨在说明各国企业进出口的动因与产品变动周期密切相关。

3.4.3 需求角度下的国际贸易与国民利益

1. 满足需求偏好

（1）需求相异理论。

在同一价格下，各国消费者即使具有同等购买能力，所愿意购买的商品数量也会不同，这就是需求的相异性。原因如下：

1）地理环境不同。

2）喜爱偏好的差异。

3）收入水平的差距。

需求的差异主要取决于收入水平，收入水平越高，消费者对奢侈品如汽车等的需求越高；收入水平一般，消费者的需求只能固定于某些生活必需品如食品等；收入水平越低，消费者对劣等品如简易房、粗茶淡饭等的需求越高。

恩格尔法则：随着收入增加，食品占总需求的比重必定下降。这是德国统计学家厄恩斯特·恩格尔对 19 世纪家庭预算与消费模式进行统计分析时发现的。

需求偏好怎样引起国际贸易？

假定在国际贸易发生前，A 国偏好面包，即对小麦的较高需求导致小麦价格高于 B 国；B 国偏好米饭，即对大米的较高需求导致大米价格高于 A 国。

在这种情况下，企业在利益的驱使下，会把 A 国的大米运往 B 国销售，而将 B 国的小麦运往 A 国销售。这样，A 国会扩大大米的生产，B 国会扩大小麦的生产，通过国际贸易而获利。

（2）需求相似理论。

林德认为，需求相似的国家，其制成品相互贸易的潜在可能性最大。

1）各国具有自己的需求结构。需求结构是指质量档次不同的同类产品，也称为差别产品。如轿车从最低档次 Q_1 到最高档次 Q_6。

需求结构的基本决定因素是人均收入水平。消费者所需产品的质量受他们收入水平约束。A 国人均收入水平高于 B 国，A 国消费者所需质量范围从 Q_2 到 Q_6，B 国消费者所需质量范围从 Q_1 到 Q_3，显然两国需求结构存在差异。这种需求差异决定了各国差别产品的生产，厂商主要生产适应本国需求结构的产品。

2）各国具有自己的代表性需求。A 国的人均收入水平决定了它所需求产品质量的范围从 Q_2 到 Q_6，而人均平均的或中等的收入水平所需的产品范围是 Q_4，这是 A 国的代表性需求。B 国的收入水平决定了它所需求产品质量的范围是 Q_3，这是 B 国的代表性需求。

各国主要围绕本国代表性需求的产品进行生产，同时兼顾需求结构中其他产品的生产。为了适应本国代表性需求和其他产品需求，厂商不断扩大生产，以至产出数量大于本国需求数量的产品。这样就出现了需要出口的愿望。

3）各国之间代表性需求的重合。两国需求结构的重合部分（见图 3-17）均有相互出口或进口的可能性，重合部分包含两国的代表性需求，而各国代表性需求的产品往往在生产上具有成本与价格优势，出口国和进口国均能获得贸易利益。各国倾向于生产代表性的需求产品，并出口这些代表性的需求产品，以便满足其他国家有同样需求的需求者。

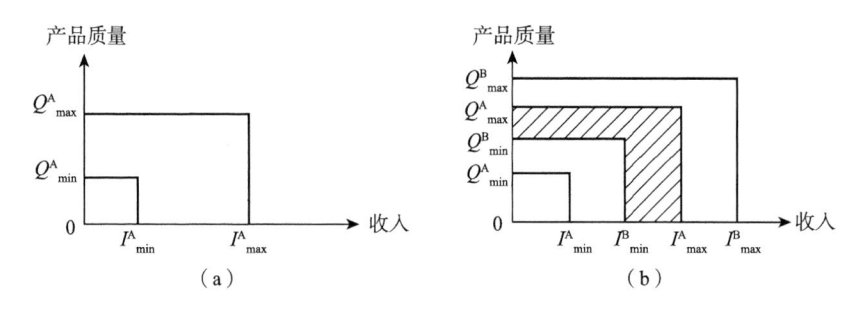

图 3-17 收入水平与产品质量之间的关系

2. 其他利益

1）有利于收入水平的提高，分散生存风险。通过服务贸易，发展中国家工人和有专长的人到发达国家工作，可以提高收入，改善家庭生活。

2）有利于增长才干。通过对外服务贸易，到国外工作，不仅可以提高收入，还可提高本身素质和吸收他国的先进技术和管理经验。再回到国内工作，一是可以创业；二是把学到的技能和知识带回本国，成为先进技术和知识的传播者。

3）有利于了解世界，拓展视野。通过到他国工作人们可以了解不同的文化背景和多种合作方式，感受世界自然和文化的多样性，陶冶身心，拓展视野。

4）有利于实现自身的价值。在知识经济时代，对外贸易有利于那些掌握知识的人才进行跨国流动，实现自身的价值，享受高质量的生活。

第 4 章　国民财富的转化

当一只玻璃杯中装满牛奶的时候,人们会说"这是牛奶";当改装油的时候,人们会说"这是油"。只有当杯子空置时,人们才看到杯子,说"这是一只杯子"。同样,当我们心中装满成见、财富、权势的时候,就已经不是自己了。人往往热衷拥有很多,却难以真正地拥有自己。

学习目标
- 了解国民财富内化、外化的相关概念
- 了解就业率、价格、通货膨胀及国内生产总值的概念
- 掌握利率、汇率的概念
- 了解外汇储备、特别提款权的含义
- 了解 PPP 平价理论

4.1　国民财富的外化

言为心声,语言美是心灵美的外化表现。诚于中而形于外,慧于心而秀于言。

一个人的内心世界包括思想、道德、人格、情感、知识、审美心理等,总要借助语言外形表现出来,同样一个人的语言也表现其内心的活动。

国民财富的范围之大,内容之多,既有显性知识,也有大量存在的隐性知识。直到现在,人们对国民财富的认识还是隐性知识居多。因此,需要将国民财富外化,进而掌握国民财富的性质。

宏观经济政策的四大目标是充分就业、物价稳定、经济增长和国际收支平衡。

1) 充分就业是指包含劳动在内的一切生产要素都以愿意接受的价格参与生产活动的状态。就劳动就业而言,充分就业并不是所有的劳动者都能就业,在充分就业的状

态下，有可能存在失业。政府关心的是由于经济周期所造成的非自愿失业。我们把此外化为就业率。

2）物价稳定是指价格总水平的稳定。一般采用价格指数来表示价格水平的变化。价格稳定不是指每种商品价格的固定不变，也不是指价格总水平的固定不变，而是指价格指数的相对稳定。我们外化为价格和通货膨胀。

3）经济增长是指一定时期内经济已持续均衡增长。即在一个时期内经济社会所生产的人均产量或者人均收入的增长，它包括：①维持一个高经济增长率；②培育经济持续增长的能力。一般认为，经济增长与就业目标是一致的。我们外化为国内生产总值。

4）国际收支平衡是指一国净出口与净资本进出相等而形成的平衡。一国的国际收支状况不仅反映了这个国家的对外经济交往情况，还反映出该国经济的稳定程度。我们外化为贸易顺差或者逆差。

4.1.1 就业率

1. 就业率的基本概念

就业率是指某一时点内就业人口数占经济活动人口数（就业人口数＋失业人口数）的比例。通常用百分比表示。未成年人、在校学生、退休和丧失劳动力的人都不包括在劳动力之中。劳动力人数是就业人数和失业人数之和。

就业率的计算公式为

$$就业率 = \frac{就业人口数}{就业人口数 + 失业人口数} \times 100\%$$

2. 就业率相关理论

就业问题一直是社会各界广泛关注的焦点问题之一。纵观中外学者在这方面的研究脉络和最新研究成果可知，西方经济学家和马克思主义经济学家对就业问题的研究有着不同的视角，中国学者在就业问题上的研究充分结合了中国的具体国情，相关研究也在不断丰富和深化。

西方的就业理论建立在资本主义市场经济规律之上。以萨伊为代表的古典经济学家将劳动力视为市场经济中生产资料的一个组成部分，由"看不见的手"自发调节，认为劳动力市场上的自由调节必然会实现充分就业，失业只是局部和暂时的现象。20世纪30年代，资本主义世界发生的严重经济危机和大规模失业的现实，打破了古典经济学说市场万能的神话，凯恩斯的非充分就业理论应运而生。他认为经济和就业的周期性波动来自于"有效需求不足"和"工资的刚性"，因此主张国家对经济进行干预，以扩张性货币和财政政策来扩大内需，解决经济波动带来的就业问题。凯恩斯认识到了市场规律的不足，但对就业的本质认识没有发生变化，依然把劳动力看成市场经济下的生产资料和条件，为了避免经济波动，才加上政府这只"看得见的手"来调节，并且只考虑了需求总量的变化对就业量的影响，忽视了就业的结构性变化。

凯恩斯主义的需求管理和国家干预思想在很长时间内都是西方国家治理失业问题的良方，但对20世纪中后期主要资本主义国家出现的"滞胀"却显得束手无策，其理论受到了货币主义、供给学派以及理性预期学派的挑战。以弗里德曼为代表的货币主义提出了"自然失业率"和"适应性预期"的概念，以反对凯恩斯的非充分就业理论；以阿瑟·拉弗为代表的供给学派否定了凯恩斯"有效需求不足"的基本论点，转而从供给面寻求实现充分就业的途径；以卢卡斯、穆斯等为代表的理性预期学派将理性预期和自然失业率概念引入经济变量之中，认为劳动力的供给依赖于人们对工资水平的理性预期。这些学者认为，周期性波动不过是调节过程中的不同阶段，经济绝不会出现严重且持续的购买力短缺，政府的扩张性政策只会引起通货膨胀而无法改变就业。

新凯恩斯主义以隐含合同、搜寻－匹配和效率工资对传统凯恩斯主义的假设做了修改，成为现代西方就业理论的主流思想。该理论的关键在于工资黏性，即工资不能随需求变动而迅速调整，当有效需求减少时，社会不能用降低工资的办法来减少失业。因此，新凯恩斯主义也主张国家干预，但不同于传统凯恩斯主义，其干预政策更侧重于供给方面。例如，政府应采取措施降低劳动市场的进入门槛、干预工资合同以使工资富有弹性、向公众提供有效的劳动力市场信息以降低工作搜寻成本等，并且考虑到工资价格黏性的形成原因，认为政策的干预力度应该适中。

在信息不完备的市场环境下，就业理论需要解决的中心问题是寻找满足劳动力供求双方个体理性和利益相容的交易模式，因此莫滕森和皮萨里德斯的搜寻－匹配模型成为均衡失业的标准理论，其他学者在此基础上进行了拓展，使搜寻－匹配理论取得了迅速发展。现有的均衡搜寻理论文献可以划分为两类。一类是以劳动力市场动态属性和信息流动不完全性为基础解释摩擦性失业。其基本思想是，劳动力供求双方为完成匹配，不得不为市场摩擦付出搜寻、雇佣、培训等成本，这些成本决定了均衡失业水平。此类研究一方面集中于对匹配函数进行理论探讨，讨论其微观基础及其在宏观经济中的作用，并以经验数据估计匹配函数的具体形式和参数值；另一方面集中探讨工资的决定机制，对集体谈判、双层工资、内部人－外部人、效率工资等进行了拓展研究。另一类模型以劳动力市场的非合作博弈为前提，致力于解释与劳动者可观测的技能水平无关的工资差别现象。如波思泰尔－维内、罗宾的工资公告模型，认为引起工资差异的原因包括劳动者异质性、生产率异质性和市场摩擦。其实证研究表明，市场摩擦是工资分散的显著影响因素，技能差异可以很好地解释高技能劳动者的工资差异，但对低技能劳动者的工资差异没有解释力。这两类模型各有侧重，对两类模型的综合成为新趋势，莫滕森在匹配模型的框架下融入了工资公告的工资决定机制，认为高工资企业为避免工人流失，愿意为特定的匹配提供更高的成本，因此工资分散可使劳动者的生产率差异内生化。

对工资和就业差别的另一种解释是将社会偏好、阶级、性别、种族、人权、利益集团等非经济因素引入分析过程。最早是贝克尔依据歧视行为假设建立了分析模型，之后费尔普斯、伯格曼、桑纳托斯等对此理论进行了丰富。对歧视行为的一种解释是因信息不完全，企业难以精确判断工人劳动力水平，而性别、婚姻、人种、伦理及其他外在特征容易判别，因而成为企业决策的主要因素。另一种解释是，歧视是一种社会习俗，与经济结构关系具有相容性，当歧视行为居主流地位时，非歧视性行为会因违背社会规则而招致惩罚，因此歧视是有利可图的。随着反歧视法的问世，这些学者探讨了相关法案对就业和工资的影响。

上述不同经济学派是基于西方资本主义就业问题而生的，没有考虑不同国家、不同发展阶段、不同经济结构等因素对就业的影响，不考虑"世界经济一体化"对各国就业数量、种类、方式、效果等的"不一体化"影响，更不考虑就业的社会性质。

当代马克思主义经济学对马克思的观点进行了发展，认为失业现象存在的原因在于资本主义生产的阶级性需要用失业和不安全感鞭策工人、提高生产效率，因此企业所有者会制造"政治的商业周期"或"资本罢工"引发经济衰退，以达到提高失业率的目的。

在国际贸易下，进口商品必然引起本国生产规模的下降甚至停产，因此必然引起本国就业率的下降；同时，出口商品必然引起本国生产规模的上升，因此必然引起本国就业率的增加。因此就业率与贸易顺差、逆差有一定的关系。

在经济繁荣时期，失业率低，就业水平高；在经济萧条时期，就业水平低，失业率高。可见国民产出水平的提高和降低会直接影响就业率的上升或下降。奥肯定律描述了国民生产总值变化与失业率间的关系。

工资刚性理论认为，工资可以对劳动力供求的变化做出反应，但其调整过程是非常缓慢的，正是调整的缓慢才导致失业率的上升和下降，也影响就业率的变化。虽然经济理论认为工资感性的作用是被动的，主要原因是总需求不足。

通货膨胀率也影响着就业，菲利普斯曲线描述了通货膨胀率和失业率之间的相互关系。在短期内，通货膨胀率与失业率成反向关系，即低水平的失业率伴随着高水平的通货膨胀率。虽然在长期内，菲利普斯曲线表示它们不存在替代关系，但总体上通货膨胀率对就业率的影响是存在的。

4.1.2 价格

1. 价格的基本概念

价格是商品同货币交换比例的指数，是商品价值的货币表现。价格是商品的交换价值在流通过程中所取得的转化形式。在经济学中，价格是一项以货币为表现形式，为商品、服务及资产所订立的价值数字。资源在需求和供应者之间重新分配的过程中，价格是重要的变数之一。

价格是一种从属于价值并由价值决定的货币价值形式。价值的变动是价格变动的内在的、支配性的因素，是价格形成的基础。但是，由于商品的价格既是由商品本身的价值决定的，也是由货币本身的价值决定的，因而商品价格的变动不一定反映商品价值的变动。例如，当商品价值不变时，货币价值的变动会引起商品价格的变动；同样，商品价值的变动也并不一定就会引起商品价格的变动，如当商品价值和货币价值按同一方向发生相同比例变动时，商品价值的变动并不引起商品价格的变动。因此，商品的价格虽然是表现价值的，但是仍然存在着商品价格和商品价值变动不一致的情况。在简单商品经济条件下，商品价格随着市场供求关系的变动，直接围绕它的价值上下波动；在资本主义商品经济条件下，由于部门之间的竞争和利润的平均化，商品价值转化为生产价格，商品价格随着市场供求关系的变动，围绕生产价格上下波动。

2. 价格的职能

（1）标度职能。

标度职能即价格所具有的表现商品价值量的度量标记。在商品经济条件下，劳动时间是商品的内在价值尺度，而货币是商品内在价值尺度的外部表现形式。货币的价值尺度的作用是借助价格来实现的，价格承担了表现社会劳动耗费的职能，成为从观念上表现商品价值量大小的货币标记。

（2）调节职能。

调节职能即价格所具有的调整经济关系、调节经济活动的功能。由于商品的价格和价值经常存在不一致的情况，价格的每一次变动都会引起交换双方利益关系的转换，因而使价格成为有效的经济调节手段和经济杠杆。

（3）信息职能。

信息职能即价格变动可以向人们传递市场信息，反映供求关系变化状况，引导企业进行生产、经营决策。价格的信息职能是在商品交换过程中形成的，是市场上多种因素共同作用的结果。

（4）表价职能。

表价职能即价格表现商品价值的职能。表价职能是价格本质的反映，它用货币形式把商品内含的社会价值表现出来，从而使交换行为得以顺利实现，也向市场主体提供和传递了信息。商品交换和市场经济越发达，价格的表价职能越能得到充分体现，也越能显示出其重要性。

（5）核算职能。

核算职能是指通过价格对商品生产中企业乃至部门和整个国民经济的劳动投入进行核算、比较和分析的职能，它是以价格的表价职能为基础的。具体的劳动和不同商品的使用价值是不可综合的，也是不可进行比较的。价格的核算职能不仅为企业计算成本和核算盈亏创造了可能，而且也为社会劳动在不同产业部门、不同产品间进行合理分配提供了计算工具。

（6）分配职能。

分配职能是指对国民收入进行再分配的职能，是由价格的表价职能和调节职能派生出来的。国民收入再分配可以通过税收、保险、国家预算等手段实现，也可以通过价格这一经济杠杆来实现。当价格实现调节职能时，它同时也已承担了国民经济收入企业和部门间的再分配职能。

3. 价格弹性

所谓价格弹性，即需求量对价格的弹性，是指某一产品价格变动时，该种产品需求量相应变动的灵敏度。而价格弹性分析是应用弹性原理，就产品需求量对价格变动的反应程度进行分析、计算、预测、决策。价格弹性表明供求对价格变动的依存关系，反映价格变动所引起的供求的相应的变动率，即供给量和需求量对价格信息的敏感程度，又称供需价格弹性。商品本身的价格、消费者的收入、替代品价格，以及消费者的爱好等因素都会影响对商品消费的需求。价格弹性是指在这些因素保持不变的情况下，该商品本身价格的变动引起的需求数量的变动。在需求有弹性的情况下，降价会引起购买量的相应增加，从而使消费者对该商品的货币支出增加；反之，价格上升则会使消费者对该商品的货币支出减少。在需求弹性等于1的情况下，降价不会引起消费者对该商品的货币支出的变动。价格弹性取决于该商品的替代品的数目及其相关联（即可替代性）的程度、该商品在购买者预算中的重要性和该商品的用途等因素。价格弹性主要应用于企业的决策和政府的经济决策中。

弹性系数是指某一种产品销量发生变化的百分比与其价格变化百分比的比率，是衡量由于价格变动所引起数量变动的敏感度指标。当弹性系数为1时，销售量的上升和价格的下降幅度是相抵的。当弹性系数为0~1时，意味着价格上升使收益上升，而价格下降使收益下降，我们说这类物品的需求是相对缺乏弹性的，或者说价格不敏感。大多数食品的需求弹性是低的，而大多数奢侈品的需求弹性（如香水、高档服装等）都相对较高。弹性系数的计算公式为

$$\varepsilon = \frac{\Delta Q}{Q} \bigg/ \frac{\Delta P}{P} = \frac{P \cdot dQ}{Q \cdot dP}$$

4. 消费者价格指数

消费者价格指数（Consumer Price Index，CPI）是指衡量所选定的一揽子消费品购买价格的指数。消费者价格指数是由反映与居民生活有关的产品及劳务价格统计出来的物价变动指标，通常作为观察通货膨胀水平的重要指标。消费者价格指数追踪一定时期内的生活成本以计算通货膨胀。如果消费者价格指数升幅过大，表明通货膨胀已经成为经济不稳定因素，中央银行会有紧缩货币政策和财政政策的风险，从而造成经济前景不明朗。因此，该指数过高的升幅往往不被市场欢迎。

中国称消费者价格指数为居民消费价格指数。居民消费价格指数可按城乡分别编制城市居民消费价格指数和农村居民消费价格指数，也可按全社会编制中国居民消费价格总指数。

5. 价格的作用

价格是国民收入分配和再分配的工具。价格变动与财政收支相互影响，在社会主义制度下，两者的关系主要表现在：财政收支平衡是保持物价总水平稳定的基础。财政收支平衡，说明国家掌握的集中化资金来源与资金的需求、国家掌握的产品与产品的需求以及货币流通与商品流通是适应的，从而使整个社会经济运行正常，币值和物价能够保持基本稳定。市场物价稳定是财政收支、信贷收支、物资供需三者综合平衡的反映。财政赤字引发通货膨胀的根源在于用银行增发货币的办法来弥补国家财政亏空。由此引起信贷收支不平衡而被迫进行财政性的货币发行，从而使流通中的货币过多引起币值下跌和物价上涨。

财政与物价的关系也可以较为松散。当国家财政收支不平衡、出现较大赤字时，政府可以采取向居民借贷（即发行公债）的办法来弥补财政亏空，而不会导致市场物价的上涨。但是向居民借贷超过限度也会引起通货膨胀。国家调整价格会影响财政收支。一般说来，提高价格可以增加财政收入，有些国家的政府往往通过这种办法来弥补财政赤字。但有时也会出现相反情况。价格变动的幅度取决于人民群众的承受能力、企业的消化吸收能力和国家财政的负担能力。价格变动虽然不能直接增加或减少社会财富，却能够使纯收入在各部门之间发生转移，改变国民收入的分配比例。中国在1979年和1980年大幅度提高了农产品收购价格，显著地增加了农民收入，并刺激了农业生产的发展。但由于把国民收入增长额的绝大部分给了农民，国家财政收入增长缓慢，难以满足各方面对支出的增长需求，以致在上述两年发生了较大的财政赤字。财政给予价格补贴可以维持零售价格的稳定。国家有时规定某些工业品价格低于其生产成本，规定某些农副产品在国营商业的销售价格低于向农民收购时的价格，由此发生的政策性亏损由国家财政给予补贴。中国在1979—1990年多次调高粮食收购计划价格，粮食销售价格的稳定完全靠财政补贴维持。

6. 从知识的角度阐述价格作用

价格作为一种知识，体现了人们对商品价值的认知。通常来讲，一种商品的价格是由供给与需求共同决定的，供给曲线与需求曲线的交点即为商品价格的均衡点。借助于价格，可以不断地调整企业的生产经营决策，调节资源的配置方向，促进社会总供给和社会总需求的平衡。在市场上，借助于价格，可以直接向企业传递市场供求的信息，各企业根据市场价格信号组织生产经营。与此同时，价格的水平又决定着价值的实现程度，是市场上商品销售状况的重要标志。需求方面，一般在消费水平一定的情况下，市场上某种商品的价格越高，消费者对该商品的需求量就越小；反之，商品价格越低，消费者对它的需求量也就越大。而当市场上该商品的价格过高时，消费者也就可能做出少买或不买该商品，或者购买其他商品替代该商品的决定。因此，价格水平的变动起着改变消费者需求量、需求方向以及需求结构的作用。

7. 货币的时间价值

货币的时间价值是指货币经过一定时间的投资和再投资所增加的价值，又称为资金的时间价值。货币的时间价值不产生于生产与制造领域，产生于社会资金的流通领域。货币的时间价值认为当前拥有的货币比未来收到的同样金额的货币具有更大的价值，因为当前拥有的货币可以进行投资和获取复利。即使有通货膨胀的影响，只要存在投资机会，货币的现值就一定大于它的未来价值。

（1）单利计算。

本金在贷款期限中获得利息，不管时间多长，所生利息均不加入本金重复计算利息。涉及的相关概念有：①本金（P），又称期初额或现值；②利率（i），通常指每年利息与本金之比；③利息（I）；④本金与利息之和（S），又称本利和或终值；⑤时间（t）。

单利利息计算公式为

$$I = Pit \tag{4-1}$$

例：某企业有一张带息期票，面额为 1200 元，票面利率为 4%，出票日期 6 月 15 日，8 月 14 日到期（共 60 天），则到期时利息为：$I = 1200 \times 4\% \times 60/360$ 元 = 8 元，终值计算：$S = P + Pit$，现值计算：$P = S - I$。

（2）复利计算。

每经过一个计息期，要将所生利息加入本金再计利息，逐期滚算，俗称"利滚利"。

1）复利终值。

$$S = P(1+i)^t \tag{4-2}$$

$(1+i)^t$ 为复利终值系数或 1 元的复利终值，用（$S/P, i, t$）表示。

2）复利现值。

$$P = S \frac{1}{(1+i)^t} \tag{4-3}$$

$(1+i)^{-t}$ 为复利现值系数或 1 元的复利现值，用（$P/S, i, t$）表示。

3）复利利息。

$$I = S - P \tag{4-4}$$

4）名义利率与实际利率。复利的计息期不一定总是一年，有可能是季度、月、日。当利息在一年内要复利几次时，给出的年利率称为名义利率。

例：本金 1000 元，投资 5 年，年利率 8%，每年复利一次，其本利和与复利利息为

$$S = 1000 \times (1+8\%)^5 \text{ 元} = 1000 \times 1.469 \text{ 元} = 1469 \text{ 元}$$

$$I = (1469 - 1000) \text{ 元} = 469 \text{ 元}$$

如果每季复利一次，每季度利率＝8%÷4＝2%，复利次数＝5×4＝20，$S=1000×(1+2\%)^{20}$元＝1000×1.486元＝1486元，$I=(1486-1000)$元＝486元。

当一年内复利几次时，实际得到的利息要比按名义利率计算的利息高。

上例中，$S=P(1+i)^t$，1486元＝1000元×$(1+i)^5$，$(1+i)^5=1.486$，即$(S/P,i,t)=1.486$。

查相关表格可得：$(S/P,8\%,5)=1.469$，$(S/P,9\%,5)=1.538$。

8. 货币时间价值产生的原因

（1）货币时间价值是资源稀缺性的体现。

经济和社会的发展要消耗社会资源，现有的社会资源构成现存社会财富，利用这些社会资源创造出来的物质和文化产品构成了将来的社会财富。由于社会资源具有稀缺性特征，又能够带来更多社会产品，所以当前物品的效用要高于未来物品的效用。在货币经济条件下，货币是商品的价值体现，当前的货币用于支配当前的商品，将来的货币用于支配将来的商品，所以当前货币的价值自然高于未来货币的价值。市场利息率是对平均经济增长和社会资源稀缺性的反映，也是衡量货币时间价值的标准。

（2）货币时间价值是信用货币制度下流通中货币的固有特征。

在当前的信用货币制度下，流通中的货币是由中央银行基础货币和商业银行体系派生存款共同构成的，由于信用货币有增加的趋势，所以货币贬值、通货膨胀成为一种普遍现象，现有货币也总是在价值上高于未来货币。市场利息率是可贷资金状况和通货膨胀水平的反映，反映了货币价值随时间的推移而不断降低的程度。

（3）货币时间价值是人们认知心理的反映。

由于认识上的局限性，人们总是对现存事物的感知能力较强，而对未来事物的认识较模糊，结果就是人们普遍存在一种比较重视当下而忽视未来的心理，当前的货币能够支配当前的商品满足人们现实的需要，而将来的货币只能支配将来的商品满足人们将来的不确定的需要，所以当前的单位货币价值要高于未来的单位货币价值，为了让人们放弃当前货币及其价值，必须付出一定代价，利息率便是这一代价。

9. 利率

利率就其表现形式来说，是指一定时期内利息额同借贷资本总额的比率。利率是单位货币在单位时间内的利息水平，表明利息的多少。利率是调节货币政策的重要工具，亦用以控制投资、通货膨胀及失业率等，继而影响经济增长。利率通常由国家的中央银行控制，所有国家都把利率作为宏观经济调控的重要工具之一。

利率是经济学中一个重要的金融变量，几乎所有的金融现象、金融资产均与利率有着或多或少的联系。当经济过热、通货膨胀上升时，便提高利率、收紧信贷；当过热的经济和通货膨胀得到控制时，便会把利率适当调低。因此，利率是重要的基本经济因素之一。当前，世界各国频繁运用利率杠杆实施宏观调控，利率政策已成为各国中央银行调控货币供求,进而调控经济的主要手段,利率政策在中央银行货币政策中的地位越来越重要。

根据与通货膨胀的关系,利率分为名义利率和实际利率两种。名义利率是指没有剔除通货膨胀因素的利率,即借款合同或单据上标明的利率。实际利率是指已经剔除通货膨胀因素后的利率。

根据确定方式不同,利率分为市场利率和法定利率两种。市场利率是指由资金市场上供求关系决定的利率。市场利率因受到资金市场上的供求变化而经常变化。在市场机制发挥作用的情况下,由于自由竞争,信贷资金的供求会逐渐趋于平衡,经济学家将这种状态的市场利率称为"均衡利率"。与市场利率对应的是法定利率,法定利率是指由货币当局规定的利率。货币当局可以是国家中央银行,也可以是具有实际金融管理职能的政府部门。

根据国家政策意向不同,利率分为一般利率和优惠利率两种。一般利率是指在不享受任何优惠条件下的利率。优惠利率是指对某些部门、行业、个人所制定的利率优惠政策。

根据银行业务要求不同,利率分为存款利率和贷款利率两种。存款利率是指在金融机构存款所获得的利息与本金的比率。贷款利率是指从金融机构贷款所支付的利息与本金的比率。

根据与市场利率供求关系,利率分为固定利率和浮动利率两种。

银行合理利率的计算模型及其分析如下:

国内生产总值名义值 = 国内生产总值实际值(V) ×物价总指数(P)

根据数据,首先构造国内生产总值实际值与固定资本及劳动之间的生产函数关系:

$$V = AK^a L^{1-a} \qquad (4-5)$$

式中,V 为国内生产总值;K 为全社会固定资本存量;L 为全社会从业人员;A,a 为参数。在不考虑技术进步时,可以认为 A、a 为正常数。应当指出,一个效用函数在某一特定时刻只有一种,而且很难用数学公式完全准确地表达出来。以上的效用函数仅是一个效用函数的近似表达式,还需在实践中不断完善。

由式(4-5)计算出的值与实际有一定的偏差,误差率为 0.01567~0.109912,属于正常范围。

银行利率的计算与租金的计算有着直接的联系,因此我们首先需要求出租金的计算公式。所谓资本的租金,是指如果一个人拥有资本 K,并将它租给生产者使用,生产者应给他 RK 的租金。由于折旧率为 δ,资本折旧为 δK,那么资本收益或回报为 $RK - \delta K$。可定义资本收益率或回报率为:资本收益率或回报率 r = 资本收益或回报/资本,即

$$r = (RK - \delta K)/K = R - \delta \qquad (4-6)$$

但由于资本回报中有相当一部分要缴纳各种税收,所以将钱存入银行所得的利率

$i<r$，设资本回报 rK 中要征收一定的税作为公共投资，征收的各种税费占国内生产总值合理比例为 p，即征税总额为 pV。在这里要考虑到误差的存在，设误差系数为 b，在征完税费之后为资本应得回报 $rK-pVb$。它与资本 K 之比可以理解为银行利率 i 的合理位置，因此有如下公式：

$$i = (rK - pVb)/K = r - p(V/K)b \qquad (4-7)$$

注意到 $r = R - \delta$，因此式（4-7）可以记为

$$i = R - \delta - p(V/K)b \qquad (4-8)$$

在单部门模型中，设折旧率 $\delta = 0.1$，b 是误差系数。从式（4-8）可以看出，利率的大小与 V/K、p、R 有关。

在 2008 年金融危机之后，所有的政府都成为凯恩斯主义者，不遗余力地进行宏观调控。但是，各国由于经济结构不同在这一轮调控中的利率政策又有所不同。

美国在 2008 年 12 月将联邦基金利率目标史无前例地定为 0~0.25%，也就是我们通常所说的零利率。欧洲中央银行在 2009 年 4 月降息至 0.25%；但是在经济复苏后，由于通货膨胀压力，又在 2011 年 4 月及 7 月两次将利率上调到 0.75%，2020 年年底利率为 0。而美联储兼顾通货膨胀及就业，2020 年年底利率为 0.25%。

以澳大利亚为代表的资源国的利率政策又有所不同。这些国家的经济受资源类商品如铁矿石等的影响较大。当经济危机造成全球经济下滑时，澳大利亚中央银行将基准利率从 2008 年 3 月 7.25% 的高点迅速降到 3%。但是，随着经济的复苏及流动性泛滥的影响，大宗商品需求强劲，澳大利亚开始出现通货膨胀压力，于是也开始加息，2012 年利率上调至 5% 左右后又逐年下调，2020 年年底为 0.1%。

以中国为代表的一些发展中国家，对出口有较强的依赖性，并且是大宗商品的消费国。这样，在经济衰退时，由于外需下滑，经济受到冲击，所以同样采取宽松的货币政策，包括降息。但是，在资源价格上涨时，又形成通货膨胀压力，而被迫采取紧缩政策，包括加息。

以上所述都是政府的政策利率，即基准利率，是政府可以操控的。其他的由市场交易形成的利率，如利率曲线上的长期利率等则是由市场对各种经济指标的预测而形成的，各国情况又有所不同。

10. 从知识角度对利率进行阐述

利率作为一种知识，体现了人们对一定时间内通过储蓄方式获得利息数额的认识。一方面，人们根据利率的变化来决定投资和储蓄。当利率升高时，投资成本升高，投资减少，储蓄所能带来的利息升高，储蓄意愿增加，反之亦然。另一方面，利率也决定了企业的成本。这里不仅指存款利率，还涉及贷款利率。通常，存款利率对企业的成本影响较小，因为存款利息收入一般占企业总收入的比重较小。而贷款利率决定了企业的融资成本，在一定程度上会影响企业的决策。

4.1.3 通货膨胀

1. 通货膨胀的基本概念

通货膨胀（Inflation）指因货币供给大于货币实际需求，即现实购买力大于产出供给，导致货币贬值而引起的一段时间内物价持续而普遍上涨的现象。其实质是社会总需求大于社会总供给。纸币、含金量低的铸币、信用货币，过度发行都会导致通货膨胀。

2. 通货膨胀产生的原因

纸币是由国家发行并强制流通的价值符号，在货币流通的条件下，如果纸币的发行量超过了流通中实际需要的数量，多余的部分继续在流通中流转，就会造成通货膨胀。造成通货膨胀的直接原因是国家货币发行量的增加。政府通常为了弥补财政赤字或刺激经济增长（如 2008 年四万亿经济刺激计划）或平衡汇率（如中国的输入型通货膨胀）等原因增发货币。此外，通货膨胀可能会造成社会财富转移到富人阶层，但一般情况下的通货膨胀都是国家为了有效影响宏观经济运行而采取措施无法避免的后果。许多经济学家认为，温和良性的通货膨胀有利于经济的发展。

出现通货膨胀与以下原因有关。

（1）需求拉动。

需求拉动的通货膨胀是指总需求过度增长所引起的通货膨胀，即"太多的货币追逐太少的货物"，按照凯恩斯的解释，如果总需求上升到大于总供给的地步，过度的需求能引起物价水平的普遍上升。所以，使总需求增加的任何因素都可以是造成需求拉动的通货膨胀的具体原因。

（2）成本推进。

成本或供给方面的原因形成的通货膨胀，即成本推进的通货膨胀又称为供给型通货膨胀，是由厂商生产成本增加而引起的一般价格总水平的上涨。造成成本向上移动的原因大致有：工资过度上涨、利润过度增加、进口商品价格上涨。

1）工资推进的通货膨胀。工资推进的通货膨胀是工资过度上涨所造成的成本增加而推动价格总水平上涨，工资是生产成本的主要部分。工资上涨使得生产成本增长，在既定的价格水平下，厂商愿意并且能够供给的数量减少，从而使得总供给曲线向左上方移动。

在完全竞争的劳动市场上，工资率完全由劳动的供求均衡所决定，但是在现实经济中，劳动市场往往是不完全的，强大的工会组织的存在往往可以使工资过度增加，如果工资增加超过了劳动生产率的提高，则提高工资就会导致成本增加，从而导致一般价格总水平上涨，而且这种通货膨胀一旦开始，还会引起"工资—物价螺旋式上升"，工资和物价互相推动，形成严重的通货膨胀。工资的上升往往从个别部门开始，最后引起其他部门攀比。

2）利润推进的通货膨胀。利润推进的通货膨胀是指厂商为谋求更大的利润导致的一般价格总水平的上涨，与工资推进的通货膨胀一样，具有市场支配力的垄断和寡头厂商也可以通过提高产品的价格而获得更高的利润，与完全竞争市场相比，不完全竞争市场上的厂商可以减少生产数量而提高价格，以便获得更多的利润，为此厂商都试图成为垄断者。结果导致价格总水平上涨。

3）进口成本推进的通货膨胀。造成成本推进的通货膨胀的另一个重要原因是进口商品的价格上升，如果一个国家生产所需要的原材料主要依赖于进口，那么进口商品的价格上升就会造成成本推进的通货膨胀，其形成的过程与工资推进的通货膨胀是一样的。

4）混合作用。在实际中，造成通货膨胀的原因并不是单一的，因各种原因同时推进的价格水平上涨，即为供求混合推进的通货膨胀。假设通货膨胀是由需求拉动开始的，即过度的需求增加导致价格总水平上涨，价格总水平的上涨又成为工资上涨的理由，工资上涨又形成成本推进的通货膨胀。

5）预期和惯性。在实际运行中，一旦形成通货膨胀，便会持续一段时期，这种现象被称为通货膨胀惯性，对通货膨胀惯性的一种解释是人们对通货膨胀做出的相应预期。预期是人们对未来经济变量做出的一种估计，预期往往会根据过去的通货膨胀的经验和对未来经济形势的判断，做出对未来通货膨胀走势的判断和估计，从而形成对通货膨胀的预期。预期对人们的经济行为有重要的影响，人们对通货膨胀的预期会导致通货膨胀具有惯性。

3. 通货膨胀的表现形式

一般来说，通货膨胀必然引起物价上涨，但不能说凡是物价上涨都是通货膨胀。影响物价上涨的因素是多方面的。

1）纸币的发行量必须以流通中所需要的数量为限度，如果纸币发行过多，引起纸币贬值，物价就会上涨。

2）商品价格与商品价值成正比，商品价值量增加，商品的价格就会上涨。

3）价格受供求关系影响，商品供不应求时，价格就会上涨。

4）政策性调整，理顺价格关系会引起上涨。

5）商品流通不畅，市场管理不善，乱收费、乱罚款，也会引起商品价格的上涨。可见，只有在物价上涨是因纸币发行过多而引起的情况下，才是通货膨胀。

4. 相关理论研究

（1）货币主义。

对于通货膨胀最广为人知也最直接的理论是：通货膨胀导因于货币供给率高于经济规模增长。此说主张以比较 GDP 平减指数与货币供给增长来进行测量，并由中央银行设定利率来维持货币数量。此观点更注重货币数量而非实质。在货币主义架构下，货币的聚集是重点所在。

（2）新凯恩斯主义。

依据新凯恩斯主义之说，通货膨胀有三种主要的形式，是 Robert J. Gordon 所说的"三角模型"的一部分。

1）需求拉动通货膨胀（Demand-pull Inflation）。通货膨胀发生于因 GDP 所产生的高需求与低失业率，又称菲利普斯曲线型通货膨胀。

2）成本推动通货膨胀（Cost-push Inflation）。今称供给震荡型通货膨胀（Supply Shock Inflation），发生于油价突然提高时。

3）固有型通货膨胀（Built-in Inflation）。因合理预期所引起，通常与物价/薪资螺旋（Price/Wage Spiral）有关。工人希望持续提高薪资，其费用传递至产品成本与价格，形成恶性循环。固有型通货膨胀反映已发生的事件，被视为残留型通货膨胀，又称惯性通货膨胀，甚至是"结构性通货膨胀"。

上述三种通货膨胀可随时合并解释现行的通货膨胀率。然而，大多时候前两种形态的通货膨胀（及其实际的通货膨胀率）会影响固有型通货膨胀的大小：持续性的高（或低）通货膨胀带动提高（或降低）固有型通货膨胀。三角模型中有两项基本元素：①沿着菲利普斯曲线移动，如低失业率刺激通货膨胀升高；②转移其曲线，如通货膨胀升高或降低对失业率的影响。

（3）供给面学说。

供给面（Supply Side）学说假定通货膨胀一定由资金供给过剩与资金需求不足所引起。对这两个因素而言，资金数量纯粹只是标的物。于是，欧洲于中世纪的黑死病流行期间所发生的通货膨胀，可视为因资金需求降低所引起；而 20 世纪 70 年代的通货膨胀可归因于美国脱离布雷顿森林体系所订立的金本位后所产生的资金供给过剩。供给学派假定，资金供给与需求同时提高时，不会导致通货膨胀。

（4）经济学解释。

在经济学中，通货膨胀意指整体物价水平持续性上升。一般性通货膨胀为货币贬值或购买力下降，而货币贬值为两经济体之间币值相对性降低。后者用于形容全国性的币值，而前者用于形容国际市场上的附加价值。两者的相关性为经济学中的争议之一。通货膨胀的反义为通货紧缩。无通货膨胀或极低度通货膨胀称为稳定性物价。在某些场合中，通货膨胀一词意为提高货币供给，此举有时会造成物价上涨。一些（奥地利学派）学者依旧使用通货膨胀一词形容此种情况，而非物价上涨本身。有些观察家将美国 20 世纪 20 年代的情况称为"通货膨胀"，即使当时的物价完全没有上涨。以下所述，除非特别指明，否则"通货膨胀"一词意指一般性的物价上涨。通货膨胀的反义可为"通货再膨胀"，即在通货紧缩的情况下物价上涨，或紧缩的程度降低。也就是说，一般物价水平虽然下降，但幅度缩小。相关词为"通货膨胀率减缓"，即通货膨胀上升速率减缓，但不足以造成通货紧缩。部分学者认为，中文"通货膨胀"一词字面上容易给人通货本身价值增加的联想,建议改称"物价膨胀",但并未广获使用。

5. 从知识角度进行阐述

金融体系视通货膨胀的"潜在风险"为高于储蓄累积财富的基本投资诱因。换言之,通货膨胀是市场对金钱的时间价值的表述。也就是说,因为今天的一元较明年的一元更具价值,所以未来的资本价值在经济学中有所扣减。此种观点视通货膨胀为对未来资本价值的不确定性。

对低阶层者而言,通货膨胀通常会提高由经济活动之前的贴现所产生的负面影响。通货膨胀通常导因于政府提高货币供给政策。政府对通货膨胀的所能进行的影响是对停滞的资金课税。通货膨胀升高时,政府提高对停滞资金的税负以刺激消费与借支,既提高了资金的流动速度,又增强了通货膨胀,形成恶性循环。在极端的情形下会形成恶性通货膨胀(Hyper Inflation),增强不确定性可能会打击投资与储蓄。

痛苦指数于20世纪70年代发表,代表令人不快的经济状况,等于通货膨胀与失业率总和,表示一般大众对相同升幅的通货膨胀率与失业率感受到相同程度的不愉快。现代经济学家不同意以完全负面的"痛苦"一词来形容上述通货膨胀的负面冲击。实际上,经济学家中有许多认为公众对温和通货膨胀的成见是来自其相互影响:人们只记得在高通货膨胀时期相关的经济困难状况。以现代经济学家的观点来说,温和的通货膨胀是较不重要的经济问题,可由对抗滞胀(Stagflation)(可能由货币主义所刺激)来进行部分中止。

许多经济学家(特别是在日本)曾鼓吹以较高的通货膨胀作为经济衰退的一个解决方案。所有对通货膨胀的调查都显示出新古典经济学派学者与一般大众对温和通货膨胀所造成的损害有歧见:公众仍然认为其损害剧烈,而财政型经济学者视其损害为微不足道,许多学者甚至说一点伤害也没有。因通货膨胀具有重分配的性质,反对承受通货膨胀重负的意见居于下风。因为资本利得税为名目数额,所以通货膨胀被主张为与"富人税"一样重要,而低度通货膨胀的社会会倾向于财富凝结。

4.1.4 国内生产总值

第二次世界大战结束后,美国决定为欧洲提供经济援助,并在巴黎设立了欧洲经合组织,负责监管资金花费情况,并确保这笔资金能帮助欧洲走向繁荣。美国的规划师认为,评估欧洲富裕(贫穷)程度的最好办法便是计算国内生产总值(Gross Domestic Product,GDP)。GDP就这样成了国家繁荣程度的代名词。

GDP概念诞生于1934年,哈佛大学经济学家西蒙·史密斯·库兹涅茨给美国国会的报告中,正式提出GDP的概念。

1944年,美国召开了布雷顿森林会议。会议宣布了两大世界级经济机构的成立:国际复兴开发银行(世界银行)和国际货币基金组织,同时会议还确定了美元成为世界流通货币,即布雷顿森林体系。把 GDP 作为衡量一个国家经济总量的主要统计工具。

下面讲两个关于 GDP 的故事。

故事 1:增加的 GDP。两个经济学专业的学生走在路上,然后看到路边有一坨屎,A 对 B 说:"你把这坨屎吃了,我就给你 5000 万元。"B 为了钱毫不犹豫地吃了一坨屎,A 也爽快地掏出了 5000 万元的支票给 B。他们继续走着,但是心里都有了一个疙瘩。A 心想他吃了一坨屎,我就给了他 5000 万元,真不值。B 心里想,我吃了一坨屎,才拿到 5000 万元,真不值。突然路边又出现了一坨屎。于是 B 要报复 A 说道:"你把这坨屎吃了,我就还你 5000 万元。"A 看到有这么一个机会可以弥补损失,于是也毫不犹豫地吃了。但是两个人回过头来想想又觉得不对,两个人什么都没得到,却一人吃了一坨屎。于是他们把这个笑话告诉了他们的经济学导师,导师激动地喊道:"天哪!你们知道刚才做了什么吗?就在刚才你们创造了 1 亿元的 GDP 啊!"

故事 2:减少的 GDP。一位经济学老教授一直单身,雇了一位保姆照顾自己,给她月薪 3000 元。然后,日久生情,他们在某天领了结婚证,成为合法夫妻。老教授在新婚第一个月结束时发现,因为领结婚证这件事,国家的 GDP 减少了近 4 万元。

那么 GDP 到底是什么?

GDP 从价值构成上看,是一国范围内各生产单位当期增加值的总和;从实物构成上看,GDP 是一定时期一国范围内各生产单位所生产的最终产品的价值总和。

GDP 是指按国家市场价格计算的一个国家(或地区)所有常驻单位在一定时期内生产活动的最终成果,常被公认为是衡量国家经济状况的最佳指标。GDP 是核算体系中一个重要的综合性统计指标,也是我国新国民经济核算体系中的核心指标,它反映了一国(或地区)的经济实力和市场规模。

GDP 有三种表现形态,即价值形态、收入形态和产品形态。从价值形态看,它是所有常驻单位在一定时期内生产的全部货物和服务价值超过同期投入的全部非固定资产货物和服务价值的差额,即所有常驻单位的增加值之和;从收入形态看,它是所有常驻单位在一定时期内创造并分配给常驻单位和非常驻单位的初次收入之和;从产品形态看,它是所有常驻单位在一定时期内所出产的最终使用的货物和服务价值减去货物和服务进口价值。在实际核算中,GDP 有三种计算方法,即生产法、收入法和支出法。这三种方法分别从不同方面反映 GDP 及其构成,理论上计算结果相同。

第一,GDP 是用最终产品和服务来计量的,即最终产品和服务在该时期的最终出售价值。一般根据产品的实际用途,可以把产品分为中间产品和最终产品。所谓最终产品,是指在一定时期内生产的可供人们直接消费或者使用的物品和服务。这部分产品已经到达生产的最后阶段,不能再作为原料或半成品投入其他产品和劳务的生产过程中去,如消费品、资本品等,一般在最终消费品市场上进行销售。中间产品是指为了再加工或者转卖用于供别种产品生产使用的物品和劳务,如原材料、燃料等。GDP 必须按当期最终产品计算,中间产品不能计入,否则会造成重复计算。

第二,GDP 是一个市场价值的概念。各种最终产品的市场价值是在市场上达成交换的价值,都是用货币来加以衡量的,通过市场交换体现出来。一种产品的市场价值就是用这种最终产品的单价乘其产量获得的。

第三,GDP 一般仅指市场活动导致的价值。那些非生产性活动以及"地下交易"、黑市交易等不计入 GDP 中,如家务劳动、自给自足性生产、赌博和毒品的非法交易等。

第四,GDP 是计算期内生产的最终产品价值,因而是流量而不是存量。

第五,GDP 不是实实在在流通的财富,它只是用标准的货币平均值来表示财富的多少。生产出来的东西能不能完全转化成流通的财富,具有不确定性。

4.2 国民财富的内化

当我们拿起刀来,试图将国民收入这块蛋糕在穷人和富人之间做平均分配时,整个蛋糕却忽然变小了。

对于国民财富,一方面想通过外化了解其现状和发展趋势;另一方面,在国家与国家之间的交往中,却是尽量让其内化为隐性知识。于是国家对外的一些指标成为国家财富内化的指标。

4.2.1 汇率

1. 汇率的基本概念

汇率亦称"外汇行市"或"汇价",是一国货币兑换另一国货币的比率,是以一种货币表示另一种货币的价格。由于世界各国货币的名称不同,币值不一,所以一国货币对其他国家的货币要规定一个兑换率,即汇率。从短期来看,一国的汇率由对该国货币兑换外币的需求和供给所决定。外国人购买本国商品、在本国投资以及利用本国货币进行投机会影响本国货币的需求。本国居民想购买外国产品、向外国投资以及外汇投机会影响本国货币的供给。从长期来看,影响汇率的主要因素有相对价格水平、关税和限额、对本国商品相对于外国商品的偏好以及生产率。

2. 汇率的种类

(1) 按国际货币制度的演变划分,汇率分为固定汇率和浮动汇率。

1) 固定汇率是指由政府制定和公布,并只能在一定幅度内波动的汇率。

2) 浮动汇率是指由市场供求关系决定的汇率。其涨落基本自由,一国货币市场原则上没有维持汇率水平的义务,但必要时可进行干预。

(2) 按制定汇率的方法划分，汇率分为基本汇率和套算汇率。

1) 基本汇率。各国在制定汇率时必须选择某一国货币作为主要对比对象，这种货币称为关键货币。根据本国货币与关键货币实际价值的对比，制定出对它的汇率，该汇率就是基本汇率。一般美元是国际支付中使用较多的货币，各国都把美元当作制定汇率的主要货币，常把对美元的汇率作为基本汇率。

2) 套算汇率是指各国按照对美元的基本汇率套算出的直接反映其他货币之间价值比率的汇率。

(3) 按银行买卖外汇的角度划分，汇率分为买入汇率、卖出汇率、中间汇率和现钞汇率。

1) 买入汇率。也称买入价，即银行向同业或客户买入外汇时所使用的汇率。采用直接标价法时，外币折合本币数较少的那个汇率是买入价，采用间接标价法时则相反。

2) 卖出汇率。也称卖出价，即银行向同业或客户卖出外汇时所使用的汇率。采用直接标价法时，外币折合本币数较多的那个汇率是卖出价，采用间接标价法时则相反。

买入卖出之间有个差价，这个差价是银行买卖外汇的收益，一般为1%~5%。银行同业之间买卖外汇时使用的买入汇率和卖出汇率也称同业买卖汇率，实际上是外汇市场买卖价。

3) 中间汇率是买入价与卖出价的平均数。西方媒体报道汇率消息时常用中间汇率，套算汇率也用有关货币的中间汇率套算得出。

4) 现钞汇率。一般国家都规定，不允许外国货币在本国流通，只有将外币兑换成本国货币，才能够购买本国的商品和劳务，因此产生了买卖外汇现钞的兑换率，即现钞汇率。按理现钞汇率应与外汇汇率相同，但因需要把外币现钞运到各发行国去，由于运送外币现钞要花费一定的运费和保险费，因此银行在收兑外币现钞时的汇率通常要高于外汇买入汇率；而银行卖出外币现钞时使用的汇率则高于其他外汇卖出汇率。

(4) 按银行外汇付汇方式划分，汇率分为电汇汇率、信汇汇率和票汇汇率。

1) 电汇汇率。电汇汇率是经营外汇业务的本国银行在卖出外汇后，即以电报委托其国外分支机构或代理行付款给收款人所使用的一种汇率。由于电汇付款快，银行无法占用客户资金头寸，同时国际电报费用较高，所以电汇汇率比一般汇率高。但是电汇调拨资金速度快，有利于加速国际资金周转，因此电汇在外汇交易中占有较大的比重。

2) 信汇汇率。信汇汇率是银行开具付款委托书，用信函方式通过邮局寄给付款地银行转付收款人所使用的一种汇率。由于付款委托书的邮递需要一定的时间，银行在这段时间内可以占用客户的资金，因此信汇汇率比电汇汇率低。

3) 票汇汇率。票汇汇率是指银行在卖出外汇时，开立一张由其国外分支机构或代理行付款的汇票交给汇款人，由其自带或寄往国外取款所使用的汇率。由于票汇从卖出外汇到支付外汇有一段间隔时间，银行可以在这段时间内占用客户的头寸，所以票汇汇率一般比电汇汇率低。票汇有短期票汇和长期票汇之分，其汇率也不同。由于银行能更长时间运用客户资金，所以长期票汇汇率比短期票汇汇率低。

（5）按外汇交易交割期限划分，汇率分为即期汇率和远期汇率。

1）即期汇率。也称现汇汇率，是指买卖外汇双方成交当天或两天以内进行交割的汇率。

2）远期汇率。远期汇率是在未来一定时期内进行交割，事先由买卖双方签订合同、达成协议的汇率。到了交割日期，由协议双方按预订的汇率、金额进行钱汇两清。远期外汇买卖是一种预约性交易，是由于外汇购买者对外汇资金需要的时间不同，以及为了避免外汇汇率变动风险而产生的。远期外汇的汇率与即期汇率相比是有差额的。这种差额称为远期差价，有升水、贴水、平价三种情况，升水表示远期汇率比即期汇率高，贴水表示远期汇率比即期汇率低，平价表示两者相等。

（6）按对外汇管理的宽严区分，汇率分为官方汇率和市场汇率。

1）官方汇率是指国家机构（财政部、中央银行或外汇管理局）公布的汇率。官方汇率又可分为单一汇率和多重汇率。多重汇率是一国政府对本国货币规定的一种以上的对外汇率，是外汇管制的一种特殊形式。其目的在于奖励出口限制进口，限制资本的流入或流出，以改善国际收支状况。

2）市场汇率是指在自由外汇市场上买卖外汇的实际汇率。在外汇管理较松的国家，官方宣布的汇率往往只起中心汇率作用，实际外汇交易则按市场汇率进行。

（7）按银行营业时间划分，汇率分为开盘汇率和收盘汇率。

1）开盘汇率。又称开盘价，是外汇银行在一个营业日刚开始营业时进行外汇买卖使用的汇率。

2）收盘汇率。又称收盘价，是外汇银行在一个营业日的外汇交易终了时使用的汇率。

3. 汇率的标价方法

（1）直接标价法。

直接标价法又称应付标价法，是以一定单位（1、100、1000、10000）的外国货币为标准来计算应付出多少单位本国货币。相当于计算购买一定单位外币所应付多少本币，所以称为应付标价法。在国际外汇市场中，包括中国在内的世界上绝大多数国家都采用直接标价法。如美元兑日元汇率为104.99，即1美元兑104.99日元。

在直接标价法下，若一定单位的外币折合的本币数额多于前期，则说明外币币值上升或本币币值下跌，称为外汇汇率上升；反之，如果要用比原来较少的本币即能兑换到同一数额的外币，这说明外币币值下跌或本币币值上升，称为外汇汇率下跌，即外币的价值与汇率的涨跌成正比。直接标价法与商品的买卖常识相似，例如美元的直接标价法是把美元外汇作为买卖的商品，以美元为1单位，且单位是不变的，而作为货币一方的人民币是变化的。一般商品的买卖也是如此，如500元买进一件衣服，550

元卖出去，赚了50元，商品没变，而货币却增加了。

（2）间接标价法。

间接标价法又称应收标价法。它是以一定单位（如1个单位）的本国货币为标准来计算应收若干单位的外汇货币。在国际外汇市场中，欧元、英镑、澳元等均为间接标价法。如欧元兑美元汇率为1.21，即1欧元兑1.21美元。在间接标价法中，本国货币的数额保持不变，外国货币的数额随着本国货币币值的变化而变化。如果一定数额的本币能兑换的外币数额比前期少，这表明外币币值上升，本币币值下降，即外汇汇率下跌；反之，如果一定数额的本币能兑换的外币数额比前期多，则说明外币币值下降，本币币值上升，即外汇汇率上升，外汇的价值和汇率的升跌成反比。因此，间接标价法与直接标价法相反。

直接标价法和间接标价法所表示的汇率涨跌的含义正好相反，所以在引用某种货币的汇率和说明其汇率高低涨跌时，必须明确采用哪种标价方法，以免混淆。

4. 影响汇率的因素

（1）国际收支。

最重要的影响因素是国际收支情况。如果一国国际收支为顺差，则外汇收入大于外汇支出，外汇储备增加，该国对外汇的供给大于对外汇的需求，同时外国对该国货币需求增加，则该国外汇汇率下降，本币对外升值；如果为逆差，则相反。

需要注意的是，美国的巨额贸易逆差不断增加，但美元却保持长期的强势，这是很特殊的情况，也是许多专业人士研讨的课题。

（2）通货膨胀率。

任何一个国家都有通货膨胀，如果本国通货膨胀率相较于外国高，则本国货币对外贬值，外汇汇率上升。

（3）利率。

利率水平对于外汇汇率的影响是通过不同国家的利率水平的不同，促使短期资金流动导致外汇需求变动。如果一国利率提高，外国对于该国货币需求增加，该国货币升值，则其汇率上升。当然利率影响的资本流动是需要考虑远期汇率的影响，只有当利率变动抵消未来汇率不变并仍有足够的好处时，资本才能在国际流动。

（4）经济增长率。

如果一国为高经济增长率，则该国货币汇率高。

（5）财政赤字。

如果一国的财政预算出现巨额赤字，则其货币汇率将下降。

（6）外汇储备。

如果一国外汇储备高，则该国货币汇率将升高。

（7）投资者的心理预期。

投资者的心理预期在目前的国际金融市场上表现得尤为突出。汇兑心理学认为外汇汇率是外汇供求双方对货币主观心理评价的集中体现。评价高、信心强，则货币升值。这一理论在解释无数短线或极短线的汇率波动时起到了至关重要的作用。

（8）各国汇率政策对经济的影响。

1）汇率对进出口的影响。汇率上升（直接标价法），能起到促进出口、抑制进口的作用。

2）汇率对物价的影响。汇率下降会引起国内价格总水平的提高，汇率提高起到抑制通货膨胀的作用。

3）汇率对资本流动的影响。汇率对长期资本流动影响较小。从短期来看，货币贬值，有利于资本流出；货币升值，有利于资本流入。

5. 从知识角度进行阐述

我们从下面"免费喝啤酒"的故事中可以看到汇率背后的知识。

故事发生在美国和墨西哥边界的小镇上。一位游客在墨西哥一边的小镇上，用0.1比索买了一杯啤酒，他付了1比索，找回0.9比索。他到美国一边的小镇上，发现美元和比索的汇率是1美元兑换0.9比索。他把剩下的0.9比索兑换了1美元，用0.1美元买了一杯啤酒，找回0.9美元。回到墨西哥的小镇上，他发现比索和美元的汇率是1比索兑换0.9美元。于是，他把0.9美元兑换了1比索，又买了啤酒喝。这样他在两个小镇上喝来喝去，总还是有1美元或1比索。换言之，他喝到了"免费啤酒"。

这位游客能在两国不断地喝到免费啤酒，在于这两国的汇率是不同的。在美国，美元和比索的汇率是1∶0.9，但在墨西哥，美元和比索的汇率约为1∶1.1。在墨西哥，比索和美元的汇率是1∶0.9，但在美国，比索和美元的汇率约为1∶1.1。这位游客正是靠这两国汇率的差异，进行套利（Arbitrage）活动，喝到了免费啤酒。免费啤酒是指喝酒的人没花钱，但酒馆还是得到了钱的。那么谁付了钱呢？如果美国的汇率正确，墨西哥低估了比索的价值，啤酒钱是由墨西哥出的；如果墨西哥的汇率正确，美国低估了美元的价值，啤酒钱是由美国出的；如果两国的汇率都不正确，则钱由双方共同支付。

当汇率定得不正确时，就会有人从事套利活动，即把一种货币在汇率高估的地方换成另一种货币，再把另一种货币拿到汇率低估的地方换为原来的货币。套汇是市场上套利活动的一种，套利就是在价格低的地方买，在价格高的地方卖，获取其差额。在国家严格控制外汇，并规定汇率，且汇率与货币实际购买力不一致时，就会有套汇出现。

4.2.2 外汇储备

1. 外汇储备的基本概念

外汇储备（Foreign Exchange Reserve），又称为外汇存底，是指一国政府所持有的国际储备资产中的外汇部分，即一国政府保有的以外币表示的债权。外汇储备是一个国家货币当局持有并可以随时兑换外国货币的资产。狭义而言，外汇储备是一个国家经济实力的重要组成部分，是一国用于平衡国际收支、稳定汇率、偿还对外债务的外汇积累。广义而言，外汇储备是指以外汇计价的资产，包括现钞、国外银行存款、国外有价证券等。外汇储备是一个国家国际清偿力的重要组成部分，对于平衡国际收支、稳定汇率有重要的影响。

2. 外汇储备的具体形式

外汇储备的具体形式是：政府在国外的短期存款或其他可以在国外兑现的支付手段，如外国有价证券，外国银行的支票、期票、外币汇票等。主要用于清偿国际收支逆差，以及干预外汇市场以维持本国货币的汇率。

第二次世界大战后很长一段时期，西方国家外汇储备的主要货币是美元，其次是英镑。20世纪70年代以后，又增加了德国马克、日元、瑞士法郎、法国法郎等。在国际储备资产总额中，外汇储备比例不断增高。外汇储备的多少，从一定程度上反映了一国应付国际收支的能力，关系到该国货币汇率的维持和稳定。

3. 外汇储备的功能

外汇储备的功能主要包括以下四个方面：

1）调节国际收支，保证对外支付。
2）干预外汇市场，稳定本币汇率。
3）维护国际信誉，提高融资能力。
4）增强综合国力，抵抗金融风险。

一定的外汇储备是一国进行经济调节、实现内外经济平衡的重要手段。当国际收支出现逆差时，动用外汇储备可以促进国际收支的平衡；当国内宏观经济不平衡，出现总需求大于总供给时，可以动用外汇储备组织进口，从而调节总供给与总需求的关系，促进宏观经济的平衡。同时当汇率出现波动时，可以利用外汇储备干预汇率，使之趋于稳定。因此，外汇储备是实现经济均衡稳定的一个必不可少的手段，特别是在经济全球化不断发展，一国经济更易于受到其他国家经济影响的情况下，更是如此。

一般来说，外汇储备的增加不仅可以增强宏观调控的能力，而且有利于维护国家和企业在国际上的信誉，有助于拓展国际贸易，吸引外国投资，降低国内企业融资成本，防范和化解国际金融风险。适度外汇储备水平取决于多种因素，如进出口状况、外债规模、实际利用外资等。应根据持有外汇储备的收益、成本比较和相应状况把外汇储备保持在适度的水平上。

4. 从知识角度进行阐述

在20世纪90年代的繁荣时期，亚洲被世界各国公认为新千年的一个巨大的新兴市场。当时的泰国和许多亚洲国家一样，开始从海外银行和金融机构中借入大量的中短期外资贷款，外债曾高达790亿美元。在一片表面繁荣之下，泰国修建起许多空无一人的办公大楼,韩国建立起了年产500万辆小客车的生产能力,这是当时韩国国内汽车市场容量的10倍。1997年,泰国经济疲弱、出口下降、汇率偏高并维持与美元的固定汇率,给国际投机资金提供了一个很好的捕猎机会。由美国"金融大鳄"索罗斯主导的量子基金乘势进军泰国,开始大量卖空泰铢,以迫使泰国放弃维持已久的与美元挂钩的固定汇率。泰国政府不甘示弱,不惜血本以强硬手段进行对抗,在短短几天内耗资100多亿美元吸纳泰铢,但却徒劳无益。1997年7月2日,苟延残喘的泰铢终于崩溃。泰国宣布实行泰铢浮动汇率制。当天,泰铢兑换美元的汇率即一路狂跌18%,外汇及其他金融市场一片混乱,泰国金融危机正式爆发。挤垮了56家银行,泰铢贬值60%,股票市场狂泻70%,泰国人民的资产大为缩水。泰国金融危机像瘟疫一样传染到东南亚各国,在泰铢急剧贬值的影响下,菲律宾比索、印度尼西亚卢比、马来西亚林吉特相继成为国际炒家们的攻击对象。1997年7月11日,菲律宾对比索的大规模干预宣告破产,决定放开比索与美元的比价,比索开始大规模贬值。1997年8月,马来西亚放弃保卫林吉特的努力。一向坚挺的新加坡元也受到冲击。印度尼西亚虽是受"传染"最晚的国家,但受到的冲击最为严重。8月23日,印尼卢比贬值至历史低点,甚至不得不向国际货币基金组织提出财政援助。11月中旬,韩国也爆发金融风暴,11月17日,韩元对美元的汇率跌至创纪录的1008∶1。韩元危机也冲击了在韩国有大量投资的日本金融业。1997年下半年,日本一系列银行和证券公司相继破产。于是东南亚金融风暴演变为亚洲金融危机。

  1997年10月,国际炒家首次冲击中国香港市场,造成香港银行同业拆息率一度狂升至300%,恒生指数和期货指数下泻1000多点。10月风暴过后,又是多次小规模狙击港元,利用汇率、股市和期市之间的互动规律大肆投机,狂妄地将香港戏称为他们的"超级提款机"。1998年8月初,国际炒家对香港发动新一轮进攻,索罗斯连同其他财力雄厚的"金融大鳄"三度冲击香港奉行的联系汇率制。他们采取"双管齐下"的方式,一方面大肆散布人民币要贬值的谣言,动摇投资者对港元的信心;另一方面在外汇市场大手抛出投机性的港元沽盘,同时在股市抛售股票来压低恒生指数,以及在恒指期货市场累积大量淡仓,指望在汇市、股市和期市相关联的市场上大获其利。在猛烈的冲击下,恒生指数在8月中旬跌至6600点,一年之间总市值蒸发了近2万亿港元;同时港元兑美元汇率迅速下跌,各大银行门前出现了一条条挤兑的人龙,这是香港自20世纪80年代以来从未遇到过的情况。虽然香港在金融危机中遭受重创,但金融大鳄们的嚣张气焰在香港却遇到顽强的抗击。当时执掌中国香港特区政府财政大权的曾荫权开始动用港币与国际炒家搏杀。从1998年8月14日起香港政府连续动用港币近千亿元,股市、期市、汇市同时介入,力图构成一个立体的防卫网络,目的是托升恒生指数,不仅要让炒家在抛空8月期指的作业中无利可图,更要使他们蚀本,知难而退。

  1998年8月27日,8月份期货结算前夕,中国香港特区政府摆出决战姿态。当天,全球金融消息极坏。美国道琼斯股指下挫217点，欧洲、拉美股市下跌3%~8%。香港股市面临严峻考验。在曾荫权的指挥下，港府一天注入约200亿港元，将恒生指数稳托上升88点，为最后决战打下基础。同日，国际炒家量子基金宣称，港府必败。炒家们手里有大批期货单子到期必须出手。若当天股市、汇市能稳定在高位或继续突破，炒家们将损失数亿美元甚至十多亿美元，反之港府之前投入的数百亿港元就扔进大海。"决战"当天双方交战场面之激烈远比前一天惊心动魄，全天成交额达到创历史纪录的790亿元港币。港府全力顶住了国际投机者空前的抛售压力，最后闭市时恒生指数为7829点，比金管局入市前的8月13日上扬了1169点，增幅达17.55%。

在香港抵御金融风暴的整个过程中，我国中央政府给予了大力的支持，首先是中央坚持人民币不贬值。在与国际炒家决战的关键时刻，中央政府派出了中国人民银行两名副行长到香港，要求香港的全部中资机构，全力以赴支持香港政府的护盘行动，成为香港战胜金融风暴袭击的坚强后盾。1997年亚洲金融危机爆发后，中国政府在国际货币基金组织安排的框架内通过双边渠道，向泰国等国提供了总额超过40亿美元的援助，向印尼等国提供了出口信贷和紧急无偿药品援助。当时，全世界几乎异口同声地宣称，人民币应当贬值，否则中国经济将面临灭顶之灾。然而，中国政府经过多方面权衡，在出口增长率下降、国内需求不振、失业增多和遭遇特大洪涝灾害的情况下，本着高度负责的态度，从维护本地区稳定和发展的大局出发，做出人民币不贬值的决定，承受了巨大压力，付出了很大代价。为了表明诚意，中国政府还收窄了人民币兑美元的浮动区间。人民币不贬值对亚洲乃至世界金融、经济的稳定和发展起到了重要作用。

人民币不贬值的意义：第一，避免金融危机进一步扩大，特别是保护了香港特区的联系汇率制；第二，减轻了已实行货币贬值国家的经济压力，因为如果人民币也贬值，周边国家货币贬值可能带来的出口增长将会受到影响；第三，树立中国负责任的大国形象；第四，人民币不贬值维护了东南亚的经济秩序。在坚持人民币不贬值的同时，中国政府采取努力扩大内需，刺激经济增长的政策，保持了国内经济的健康和稳定增长，对缓解亚洲经济紧张形势、带动亚洲经济复苏发挥了重要作用。

4.2.3 特别提款权

特别提款权（Special Drawing Right，SDR）亦称"纸黄金"（Paper Gold），最早发行于1969年，是国际货币基金组织根据会员认缴的份额分配的可用于偿还国际货币基金组织债务、弥补会员政府之间国际收支逆差的一种账面资产。其价值由美元、欧元、人民币、日元和英镑组成的一篮子储备货币决定。会员在发生国际收支逆差时，可用它向基金组织指定的其他会员换取外汇，以偿付国际收支逆差或偿还基金组织的贷款，还可与黄金、自由兑换货币一样充当国际储备。因为它是国际货币基金组织原有的普通提款权以外的一种补充,所以称为特别提款权。

最初发行时每一单位等于 0.888671 克黄金,与当时的美元等值。发行特别提款权旨在补充黄金及可自由兑换货币以保持外汇市场的稳定。

2015 年 11 月 30 日,国际货币基金组织正式宣布人民币于 2016 年 10 月 1 日纳入 SDR(特别提款权)。2016 年 10 月 1 日,特别提款权的价值由美元、欧元、人民币、日元、英镑这五种货币所构成的一篮子货币的当期汇率确定,所占权重分别为 41.73%、30.93%、10.92%、8.33% 和 8.09%。

1. 创立背景

第二次世界大战后,布雷顿森林货币体系于 1944 年成型,美元的币值与黄金挂钩,其他主要国家的货币汇率盯住美元。

20 世纪 60 年代初爆发的美元第一次危机,暴露出以美元为中心的布雷顿森林货币体系的重大缺陷,以一国货币为支柱的国际货币体系是不可能保持长期稳定的。

该体系下,只有黄金和美元是储备资产。黄金的供给很少,美国只能通过持续的国际收支逆差向世界提供更多的美元作为国际基础货币。当时,很多国家尚在战后复苏期,劳动成本相对美国较低,盯住美元能够刺激出口,所以多数国家不愿意调整汇率。

全球国际收支调整机制的缺位,使得美国贸易逆差持续,人们对固定的美元对黄金比率的信心一点点被侵蚀。比利时裔美籍经济学家特里芬提出的这一问题被命名为"特里芬难题":世界必须在全球货币流动性匮乏与对美元的信心丧失之间做选择。

为了让布雷顿森林货币体系继续运转,国际货币基金组织提出创设一种补充性的国际储备资产,作为对美国以外美元供给的补充。

1968 年 3 月,由"十国集团"提出了"特别提款权"的正式方案。但由于法国拒绝签字而被搁置起来。美元危机迫使美国政府宣布美元停止兑换黄金后,美元再也不能独立作为国际储备货币,而此时其他国家的货币又都不具备作为国际储备货币的条件。

2. 发行历史

1970 年,美国从紧的货币政策令全球范围内的外汇储备流动性匮乏。为了弥补美元储备资产的短缺,1970 年 1 月 1 日,国际货币基金组织首次发行了 30 亿 SDR 分配给其成员。其后的 1971 年和 1972 年,每年继续分配 30 亿 SDR。经过 3 年的分配后,SDR 在世界非黄金储备资产中的占比达到 9.5%。

但是在 1971 年,美国国内停滞的经济增长状况迫使美联储实行了宽松的立场,像脱缰野马一般向全球释放了大量的流动货币。这一改变了的货币政策立场与金本位下的固定汇率体系不再匹配:美元这一"货币锚"过于疲弱。时任美国总统尼克松宣布美元价值与黄金脱钩。

至 1973 年,多数其他主要货币对美元的固定汇率先后被放弃,布雷顿森林货币体系解体。国际货币基金组织在讨论是否需要继续增加 SDR 分配时，考虑美国的收支逆差使全球储备货币增加，SDR 作为补充性储备资产的功能不再那么重要，决定不再增加 SDR。

与此同时，随着固定汇率体系被打破，SDR 开始与一篮子货币挂钩，起初是 16 国货币，后改为美、英、德、法、意五国货币。日元在 1980 年被纳入 SDR 篮子。欧元在 1999 年出现后，代替三个欧洲大陆国家货币，与美元、英镑、日元一起组成了新千年头 15 年内的货币篮子。

1978 年，美元的信用再次受到质疑：美国卡特政府实行宽松货币政策，导致美国物价水平迅速上升。包括石油输出国组织（OPEC）在内的多个石油出口国开始担心美元币值的稳定性，沙特甚至将部分盈余资金转换为瑞士法郎和德国马克。

1978 年 10 月 30 日，美元对主要货币发生了恐慌性暴跌。许多国家对日益增长的美元计价的外汇储备感到警觉。主要外汇储备持有国均表示，不愿意增持美元资产。随后的四年间，国际货币基金组织共发行了 120 亿单位 SDR。

至 2008 年，全球金融危机爆发，美元的地位再次受到冲击和质疑。为了缓解全球金融体系的流动性紧张，同时希望通过将 SDR 也分配给以往不曾分得 SDR 的新兴市场国家来更好地反映他们的经济地位，国际货币基金组织在 2009 年创造了 1826 亿 SDR，根据每个成员在国际货币基金组织的份额分配给各成员。这是历史上的第三轮，也是规模最大的一轮 SDR 发行。全球各国持有的 SDR 总额达到 2041 亿。

2016 年 8 月 31 日，中国人民银行官网发布公告称，世界银行（国际复兴开发银行）首期特别提款权计价债券在中国银行间债券市场成功发行，发行规模为 5 亿 SDR（约合人民币 46.6 亿元），期限为 3 年，结算货币为人民币。

3. 份额分配

按国际货币基金组织协定的规定，会员都可以自愿参加特别提款权的分配，成为特别提款账户参加国。会员也可以不参加，参加后如要退出，只需事先以书面通知即可随时退出。国际货币基金组织规定，每 5 年为一个分配特别提款权的基本期。每隔 5 年，国际货币基金组织都会对 SDR 货币篮子进行一次例行复审。

第 24 届基金年会决定了第一次分配期，即自 1970—1972 年，发行 93.148 亿特别提款单位，按会员所摊付的基金份额的比例进行分配，份额越大，分配得到的越多。这次工业国共分得 69.97 亿特别提款单位，占总额的 75.12%。其中美国分得最多，为 22.94 亿特别提款单位，占总额的 24.63%。这种分配方法使急需资金的发展中国家分得最少，而发达国家则分得大部分。发展中国家对此非常不满，一直要求改变这种不公正的分配方法，要求把特别提款权与援助联系起来，并要求增加他们在基金组织中的份额，以便可多分得一些特别提款权。

2006 年 9 月 18 日，新加坡年会上决议，中国缴纳的份额从原来的 63.692 亿特别提款权（约合 94.655 亿美元）上升为 80.901 亿特别提款权（约合 120.23 亿美元）；

相应地，中国在国际货币基金组织中所占的份额从 2.98% 提升至 3.72%，投票权则从 2.94% 提升至 3.65%。排在中国前面的都是发达国家：日本、德国、英国、法国、意大利和加拿大。

2010 年 11 月 15 日，国际货币基金组织执行董事会完成了对组成特别提款权的一篮子货币的例行五年期审查，并对货币篮子权重进行了调整，美元和日元的权重略有下降，欧元和英镑的权重略有上升。这次调整后，美元的权重由 2005 年审查确定的 44% 下降至 41.9%，欧元的权重由 34% 上升为 37.4%，英镑的权重由 11% 上升至 11.3%，日元的权重由 11% 下降至 9.4%。

4. 入选标准

2005 年 11 月，国际货币基金组织执行董事会明确，SDR 篮子的组成货币必须达到两个标准：一是货币篮子必须是国际货币基金组织成员或货币联盟所发行的货币，该经济体在篮子生效日前一年的前五年考察期内是全球四个最大的商品和服务贸易出口地之一。二是该货币为《国际货币基金协定》第 30 条第 f 款规定的"自由使用货币"。

自由使用货币存在两条认定要求：一是在国际交易中广泛使用，包括该国在国际货币基金组织成员中出口所占份额、以该货币计价的资产作为官方储备资产的数量。二是在主要外汇市场上广泛交易，包括外汇交易量、是否存在远期外汇市场、以该货币计值的外汇交易的买价差等指标。纳入 SDR 篮子货币要求不少于 70% 的国际货币基金组织成员投票支持。

5. 主要用途

根据《国际货币基金协定》和国际货币基金组织决议的规定，特别提款权可用于以下用途。

1）根据《国际货币基金协定》第 19 条第 3 款的规定，成员基于国际收支平衡或储备地位的需要，可申请国际货币基金组织在特别提款权账户下安排向其他成员兑换为可自由使用的外汇；国际货币基金组织在收到申请后，可协调指定某些成员（国际收支情势好、国际储备地位强）为承兑特别提款权的对象，并在规定期限内与申请成员兑汇；申请成员的此种兑汇没有比例限制，可将其持有的全部特别提款权兑为可自由使用的外汇。

2）根据《国际货币基金协定》第 19 条第 2 款（b）的规定，某一成员也可通过与其他成员达成协议的方式，以特别提款权兑换为等值的其他通货（包括不可自由使用的外汇），而不必征得国际货币基金组织的批准，也不必遵循国际货币基金组织的相关规定与原则（包括有关兑汇"需要"的限制）；但此类交易以不违反《国际货币基金协定》第 22 条规定的原则为准（改变国际储备结构）。

3）根据《国际货币基金协定》第 17 条第 2 款的规定，成员可以申请将其在特别提款权账户下持有的特别提款权转入一般资源账户，以补足该成员在一般资源账户下储备部分不足其配额 25% 所形成的债务，或者用于偿还其所欠基金的其他债务（如依

《国际货币基金协定》第 5 条第 6 款所欠债务）；基金特别提款权部收到该成员的申请后，实际上须将该特别提款权向其他成员兑换为所需的通货，并转入该成员的一般资源账户，故此过程中，基金须征得相关兑汇国的同意。

4）依国际货币基金组织决议，特别提款权按照可调整的比例，集合表示这五种可自由使用货币的币值（称为"特别提款权篮"），其币值具有相对的稳定性，可以作为货币定值单位。

5）根据《国际货币基金协定》第 30 条的规定，只要经国际货币基金组织批准，特别提款权还可以用于基金成员与非成员之间的其他相关金融业务。从国际货币基金组织已有的决议和实践来看，特别提款权已在成员和非成员之间被用于远期贸易付款、特定的贷款、国际金融结算、国际金融业务保证金、基金利息与红利支付、赠款等。

特别提款权作为一种较为稳定的国际储备资产，又是一种货币定值单位，国际货币基金组织依《国际货币基金协定》第 15 条第 2 款的授权，可在任何时候改变特别提款权的计价方法与原则。

6. 定值方法

特别提款权采用一篮子货币的定值方法。货币篮子每 5 年复审一次，以确保篮子中的货币是国际交易中所使用的那些具有代表性的货币，各货币所占的权重反映了其在国际贸易和金融体系中的重要程度。随着 2000 年 10 月 11 日有关特别提款权定值规则复审工作的结束，国际货币基金组织执行董事会同意对特别提款权定值方法和特别提款权利率的确定进行修改，并于 2001 年 1 月 1 日生效。修改货币篮子的选择方法和每种货币所占权重的原因是考虑引入欧元，因为欧元是许多欧洲国家的共同货币，且在国际金融市场上的角色日益重要。现行的对会员的货币选择标准所依据的是最大的商品和劳务出口额，延伸到含国际货币基金组织会员的货币联盟的出口额，货币联盟成员之间的出口额剔除在外。引入的第二个选择标准是确保特别提款权的货币篮子所选的货币是国际贸易中最广泛使用的货币。按此规定，国际货币基金组织必须寻觅到"自由运用"的货币，即在国际交易中普遍用于支付、在主要外汇市场上广泛交易的货币。

每种货币在特别提款权货币篮子中所占的比重依据以下两个因素制定：

1）会员或货币联盟的商品和劳务出口额。

2）各个会员的货币被国际货币基金组织其他会员所持有储备资产的数量。

国际货币基金组织曾确定四种货币（美元、欧元、日元和英镑）符合上述两个标准，并将其作为 2001—2005 年特别提款权的篮子货币。这些货币所占权重根据其在国际贸易和金融位置而定。随着人民币加入特别提款权货币篮子，特别提款权美元值每日依据伦敦市场中午的外汇牌价将四种货币加上人民币各自兑换美元值加重而成。特别提款权定值公布在国际货币基金组织的网站上。

特别提款权不是一种有形的货币，它看不见摸不着，只是一种账面资产。

一篮子货币是将现有的一组货币按照一定方法组合而成的复合货币。一篮子货币不是现实的货币，只是一种记账单位和计价标准。它被一些国家用于汇率管理，如将本国货币盯住已有的或构造出的一篮子货币，或者在正常汇率管理中参考一篮子货币。

从技术层面看，构造一篮子货币包括以下四个步骤：

1）选择货币篮子的币种构成。按照与本国经贸关系的密切程度进行选择，为了避免汇率和利率计算复杂化带来的实际操作问题，货币篮子所包含的币种宜少不宜多。

2）确定各种货币所占的权重。权重反映对本国货币汇率影响的重要性。为了稳定有效汇率，大多选择双边贸易作为计算权重的基础，在此基础上还可以根据该国在世界经济中的地位、双边资本流动、直接投资等因素对权重进行调整。

3）确定最主要的篮子货币如美元与本国货币以及其他篮子货币的基期汇率水平。基期汇率的确定非常重要，如果基期汇率不是均衡汇率，计算出来的篮子汇率就会存在系统性偏差。

4）根据已确定的权重和基期汇率，计算出货币篮子中各种货币的数量。例如，假设本国货币与最主要篮子货币 i 的基期汇率是 8，即 1 单位 i 货币等于 8 个单位的本国货币，i 货币在货币篮子中的权重是 40%，则该货币篮子中所含 i 货币的数量为 0.05（即 $40\% \times 1/8 = 0.05$）。j 货币在货币篮子中的权重是 10%，且汇率为 $1i = 100j$，则货币篮子中所含 j 货币的数量为 1.25（即 $10\% \times 1/8 \times 100 = 1.25$）。依此类推，可以计算出篮子货币的数量。

7. 利率浮动

特别提款权的利率每周调整一次，基数是特别提款权定值篮子中的货币发行国货币市场上具有代表性短期债务利率加权平均数。

特别提款权创立初期，它的价值由含金量决定，当时规定 35 特别提款权单位等于 1 盎司黄金，即与美元等值。

1971 年 12 月 18 日，美元第一次贬值，而特别提款权的含金量未动，因此 1 个特别提款权单位就上升为 1.08571 美元。

1973 年 2 月 12 日，美元第二次贬值，特别提款权含金量仍未变化，1 个特别提款权单位再上升为 1.20635 美元。

1973 年，西方主要国家的货币纷纷与美元脱钩，实行浮动汇率以后，汇价不断发生变化，而特别提款权同美元的比价仍固定在每单位等于 1.20635 美元的水平上，特别提款权对其他货币的比价，都是按美元对其他货币的汇率来套算的，特别提款权完全失去了独立性，引起许多国家不满。二十国委员会主张用一篮子货币作为特别提款权的定值标准，1974 年 7 月，国际货币基金组织正式宣布特别提款权与黄金脱钩，改用一篮子 16 种货币作为定值标准。这 16 种货币包括 1972 年之前 5 年中在世界商品和劳务出口总额中占 1% 以上的成员的货币。除美元外，还有联邦德国马克、日元、英镑、法国法郎、加拿大元、意大利里拉、荷兰盾、比利时法郎、瑞典克朗、澳大利亚元、挪威克朗、丹麦克朗、西班牙比塞塔、南非兰特以及奥地利先令。每天依照外汇行市变化，公布特别提款权的牌价。

1976年7月，国际货币基金组织对一篮子中的货币做了调整，去掉丹麦克朗和南非兰特，代之以沙特阿拉伯里亚尔和伊朗里亚尔，对一篮子中的货币所占比重也做了适当调整。为了简化特别提款权的定值方法，增强特别提款权的吸引力，1980年9月18日，国际货币基金组织又宣布将组成一篮子的货币简化为5种国家货币，即美元、联邦德国马克、日元、法国法郎和英镑，它们在特别提款权中所占比重分别为42%、19%、13%、13%、13%。第一次调整后的权重（1986年1月1日生效）依次为42%、19%、15%、12%、12%。第二次调整后的权重（1991年1月1日生效）依次为40%、21%、17%、11%、11%。第三次调整后的权重（1996年1月1日生效）依次为39%、21%、18%、11%、11%。第四次调整后的权重（2001年1月1日生效）依次为美元45%、日元15%、英镑11%、欧元29%。2004年6月19日，1SDR的价值为1.46221美元。

8. 主要影响

人民币"入篮"成功的信号意义重大，表明中国的大国地位被国际社会所认可。这将极大地提升国内外投资者的信心，促使A股出现新一轮上涨，有利于金融、房地产等行业和板块的发展。还有分析人士更明确指出，加入SDR无疑将推动人民币国际化，而在这一方面最利好的板块就是人民币跨境结算银行、国际商务和物流公司。

不过也有观点认为人民币入篮的象征意义大于实际意义。SDR不会立即直接增加人民币作为储备资产的需求，理性一些来说，人民币国际化有所成就，但才刚开始，未来长路漫漫。

加入SDR并不会是中国股市和债市定价的决定因子，中国资产价格依然取决于经济和金融的基本面。人民币入篮是人民币国际化道路上的一个重要里程碑，也可能会促进A股纳入MSCI新兴市场指数，为A股市场带来更多的流动性。

4.3 利率平价与购买力平价

三元悖论（The Impossible Trinity）也称三难选择，它是由美国经济学家保罗·克鲁格曼就开放经济下的政策选择问题所提出的，其含义是：本国货币政策的独立性、汇率的稳定性、资本的完全流动性不能同时实现，最多只能同时满足两个目标，而放弃另外一个目标。

4.3.1 利率平价

1. 利率平价的基本概念

利率平价（Interest Rate Parity）也称利息率平价，是指所有可自由兑换货币的预期回报率相等时外汇市场所达到的均衡条件。由凯恩斯和爱因齐格提出的远期汇率决定理论认为，均衡汇率是通过国际抛补套利所引起的外汇交易形成的。在两国利率存在差异的情况下，资金将从低利率国流向高利率国以谋取利润。但套利者在比较金融资产的收益率时，不仅要考虑两种资产利率所提供的收益率，还要考虑两种资产由于汇率变动所产生的收益变动，即外汇风险。套利者往往将套利与掉期业务相结合，以避免汇率风险，保证无亏损之虞。大量掉期外汇交易的结果是，低利率国货币的现汇汇率下浮，期汇汇率上浮；高利率国货币的现汇汇率上浮，期汇汇率下浮。远期差价为期汇汇率与现汇汇率的差额，由此低利率国货币就会出现远期升水，高利率国货币则会出现远期贴水。随着抛补套利的不断进行，远期差价就会不断加大，直到两种资产所提供的收益率完全相等，这时抛补套利活动就会停止，远期差价正好等于两国利差，即利率平价成立。因此可以归纳利率评价说的基本观点为：远期差价是由两国利率差异决定的，并且高利率国货币在期汇市场上必定贴水，低利率国货币在期汇市场上必定升水。

2. 利率平价的分类

利率平价可分为无抛补利率平价（Uncovered Interest Rate Parity，UIRP）和抛补利率平价（Covered Interest Rate Parity，CIRP）两种。两者的不同之处在于对投资者的风险偏好所做的假定上：风险厌恶者需要获得一定的风险报酬才愿意持有风险资产；与此相反，风险爱好者愿意获得承担风险的权利，但其会付出一定代价；而风险中立者则愿意在没有风险收益的情况下承担风险。

（1）无抛补利率平价。

在资本具有充分国际流动性的条件下，投资者的套利行为使国际金融市场上以不同货币计价的相似资产的收益率趋于一致，即套利资本的跨国流动保证了"一价定律"适用于国际金融市场。

利率的变化取决于无风险条件下投资者的投机决策。

1）在年终若持有单位本币的存款与收益额大于持有外币存款与收益额按预期汇率折算成的本币款，即 $1+r > (1+r^*)\dfrac{S^e}{S}$，则在本国存款。

2）在年终若持有单位本币的存款与收益额小于持有外币存款与收益额按预期汇率折算成的本币款，即 $1+r < (1+r^*)\dfrac{S^e}{S}$，则在外国存款。

3）在年终若持有单位本币的存款与收益额等于持有外币存款与收益额按预期汇率

折算成的本币款,即 $1+r = (1+r^*)\dfrac{S^e}{S}$,则在任何一国存款均可。

式中,r 表示以本币计价的资产收益率(年率);r^* 表示外币计价的相似资产的平均收益率;S 表示即期汇率(直接标价);S^e(Expected Future Spot Rate)表示预期将来某个时点(如年末)的预期汇率。并且这里假设投资者是风险中性(Risk Neutral)。

(2)抛补利率平价。

抛补利率平价与无抛补利率平价相比,抛补的利率平价并未对投资者的风险偏好做出假定,即套利者在套利时,可以在期汇市场上签订与套利方向相反的远期外汇合同(掉期交易),确定在到期日交割时所使用的汇率水平。

通过签订远期外汇合同,按照合同中预先规定的远期汇率进行交易,以达到套期保值的目的。由于套利者利用远期外汇市场固定了未来交易时的汇率,避免了汇率风险的影响,整个套利过程可以顺利实现。套利者如果在即期达成一笔一年期外汇交易,其数学表达式为

$$1+r = (1+r^*)\dfrac{F}{S} \qquad (4-9)$$

式中,F(Forward Rate)表示在即期(如 1 月 1 日)公布的在 1 年后(如 12 月 31 日)交割的远期汇率。它实际上是替代了上述公式中的 S^e。若令 f(Forward Premium)表示远期的升水(或贴水),即一国的远期汇率超过(低于)即期汇率的比率,则有

$$\dfrac{F}{S} = \dfrac{F-S}{S}+1 = f+1 \qquad (4-10)$$

那么,抛补利率平价可更清楚地表达为

$$f = r - r^* \qquad (4-11)$$

在推算中,r^*f 作为二阶小量被省去。

抛补利率平价的含义如下:

1)本国利率高于(低于)外国利率的差额等于本国货币的远期贴水(升水)。

2)高利率国的货币在远期外汇市场上必定贴水,低利率国的货币在该市场上必定升水。如果国内利率高于国际利率水平,资金将流入国内谋取利润。

3)抛补利率平价中,套利者不仅要考虑利率的收益,还要考虑由于汇率变动所产生的收益变动。

在资本具有充分国际流动性的前提下,抛补与无抛补的利率平价均表明:如果本国利率上升,超过利率平价所要求的水平,本币将会预期贬值;反之,则升值。

4.3.2 绝对购买力平价

1. 绝对购买力平价的基本概念

绝对购买力平价理论认为:一国货币的价值及对它的需求是由单位货币在国内所

能买到的商品和劳务的量决定的,即由它的购买力决定的,因此两国货币之间的汇率可以表示为两国货币的购买力之比。而购买力的大小是通过物价水平体现出来的。根据这一关系式,本国物价的上涨将意味着本国货币相对外国货币的贬值,反之亦然。

绝对购买力平价是指本国货币与外国货币之间的均衡汇率等于本国与外国货币购买力或物价水平之间的比率。其公式表示为

$$R_a = P_a/P_b \text{ 或 } P_a = P_b R_a \qquad (4-12)$$

式中,R_a 表示本国货币兑换外国货币的汇率;P_a 表示本国物价指数;P_b 表示外国物价指数。

它表明在某一时点上的汇率确定的主要因素即为货币购买力或物价水平。

2. 前提假设

1) 对于任何可贸易商品,一价定律都成立。

2) 在两国物价指数的编制中,各种可贸易商品所占的权重相等。

$$P = eP^* \qquad (4-13)$$

式(4-13)的含义:不同国家的可贸易商品的物价水平以同一种货币计量时是相等的。即

$$e = P/P^* \qquad (4-14)$$

式(4-14)是绝对购买力平价的一般形式,它意味着汇率取决于不同货币衡量的可贸易商品的价格水平之比,即取决于不同货币对可贸易商品的购买力之比。

4.3.3 相对购买力平价

相对购买力平价理论是卡塞尔在 1918 年分析第一次世界大战时通货膨胀率和汇率变动关系时提出的。相对购买力平价理论强调,即期与远期之间的通货膨胀率差别必须等同于这个期限内汇率的差别。如果不一致,就会出现套利情况,直到汇率调整到两者一致为止。在实际应用中,计算购买力平价可以用消费者物价指数、批发物价指数或 GNP 缩减指数表示物价水平。其公式表示为

本国货币新汇率 = 本国货币旧汇率 × (本国货币购买力变化率/外国货币购买力变化率)

= 本国货币旧汇率 × (本国物价指数/外国物价指数)

相对购买力平价弥补了绝对购买力平价的一些不足。它的主要观点可以简单地表述为:两国货币的汇率水平将根据两国通货膨胀率的差异而进行相应的调整。它表明两国间的相对通货膨胀决定两种货币间的均衡汇率。从总体上看,购买力平价理论较为合理地解释了汇率的决定基础,虽然它忽略了国际资本流动等其他因素对汇率的影响,但该学说至今仍受到西方经济学者的重视,在基础分析中被广泛地应用于预测汇率走势的数学模型。

如果绝对购买力平价成立,相对购买力平价一定成立,因为物价指数是两个时点

物价绝对水平之比；反过来，如果相对购买力平价成立，绝对购买力平价不一定成立。例如，基期和报告期的汇率都等于绝对购买力平价的1/2，这时相对购买力平价成立，但是绝对购买力平价不成立。

购买力平价理论揭示了通货膨胀率与汇率变化之间的关系，为汇率预测提供了一个理论基础，即预期的汇率变化应该等于预期的通货膨胀率差异。但由于汇率变动不仅受到通货膨胀差异的影响，还受到其他许多因素的影响，且由于运输成本、交易成本和因贸易壁垒、非贸易壁垒引起的国际市场的分割，导致基于购买力平价前提条件的公式在现实中很难完全成立。因此，汇率在短期内的变动经常背离购买力平价理论。如果能够准确地预测通货膨胀率，则该理论在长期中以及通货膨胀率很高的经济中还是能够成立的，在确定货币的均衡汇率和预测长期汇率变动趋势中有一定作用。

第5章 国际经济学实践与知识外溢

> 许多东西被我抛却,故而被诸君视为傲慢;若从外溢的酒杯里豪饮,难免洒落许多佳酿,故不要怀疑酒的质量。——尼采

学习目标
- 了解国际贸易壁垒的含义
- 掌握关税的概念及影响分析
- 掌握贸易保护主义的政策
- 了解国际要素流动、国际投资及国际收支的概念

5.1 国际贸易壁垒

> 感恩,让精神富有;贪求,让生命贫穷。真诚,让人生灵动;宽容,让心灵安宁。微笑,最高雅的修饰;倾听,最有效的沟通;自信,最坚强的壁垒;学习,最有效的利器。要使自己的生命获得极值和炫彩,就不能太在乎委屈,不能让它们扰乱你的生活。

5.1.1 关税

关税是一国重要的经济政策工具,其重要性表现在对以下各方面的重大影响:
1) 贸易方面。对外贸易规模、商品内容、地区结构、外国的贸易政策。
2) 国内经济方面。产业结构、就业率、经济发展水平。
3) 关税政策研究目的:在国际贸易理论的基础上研究关税政策制定和广泛影响。

1. 关税的概念及基本关税政策

（1）关税的概念。

关税（Customs Duties，Tariffs）是指进出口商品经过一国海关时，由政府所设立的海关向进出口商所征收的税收。其特征是具有强制性、无偿性、预定性和涉外性。

（2）征收关税的目的和基本关税政策。

征税目的：增加财政收入——财政关税，保护国内经济——保护关税。

基本关税政策包括财政关税、保护关税、自由关税和社会关税。

1）财政关税（Revenue Duties）是指以增加国家财政收入为目的的关税。

主要衡量标准：进口税和国内竞争商品所负担的税相等，或应税进口商品国内无法生产，且国内又无替代品。

财政关税的特点：

①财政关税税率较低。税率太高导致进口商品价格上升→抑制国内需求→关税收入可能降低。

②财政关税税率也可具有保护关税的作用，保护程度取决于关税与国内负担的税额差异。

③经济发展程度与财政关税作用的大小呈反向变化。

2）保护关税（Protective Duties）是指以保护国内产业经济发展和市场为目的而开征的关税。主要包括普通保护关税，即以限制或阻止外国竞争性商品的进口、保护国内幼稚产业为目标设立的关税，以反倾销、反补贴、报复、制裁等特定的目标而设立的关税。

关税税率是决定关税保护程度的主要因素。税率的高低与保护程度呈正向关系，即税率越高，保护程度就越高。

设国外成本为 F，国内成本为 D，税收为 T，进口商品的优势在于 $\Delta C = D - F$，进口商品的税后成本为 $F + T$。因此只有税收满足 $0 < T < \Delta C$ 才有意义。当 $T \geq \Delta C$ 时，商品无法进口，即完全保护。若 $T = 0$，即自由贸易。

关税征收不当，将带来如下副作用：

①不能达到资源在世界范围内的最优配置。

②保护了生产的低效益，导致生产力水平低下，经济发展缓慢。

③限制进口的同时，也限制了自己商品的出口（双刃剑）。

3）自由关税即以低关税或免税等方式，促进国际贸易的自由发展。

根据历史经验和现实情况，发达国家一般力主自由贸易，而欠发达国家一般采取保护贸易政策。

4）社会关税（社会政策的赋税）是指对不同种类的商品制定不同的税率，以达到调节国民收入分配和稳定社会的目的。社会关税是由德国新历史学派的代表人物瓦格纳提出的。

赋税的目的：一是增加收入；二是社会政策的需要，用于调节自由经济条件下所产生的分配不公等现象，并干涉社会的生产和消费。

(3) 主要政策。

①对生活必需品的进口予以低税或免税的待遇。

②对奢侈品的进口课以重税。

2. 关税的种类——按商品流动的方向分类

(1) 进口税（Import Duties）。

进口税是指进口国家的海关在外国商品进口时，依据关税税则对本国的进口商所征收的正常关税。通常分为最惠国待遇税和普通税。普通税通常比最惠国待遇税高许多（有时甚至高达80%）。

(2) 出口税（Export Duties）。

出口税是指出口国对本国的商品出口到国外时，向出口商征收的关税。征收出口税的目的是增加财政收入，或保护国内工业和市场，或出于某种社会目的。出口税的特点是征收范围狭窄、税率低（一般为1%~5%），多为发展中国家所征收。

(3) 过境税（Transit Duties）/转口税/通过税。

过境税是指对由他国出口通过本国关境运往另一国的货物所征收的关税，一般税率较低。过境税的副作用是抬高商品在国际市场上的价格，减少国际贸易量。因此，《关税及贸易总协定》（GATT）明确规定取消过境税。

(4) 进口附加税（Import Surtaxies）。

除了对进口的商品征收正常关税外，加收的额外关税称为进口附加税。征收进口附加税的目的是应付国际收支逆差，维持进出口平衡，防止外国商品倾销，对某国实行报复或制裁。

进口附加税包括以下税种：

1) 反补贴税（Countervailing Duties）。对于直接或间接接受任何津贴或补贴的外国商品在进口时所征收的一种进口附加税。

①直接补贴是指由政府、垄断组织或同业公会直接付给出口商的现金补贴。

②间接补贴是指政府对某些出口商品给予的财政上的优惠，如减免出口税或某些国内税、降低运费、退税等。

③反补贴税的征收一般不得超过"补贴税额"，只要能抵销其补贴即可。

2) 反倾销税（Anti-dumping Duties）——当前贸易保护主义采取的主要措施。反倾销税是对实行商品倾销的进口货所征收的一种进口附加税。其税额一般接近于倾销差额。

凡一国产品向另一国出口时，该产品的出口价格低于正常贸易业务中用于国内消费的类似产品的可比价格，即视为倾销。

可比价格即国内市场的批发价格（Wholesale Market Price）。

3）差价税（Variable Levy）/差额税。当某种本国生产的产品的国内价格高于同类的进口商品的价格时，为了保护国内生产及市场，按照国内价与进口价之间的差额征收的关税称为差价税。差价税主要为欧盟所征收。

①对于非欧盟成员：征收差价税的目的在于阻止这些国家的农畜产品大量进入欧盟。

②对于欧盟成员：征收差价税的目的在于统一价格，保持稳定高价，以鼓励农牧业的发展。

3. 课税方法

（1）从价税（Ad Valorem Duties）。

1）定义。以进口商品的价格为标准计征的关税称为从价税。其税率表现为货物价格的一定百分比。

2）利弊。商品涨价时，从价税随之增加，故其保护作用不受影响。但商品价格下跌时，国家收入将减少。绝大多数国家采用从价税。

3）确定方法。

①CIF法（Cost + Insurance + Freight）：进口货物关税一般按到岸价格计。

②FOB法（Free On Board）：出口货物价格一般按离岸价格计。

（2）从量税（Specific Duties）。

1）定义。以商品的计量单位为标准计征的关税称为从量税。税率以每计量单位应征收的货币额表示，如数量、质量、长度、面积、容积等。

2）利弊。手续简单；商品价格上升时，保护作用减弱，商品价格下降时，保护作用增强；货币贬值时，税率需及时调整，故较少国家采用。

（3）混合税（Mixed Duties）。

混合税（DM）与从量税（DS）、从价税（DAV）的关系为

$$DM = \beta \cdot DS + (1 - \beta) \cdot DAV$$

式中，$0 \leq \beta \leq 1$。当 $\beta = 0$ 时，为从价税；当 $\beta < 1/2$ 时，以从价税为主；当 $\beta > 1/2$ 时，以从量税为主；当 $\beta = \frac{1}{2}$ 时，从量税和从价税占比相同；当 $\beta = 1$ 时，为从量税。

（4）选择税（Alternative Duties）。

一般选择税 $DA = \max\{DS, DAV\}$；若鼓励进口，则 $DA = \min\{DS, DAV\}$。

4. 关税的经济分析

（1）贸易小国的关税效应。

假定进口国是贸易小国，即该国某种商品的进口量占世界进口量的很小一部分，因此该国进口量的变动不会影响世界市场价格，如同完全竞争的企业，该国只是价格的接受者。这样，该国征收关税后，进口商品国内价格上涨的幅度等于关税税率，关税全部由进口国消费者负担，如图5-1所示。

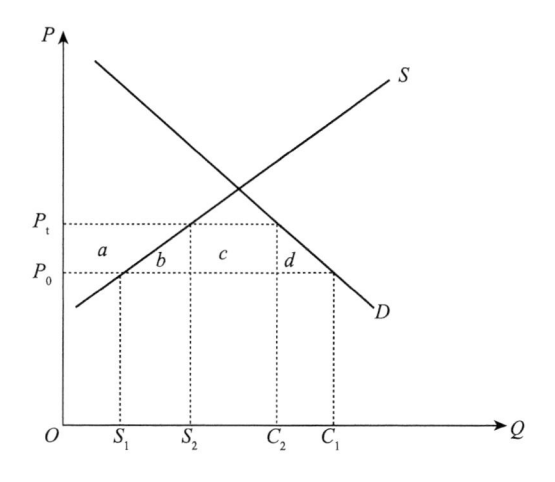

图 5-1 贸易小国的关税效应

假设图中的 D 为国内需求曲线，S 为国内供给曲线；P_0 为自由贸易下的国际价格（也是国内价格），S_1C_1 为进口量；P_t 为征收关税后的国内价格（等于国际价格加关税额），S_2C_2 为进口量。贸易小国对某种进口商品征收关税后，将产生如下经济效应。

1）价格效应（Price Effect）。进口国征收关税将引起国内价格由 P_0 上涨到 P_t。

2）消费效应（Consumption Effect）。征收关税降低了该商品的国内消费量。征收关税前，国内需求量为 C_1，征收关税后引起价格上涨，需求量减少到 C_2。由于征收关税，引起国内消费量的减少，就是关税的消费效应。关税给消费者带来损失，其损失为 $a+b+c+d$ 的面积。由于征收关税，国内消费者减少消费，从而降低了物资福利水平。

3）生产效应（Production Effect）。征收关税增加了该商品的国内产量。征收关税前，国内供给量为 S_1，征收关税后引起价格上涨，供给量增加到 S_2。由于征收关税，刺激国内供给量的增加，就是关税的生产效应。关税给生产者带来利益，其利益为 a 的面积。由于征收关税，一些国内资源从生产更有效率的可出口商品转移到生产较缺乏效益的可进口商品，由此造成了该国资源配置效率的下降。

4）贸易效应（Trade Effect）。征收关税减少了该商品进口量。征收关税前，该国进口量为 S_1C_1，征收关税后，进口量减少到 S_2C_2。由于征收关税，导致进口量的减少，就是关税的贸易效应。

5）财政收入效应（Revenue Effect）。征收关税给国家带来了财政收入。只要关税不提高到禁止关税的水平，它会给进口国带来关税收入，这项收入等于每单位课税额乘以进口商品数量，其数额为 c 的面积。

6）收入再分配效应（Redistribution of Income Effect）。征收关税使消费者的收入进行了再分配。征收关税后，生产者增加了面积为 a 的利益，这是由消费者转移给生产者的；国家财政收入增加了面积为 c 的利益。

7) 净福利效应。征收关税后，各种福利效应的净值为 $-(b+d)$。它意味着对贸易小国而言，关税会降低其社会福利水平，其净损为 $b+d$。这部分损失也称为保护成本或无谓损失（Deadweight Loss）。其中，b 为生产扭曲（Production Distortion），表示征税后国内成本高的生产替代原来来自国外成本低的生产，而导致资源配置效率下降所造成的损失。d 为消费扭曲（Consumption Distortion），表示征税后因消费量下降所导致的消费者满意程度降低，是消费者剩余的净损。

（2）贸易大国的关税效应。

如果进口国是一个贸易大国，即该国某种商品的进口量占了世界进口量的较大份额，那么该国进口量的变化就会引起世界价格的变动。因此，大国征收关税虽然也有上述小国的种种关税经济效应，但由于大国能影响世界价格，因此从局部均衡分析所得的征收关税的代价和利益对比的净效果不同于小国。贸易大国对某种进口商品征收关税以后产生的经济效应如图 5-2 所示。

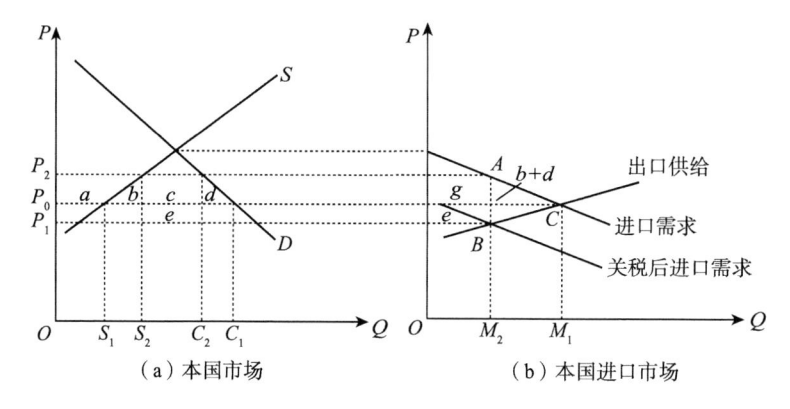

图 5-2 贸易大国的关税效应

图 5-2（a）中的 D 为国内需求曲线，S 为国内供给曲线；P_0 为自由贸易下的国际价格（也是国内价格），S_1C_1 为进口量；P_1 为征收关税前的进口价格，P_2 为征收关税后的国内价格（等于进口价格加关税额），S_2C_2 为进口量。

大国征收关税后，产生以下效应。

1）消费效应。$-(a+b+c+d)$ 的面积，只是此时的 $a+b+c+d$ 的面积小于小国模型中的 $a+b+c+d$ 的面积。

2）生产效应。a 的面积。

3）财政收入效应。$c+e$ 的面积。

4）净福利效应。$e-(b+d)$ 的面积。它意味着对贸易大国而言，关税是增加还是降低其社会福利水平是不确定的。当 $e>b+d$ 时，大国征收关税将增加其社会福利水平，当 $e<b+d$ 时将降低其社会福利水平。$b+d$ 同样是无谓损失，e 相当于外国出口商承担的关税部分。

与小国模型相比，大国模型的关税效应还有两点不同。

1）价格效应。进口大国因为进口量大而拥有的市场谈判力量，可能迫使该商品的进口价格下降。这就是说，大国进口商品价格上涨的幅度不是等于关税税率，而是低于关税税率。大国征收关税，进口商品国内价格从 P_0 上涨到 P_2；同时国际市场价格从 P_0 下跌到 P_1，价格上涨部分和下跌部分加在一起才等于进口关税税额。大国进口商在进口商品时支付的进口关税，不是全部由进口国的消费者负担的，而是由进口国消费者和出口国的生产者（通过出口商）共同负担的。大国向出口国转嫁了部分关税。

2）贸易条件效应。由于征收关税，大国进口商品的国际价格下降，如果该国出口价格不变，则该国贸易条件得到了改善，其利益为面积 e。但与小国相比，在其他条件不变的前提下，大国关税对本国生产者的保护作用相对较小。这是由于大国关税引起的价格上涨，部分地被出口国下降的价格所抵销了，因此进口的数量下降不像小国那么多。

一般来说，小国从征收关税中遭受的净损失，永远等于面积为 $b+d$ 的保护成本，因为外国出口价格或世界价格不受其影响。而大国征收关税对该国净福利的影响，则要把关税的保护成本 $b+d$ 与贸易条件改善而获得的利益 e 相比较：如果该国贸易条件改善利益 e 超过关税保护的代价 $b+d$，则意味着从征收关税中获得了净利益；如果贸易条件改善利益 e 与保护成本 $b+d$ 相等，那么该国从关税中既未获得收益，也未遭受损失；如果贸易条件改善的利益 e 比保护成本 $b+d$ 小，该国仍会从征收关税中遭受净损失。

应该指出，以上考察的只是关税的局部均衡效应，其分析带有短期、静态的特征。事实上，关税还会带来种种动态影响。

5.1.2 配额

关税并非唯一的贸易保护手段，除关税外，还有很多非关税的限制贸易措施，其中进口配额（Import Quota）就是一种重要的非关税壁垒。该政策同样会起到限制进口、鼓励（保护）国内生产的作用，有时还可用于改善国际收支或提高国内就业率。

1. 配额的概念及其实施原因

（1）定义。

配额是指一国政府为保护本国工业，规定在一定时期内对某种商品的进口数量或进口金额加以限制。

（2）分配方法。

进口配额的分配方法主要有两种。

1）全球配额。它规定该国对某种商品在一定时间内的进口数量或金额，适用于来自任何一国的商品进口，主管机关按本国进口商的申请次序批给一定的允许进口的数量或金额，直至发放完规定的全部限额为止。

2）国别配额。它是进口国对来自不同国家的进口商品规定不同的进口配额。

（3）实行配额的原因。

与征收关税相比，进口配额更有助于限制一国进口商品的数量。主要原因是：关税是通过价格变动影响国内对进口商品的需求，而配额则是限制商品的进口量或进口金额，因此配额对进口的限制更直接、更易于控制。另外，配额比关税更严厉，在征收关税的情况下，如果一国出口商试图进入课征关税的市场，那么只要在产品价格或质量上有竞争力，就有可能渗入该国的市场；但是在该国采取进口配额措施的情况下，无论出口国生产的产品在价格或在质量上有多强的竞争力，都不可能打入进口国的市场，因为进口的数量是确定的。因此人们一致认为，进口配额是比进口关税更加严厉的保护措施，对国内进口替代品的生产者来说，配额要比关税更受欢迎。

2. 进口配额的局部均衡分析

（1）配额的效应简述。

配额所规定的进口量通常要小于自由贸易下的进口量，所以配额实施后进口会减少，进口商品在国内市场的价格会上涨。如果实施配额的国家是一个小国，那么配额只影响国内市场价格，对世界市场价格没有影响；如果实施配额的国家是一个大国，那么配额不仅导致国内市场价格上涨，而且还会导致世界市场价格下跌。这一点与关税的价格效应一样。同样，配额对国内生产、消费等方面的影响与关税也大致相同。下面集中分析配额的福利效应。

（2）配额的图形分析。

假设我们讨论的对象是一个小国，因而配额不会影响世界价格。如图 5-3 所示，在自由贸易下，国内外价格相同，均为 P_W，国内生产和消费分别为 OQ_1、OQ_2，进口为 Q_1Q_2。现对进口设置限额，假定限额为 Q_3Q_4，而且 $Q_3Q_4 < Q_1Q_2$。于是，国内价格由原来的 P_W 上涨为 P_Q，国内生产增加至 OQ_3，国内消费减少至 OQ_4。

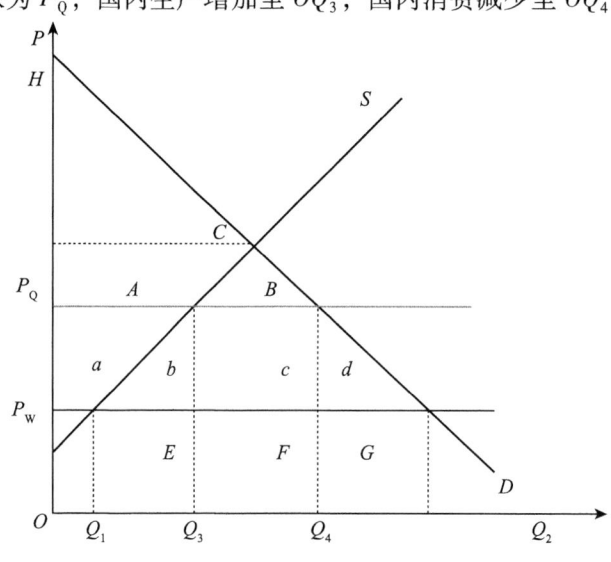

图 5-3 配额图形分析

(3) 配额的福利效应。

此时，生产者剩余增加了，a 为增加部分，而消费者剩余减少了，损失为 $a+b+c+d$。与关税不同的是，实施配额不会给政府带来任何财政收入。综合起来，配额的净福利效应 = 生产者增加 – 消费者剩余损失 = $a-(a+b+c+d)=-(b+c+d)$。其中，b、d 分别为生产扭曲和消费扭曲，$b+d$ 为配额的净损失。至于 c，在关税情形下我们知道它表示政府的关税收入，因此可被抵销，这里则称为配额收益（Quota Revenue）或配额租金（Quota Rent）。它实际上是一种垄断利润，它的去向视政府分配配额的方式而定。

(4) 配额租金的三种去向。

1) 竞争性拍卖，配额租金的收入等于关税条件下的政府收入。

2) 固定受惠，配额租金转让得到进口配额的进口商，带有垄断性。

3) 资源使用申请程序，容易产生腐败。

现实中，分配进口配额常常要与进口许可证相结合。许可证是由一国海关签发的允许一定数量的某种商品进入关境的证明。

进口许可证制度（Import License System）是指进口国家规定某些商品进口必须事先领取许可证才能进口，否则一律不允许进口。许可证通常与配额、外汇管理等结合使用。

进口许可证与进口配额结合使用，主要包括以下两种形式。

1) 定额进口许可证。定额进口许可证是指国家有关机构预先规定有关商品的进口配额，然后在配额的限度内，根据进口商的申请对于每一笔进口货物，发给进口商一定数量或金额的进口许可证。

2) 非定额的进口许可证。非定额的进口许可证是指进口许可证不与进口配额相结合，有关政府机构事先不公布进口配额，只是在个别考虑的基础上进行。

分配许可证的方法主要有以下三种。

1) 竞争性拍卖。它是指政府可通过拍卖的方法分配许可证。即使进口权本身具有价格并将进口一定数量商品的权利分配给出价最高的需要者。一般情况下，进口商所付购买许可证的成本要加到商品的销售价格上。因此可以说建立在拍卖许可证基础上的进口数量限制所起的作用与关税有许多类似之处。

2) 固定的受惠。它是政府将固定的份额分配给某些企业的方法。通常的方式是根据现有进口某种产品的企业上一年度在进口该商品总额的比重来确定。这种方法比较简便。其问题是政府不再有关税收入或拍卖许可证的收入。而且这种方式带有某种垄断性，它意味着新增的企业难以获得此种商品进口的特权。因此这种分配方式不利于打破垄断，实现资源的有效配置。

3) 资源使用申请程序。它是指在一定的时期内，政府根据进口商递交进口配额管制商品申请书的先后顺序分配进口商品配额的方法。这种方法形成了申请人获得所需进口商品的自然顺序,即按照先来后到获得所需商品。其缺点是可能给管理部门留有利用职权获取贿赂的机会,相应地可能导致企业的寻租行为,以期借助管理部门的不公正行为获取某种额外利润。

由此可见,公开拍卖可能是分配进口配额的最好方法,因为在这种情况下,配额的福利效果与关税完全一样。

5.1.3 其他非关税壁垒

1. 非关税壁垒概念及其发展

非关税壁垒是指关税以外的一切限制进口的各种措施。它是与关税壁垒相对而言的。随着世界性贸易谈判的深入,贸易壁垒的重点从关税壁垒转向了非关税壁垒。

非关税壁垒在资本主义发展初期就已出现,但到了20世纪30年代资本主义世界性经济危机爆发时,非关税壁垒才作为贸易壁垒的重要组成部分广泛盛行。

第二次世界大战后初期,许多国家仍实行严格的限制进口措施,但从20世纪50~70年代初,发达资本主义国家除了大幅度降低关税外,还放宽和取消非关税壁垒的措施,贸易相对自由。

20世纪70年代中期以来,在1974—1975年和1980—1982年两次世界性经济危机的冲击下,发达国家贸易战愈演愈烈,世界性贸易保护主义又重新抬头,限制进口措施日益加强,发达资本主义国家竞相采取非关税措施,高筑非关税壁垒限制商品进口,以抵消由于关税大幅度下降所造成的不利影响,出现了以非关税壁垒为主、关税壁垒为辅的新贸易保护主义。

2. 非关税壁垒的种类

(1) 从对进口限制的作用上分类。

非关税壁垒可分为直接的和间接的两大类。前者指进口国直接对进口商品规定进口的数量和金额限制出口,如进口配额制、进口许可证制和"自动"出口限制等;后者指进口国未直接规定进口商品的数量或金额,而是对进口商品制定种种严格的条例,间接地影响和限制商品的进口,如进口押金制、最低限价制、海关估价制、繁苛的技术标准、卫生安全检查和包装标签规定等。

(2) 从对进口不同的法令和实施上分类。

1) 从直接限定进口数量和金额的实施上,有进口配额制、"自动"出口配额制、进口许可证制等。

2) 从国家直接参与进出口经营上,有进出口国家垄断、政府采购政策等。

3) 从外汇管制的实施上,有数量性外汇管制和成本性外汇管制等。

4) 从海关通关程序上和对进口价格的实施上,有海关估价制、烦琐的通关手续、征收国内税和进口最低限价等。

5）从进口商品的技术标准、卫生检疫等标准上，有进口商品技术标准、卫生安全检疫规定、商品包装和标签规章等。

3. 新兴的非关税壁垒

在全球贸易自由化浪潮的冲击下，各国逐步降低或取消关税，各种传统的非关税壁垒明显减少，贸易保护主义更多地寻求使用新的保护措施来抵制外国商品的进口，达到保护本国市场的目的。目前，最具有广泛影响的是技术性贸易壁垒和绿色贸易壁垒（环保壁垒）。

（1）技术性贸易壁垒。

随着高新技术的迅速发展，以及各国环境保护意识的增强，技术标准对国际贸易的影响越来越大，促使贸易壁垒发生结构性变化：关税壁垒逐步为非关税壁垒所替代，非关税壁垒中，配额、许可证等贸易壁垒形式正逐步为技术性贸易壁垒所替代。技术性贸易壁垒将成为贸易自由化条件下国际贸易壁垒的主体。

技术性贸易壁垒主要是指商品进口国所制定的那些强制性和非强制性的商品标准、法规以及检验商品的合格性评定所形成的贸易障碍，即通过颁布法律、法令、条例、规定、建立技术标准、认证制度、检验制度等方式，对外国进口商品制定苛刻的技术、卫生检疫、商品包装和标签等标准，从而提高产品技术要求，增加进口难度，最终达到限制进口的目的。技术性贸易壁垒以其"合理""合法"和隐蔽的特点，成为许多国家尤其是西方发达国家推行贸易保护的重要手段之一。

1）技术性贸易壁垒的分类。

①技术标准和技术法规的技术壁垒。

②标签、包装方面的技术壁垒。

③合格评定方面的技术壁垒。

④其他的技术性贸易壁垒，如利用计量单位制设置技术壁垒，利用电子数据交换（EDI）设置技术壁垒。

2）技术性贸易壁垒的表现形式。

技术标准、法规是发达国家广泛用来设置技术壁垒的具体体现。在国际贸易中用来设置技术壁垒最为广泛的是技术标准和技术法规，主要是因为凭借技术标准、技术法规很容易达到使所实施的技术壁垒具有名义上的合理性，提法上的巧妙性，形式上的合法性，手段上的隐蔽性，从而使得出口商难以适应。

①颁布各种强制性的技术法规。

②技术标准要求严格。

③有些标准经过精心设计和研究，可以专门用来对某些国家的产品形成技术壁垒。

④利用各国标准的不一致性，灵活、机动地选择对自己有利的标准。

⑤技术标准、法规不仅在条文上，而且在实施过程中也可以对外国产品的销售设置重重障碍。

(2) 绿色贸易壁垒（环保壁垒）。

绿色贸易壁垒是指一种以保护生态环境、自然资源和人类健康为借口的贸易保护主义新措施。由于环境污染，生态平衡遭到破坏，全球环境日益恶化，环境保护越来越受到重视。在此形势下，各国纷纷制定规章制度甚至法律来保护生态环境。另外，随着经济增长和人们收入的提高，人们的环保意识也在不断加强，消费心理和消费偏好发生变化，对环保与绿色产品的需求日渐增长。绿色贸易壁垒以保护国内消费者利益和维护生态环境为理由，迎合了消费者的需求，是政府实现环境目标的手段之一。

绿色贸易壁垒主要有以下几种类型：

1）课征环境附加税和实施严格的市场准入制度。

2）绿色技术标准（国际 ISO 9000 系列质量标准体系、欧盟 ISO 14000 环境管理系统）。

3）绿色环境标志（绿色标志、生态标志），表明该产品不但质量符合标准，而且在生产、使用、消费、处理过程中符合环保要求，对生态环境和人类健康均无害。

4）绿色包装制度，绿色包装指能节约资源，减少废弃物，用后易于回收再用或再生，易于自然分解，不污染环境的包装。

5）绿色卫生检疫制度，保护人类与动植物的健康，其中确保人畜食物免遭污染物、毒素、添加剂的影响，确保人类健康免遭进口动植物携带疾病而造成伤害。

4. 非关税壁垒的特点

(1) 比关税壁垒具有更大的灵活性和针对性。

各国关税率的制定，必须通过立法程序，并像其他立法一样，要求具有一定的延续性。如要调整或更改关税率，需通过较为烦琐的法律程序和手续，迂回迟缓，在需要紧急限制进口时往往难以适应。同时，关税还可能受到最惠国待遇条款的约束，从有协定的国家进口的同种商品适用同样的税率，因而较难在税率上做灵活的调整。制定和实施非关税壁垒措施，通常采用行政程序，手续简便，能随时针对某国的某种商品采取相应的限制进口措施，能较快地达到限制进口的目的。

(2) 比关税壁垒更能达到限制进口的目的。

关税壁垒是通过征收高额关税，提高进口商品成本和价格，削弱其竞争能力，间接地达到限制进口的目的。如果出口国采用出口贴补、商品倾销等办法降低出口商品成本和价格，关税往往难以起到限制商品进口的作用。但一些非关税措施如进口配额等预先规定进口的数量和金额，超过限额就直接地禁止进口。这样就可以把超额的商品拒之门外，起到了关税未能实现的作用。

(3) 非关税壁垒比关税壁垒更具有隐蔽性和歧视性。

关税税率确定后，往往以法律形式公布于众，出口商通常比较容易获得有关税率。但一些非关税壁垒往往不公开，或者规定极为烦琐的标准和手续，使进出口商难以应对。以技术标准而论，一些国家对某些商品质量、规格、性能和安全等规定了极为严格和特殊的标准，检验手续繁复，且经常变化，外国商品难以适应，往往因为不符合某个规定而不能进入市场。一些国家往往针对某个国家采取相应的限制性的非关税壁垒，这就大大加强了非关税壁垒的差别性和歧视性。

5. 非关税壁垒对国际贸易的影响

非关税壁垒像关税壁垒一样，起到限制进口、引起进口国国内市场价格上涨和保护本国市场和生产的作用。

在保护关税的情况下，国内外价格仍维持着较为密切的关系，进口数量将随着国内外价格的涨落而有所变化。但是如果进口国采取直接的进口数量限制措施，就会割裂这种价格联系。因为固定进口数量后，商品进口的数量就不再反映国内供给和需求的变化，国内外价格的联系被中断。

一般来说，在一定的条件下，进口数量限制还可由下列不同情况对价格产生不同的影响。

1）外国商品的供给受进口限制的数量越大，进口国的国内市场价格上涨的程度越大。

2）进口国的国内需求量越大，而外国商品进口受到限制的程度也越大时，其国内市场价格上涨的程度将越大。

3）进口国国内需求弹性越大，其国内市场价格上涨程度越小。

4）进口国国内供给弹性越大，其国内市场价格上涨程度越小。

进口国数量限制等措施导致价格的上涨，成为进口国的同类产品生产的重要的"价格保护伞"，在一定条件下起到保护和促进本国有关产品的生产和发展的作用。

但非关税壁垒的加强使进口国居民付出了巨大代价。因国内价格上涨，进口国消费者必须以更高的价格购买所需商品，而有关厂商从中获得高额利润。同时，随着国内市场价格上涨，其出口商品成本与价格也将相应提高，削弱出口商品竞争能力。为扩大出口，许多发达国家采取了出口补贴等措施鼓励出口，增加了国家预算支出和加重了居民的税收负担。

进口国家加强非关税壁垒，特别是实行直接的进口数量限制，固定进口数量，将造成出口商品增长率下降或出口数量的减少和出口价格下跌。

由于各输出国的经济结构和出口商品结构不同，其出口商品受到非关税壁垒措施的影响也可能不同，同时各种出口商品供给弹性的不同，其价格所受的影响也会不同。

发达国家的许多出口商品的供给弹性较大，这些商品的价格受到发展中国家的非关税壁垒所引起的价格下跌幅度较小；相反，许多发展中国家或地区某些出口商品的供给弹性较小，其所引起的价格下跌幅度较大。因此，发展中国家或地区蒙受非关税壁垒限制的损失超过了发达国家。

发达国家还利用非关税壁垒对出口国家实行差别和歧视待遇，这对各输出国所产生的影响也有所不同。

5.1.4 贸易保护主义

1. 发展中国家支持贸易保护主义的理论

（1）保护幼稚工业论。

实行贸易保护以保护发展中国家刚刚起步的工业，等工业成熟再取消保护。代表人物为德国经济学家弗里德里希·李斯特。

（2）改善国际收支论。

实行贸易保护来减少进口，从而减少外汇支出，增加外汇储备。

（3）改善贸易条件论。

用增加关税等贸易手段限制进口，减少需求，可以降低进口商品的价格。

（4）增加政府收入论。

通过关税来增加政府收入。增加政府收入论实际上是一种利益行为。

（5）民族自尊论。

为了增强民族自豪感，政府一方面从政治上把使用国货作为爱国主义来宣传，另一方面企图通过贸易保护政策来减少外来冲击，发展本国工业。

总体来说，发展中国家采取贸易保护的依据都有一定的道理，但是在实践中还需要克服许多困难。

在保护幼稚工业论的实践中存在保护对象的选择问题以及保护手段的选择问题。

在改善国际收支论的实践中存在别国贸易政策对本国出口的影响问题。

在改善贸易条件论的实践中也存在一定的困难。能否成功地通过贸易保护来降低产品的进口价格，首先取决于该国对国际市场的影响力；其次，通过降低进口价格也未必能够获利。贸易是相互的，实行贸易保护很可能会引起别国相应的报复，结果是贸易条件并没有得到改善反而贸易量下降。

至于增加政府收入论，研究表明关税的比重跟一国的发展程度有反向关系，发展程度越低关税在政府收入中的比重就越高。

历史表明通过贸易保护实现民族自尊的做法往往是不成功的。清代末期中国在闭关锁国后使国家更落后，离现代科技更远，民族也就没有资本维护自尊了。

2. 发达国家支持贸易保护主义的理论

（1）保护就业论。

当经济不景气或失业率上升时，西方国家以因外国的竞争而导致的经济不景气为由，采取限制进口的方式来保障本国工业的生产和就业。代表人物为英国经济学家凯恩斯。

（2）保护公平竞争论。

这一理论最初是用来对付国际贸易中因为政府参与而出现的不公平行为，后来又被广泛用来要求对等开放市场。

（3）社会公平论。

西方国家利用贸易保护来调节国内各阶层的收入水平，以减少社会矛盾和冲突。最常见的是发达国家对农产品的保护。

（4）国家安全论。

国家安全论认为，自由贸易会增强本国对外国的经济依赖，所以应限制进口以保持经济的独立自主。

发达国家的贸易保护理论也存在一定的问题。

实行贸易保护时会对增加就业有一定的积极作用，但限制进口不能保证不伤害出口。所以实行贸易保护很有可能增加了一个部门的就业机会，但同时减少了另一个部门的就业机会。

通过贸易保护来促进公平竞争，有可能造成更不公平的竞争，而且本国的消费者会为此付出更高的代价。以公平竞争为由实行保护也同样可能遭到对方的反指控和反报复。

3. 新贸易保护主义建立在"规模经济贸易学说"理论基础上的观点

（1）贸易保护可以分享外国企业的垄断地位。

政府应该通过关税保护措施来分享能够根据市场需求制定价格的外国垄断或寡头企业的利润，从而弥补国民利益的损失。

通过关税来分享外国寡头或垄断企业的利润并提高整个国民收益，这一点进口国政府是有可能如愿以偿的。但是，关税会使本来已经很高的价格变得更高，这样会损害消费者的利益。

（2）"战略性"贸易保护政策。

通过政府补贴来帮助本国企业在国际竞争中获胜，而企业在赢得市场后所得到的利润会大大超过政府所支付的补贴。主要贡献者为巴巴拉·斯潘塞、詹姆斯·布朗德和保罗·克鲁格曼等。

但是这一理论在实施中会受到各种实际情况的挑战。外国政府可能会采取同样的反制措施，这样各国政府的支出就会大于企业所得利益，整个经济是净损失。此外，不能确保信息的准确性，政府可能会因为信息不完全而盲目进行保护，从而不能达到补贴的预期效果。

（3）国内市场失灵论。

在市场失灵的情况下，通过贸易保护来扩大某产品的市场可能会产生边际收益。市场失灵包括垄断、外部性、公共产品、信息不对称。

在实际操作中存在两个问题。首先，很难确定应该保护的产业，选择过程中既有政治因素又有利益集团的影响。其次，很难确定采用什么样的手段进行保护。

4. 贸易保护的必然性

实践上，贸易保护具有一定的必然性，体现在以下三个方面。

（1）贸易保护可以在一定范围内避免本国企业参与力量悬殊的竞争。

著名经济学家韩德强曾说自由贸易无疑是"泰森和幼儿园小孩儿同台竞争"。在毫无保护的自由贸易之下，强者更强，弱者更弱，落后国家必是永无翻身之日。所以无论是发达国家还是发展中国家，在一些相对弱势的产业上都会采取适度的贸易保护。

自由贸易可以使外国物美价廉的商品进入市场，使消费者受益。然而在进口商品充斥整个市场的时候，本国的生产者会在竞争面前败下阵来。每个人都有两个身份，作为消费者受益的同时，作为生产者又在蒙受更大的损失。可以说，没有贸易保护，就没有新兴工业的发展。

（2）贸易保护曾使美国、德国和日本崛起。

美国南北战争结束后，其关税迅速提高到60%～70%，随后迎来了美国工业发展的黄金时期。1867—1890年，短短23年间，美国跃升为世界第一工业强国。到1890年，尽管美国当时已是世界第一强国，美国的关税却达到70%。此后美国的关税有所下降，但是一直比较高，一直持续到第二次世界大战结束。所以，美国实际上是靠贸易保护发展起来的。

1871年德国在普法战争中获胜。法国内乱，巴黎公社起义。法国在镇压不了巴黎公社的情况下，邀请德国来镇压。法国将阿尔萨斯、洛林割让给德国，又给德国支付了巨额赔款和战争费。德国得到了阿尔萨斯、洛林作为钢铁和煤炭工业基地，用法国的巨额赔款去发展德国的重工业、铁路与交通。1871—1914年，短短的43年间，德国就崛起成为世界第二工业强国。德国的农产品竞争不过波兰、匈牙利、捷克，德国的地主和工业家纷纷主张贸易保护，德国就这样发展了起来。

日本明治维新后，派大量留学生到西方学习西方国家的技术，引进西方国家的技术和管理模式，但并没有开放国内市场实行自由贸易。日本就是这样一个靠贸易保护起家并发展壮大的国家。

自由贸易无非是西方发达国家在自身强大以后用以恃强凌弱的把戏，相对落后的发展中国家在采取贸易政策的时候要谨慎。

（3）避免因跨国公司内部贸易的发展改变了国际贸易差额的分布，导致了一国贸易不平衡的假象而遭到进口国的报复。

随着跨国公司及其海外经营的发展，国际贸易的流向和贸易方式发生了深刻变化，跨国公司内部贸易在国际贸易中的地位不断提高。跨国公司内部贸易的发展在一定程度上改变了国际贸易差额的分布。跨国公司通过内部分工和核算体系，在内部贸易中获得了较为稳定的收益，但却把各国账面上贸易差额的此消彼长以及由此引发的贸易摩擦甩给了各国政府。作为惩戒跨国公司产业转移最集中地区之一的亚洲地区制成品出口的迅速增长，使其对美国、欧盟保持了较大规模的贸易顺差，而美国和欧盟跨国公司在亚洲地区投资企业的出口已经成为美国和欧盟贸易逆差的重要组成部分。但发达国家处理贸易逆差的政策并不主要针对这些跨国公司，而是拿出口国开刀。在这种情况下，一国政府应及时调整贸易政策，适当保护本国相应的产业，以免受到西方国家的贸易报复。

5. 贸易保护与自由贸易

贸易保护与自由贸易既存在一定的交叉性，同时也面临冲突。

（1）贸易保护与自由贸易的交叉性。

一国在选择贸易政策的时候，不会单一地选择贸易保护政策以及自由贸易政策。随着时代的推进，贸易政策不会一成不变，会不断地适时调整以适应经济发展的需要。大多数情况下，一国在实行自由贸易的同时会选择性地进行贸易保护，这在西方发达国家很常见。如美国在第二次世界大战后一直对农产品部门进行强烈的干预与调节，美国农产品部门则成为贸易保护主义的典型代表。

同时，一国在实行贸易保护政策时也会选择性地开放一部分市场。一国在对某国实行自由贸易的同时还可能在此类产业的对外贸易中实行贸易保护，如欧盟成员国之间已形成高度的区域一体化，成员国间采取自由贸易，而对于成员国以外的国家则采取不同程度的贸易保护。

一国政府无论是采取贸易保护政策还是自由贸易政策，目的都是相同的，都是从本国经济利益出发寻求更优的发展。新古典经济学的支持者们首先认为发展中国家利用环境资源的比较优势开展自由贸易可以促进经济增长；其次，贸易可以提高人民收入；最后，国际贸易促使世界各国参与国际分工，使各国加强磋商与合作。贸易保护论认为贸易保护与开放市场并不矛盾，市场的开放与否等同于是否开门，而推行贸易保护还是自由贸易等同于门口是否有门槛的问题。所以适度的贸易保护可以一边开放发展经济，一边对自己的门户实行保护。

（2）贸易保护与自由贸易的冲突性。

自由贸易理论产生的基本依据是比较优势理论：各地区应致力于生产成本低、效率高的商品，以交换那些无法低成本生产的商品。而贸易保护政策则是基于保护幼稚工业、战略性贸易政策理论以及涉及更多方面的政治经济学发展起来的。

自由贸易指政府不采用关税、配额或其他形式来干预国际贸易的政策，是指国家取消对进出口贸易的限制和障碍，取消本国进出口商品各种优待和特权，对进出口商品不加干涉和限制，使商品自由进出口，在国内市场上自由竞争的贸易政策。自由贸易是指在没有进口关税、出口补贴、国内生产补贴、贸易配额或进口许可证等因素限制下进行的贸易或商业活动，正是贸易保护政策的对立。

6. 贸易保护的发展趋势

（1）新贸易保护主义继续存在并愈演愈烈。

在 WTO 的积极倡导下，国际贸易的自由化程度不断提高，同时各国对于贸易保护主义的诟病也越来越多。但是这并不能说明贸易保护主义会逐步减少，相反国际贸易中的保护主义倾向有可能愈演愈烈。

（2）贸易自由化与贸易保护相互交织将成为国际贸易发展的常态。

由于各方面因素的影响，新贸易保护主义存在着愈演愈烈的可能，但是不能否认贸易自由化仍然是国际贸易发展的大趋势，贸易自由化是符合各国根本利益的。但是就像以往自由贸易和贸易保护相斗争的历史一样，新贸易保护主义也不会走向灭亡。经济的全球化使得各国经济相互依赖性不断提高，同时各国经济利益差异也在不断加大。为了共同的利益，各国仍然会一如既往地参与贸易自由化的进程。而为了本国利益的最大化，贸易保护也会随时成为各国的政策选择。因此，贸易自由化与贸易保护相互交织将成为国际贸易发展的常态。

（3）从海关边境措施发展为国内政策和法规。

传统的关税和非关税壁垒主要由海关来实施，而新型的贸易壁垒如技术性贸易壁垒、绿色贸易壁垒、社会责任标准以及动物福利等，更多的是以国内的法律、法规来约束进口产品的标准质量。采取的不仅是边境措施，还涉及国内政策和法规。

（4）从商业利益的保护转向社会利益的保护。

关税及传统的非关税措施主要是从商品数量和价格上实行限制，更多地体现在合理成本基础上可进行保险的最高数额。我国应顺应国际立法趋势，根据客观情况的变化，大幅提高海事赔偿责任限额，以适应我国航运业发展的要求。

5.2 国际要素流动

生活在城市，街道两旁的树都是挪来的，它们都活得好好的，所以说"树挪未必死"；人挪就活吗？也不一定，看见过很多在各单位之间跳来跳去的人，很少"有所突破和提高"；相反，有很多踏踏实实在原来岗位上努力勤奋的人，做出了显著成绩，所以人挪也未必"活"。如果抱着"此处不留爷自有留爷处"的心态去工作，不管走到哪里，都很难做出一番成绩。

5.2.1 国际贸易与经济增长

对外贸易促进经济增长在很多人看来已经是毋庸置疑的真理了。新中国成立 70 多年来，我国的对外贸易与经济增长都取得了巨大成就。尤其是 1978 年改革开放政策实施以来，中国经济伴随着对外贸易的迅速扩大而高速增长。一方面说明对外贸易对我国国民经济的影响力越来越大，成为支持我国国民经济持续、快速、健康增长的一个重要因素。另一方面，随着我国经济的不断增长，对外贸易的形式与特点也发生了变化。由新中国成立之初的机械产品进口和初级产品进口逐渐升级为改革开放之初的以加工贸易、补偿贸易为主，再到 21 世纪以来以工业制成品为主的贸易形式。可以说我国经济的主导产业引领着对外贸易的发展。因此，我国对外贸易与经济增长之间的关系有较高的研究价值。

（1）对外贸易与经济发展关系的理论依据。

关于我国对外贸易与经济增长之间关系的研究不能只着眼于我国现实的经济发展与相关的统计数字。对外贸易与经济增长之间关系的理论研究也是研究的重点内容。其中重点理论依据有马克思提出的"对外贸易与经济增长的关系，归根结底是交换与生产的关系"。马克思说："交换的深度、广度和方式都是由生产的发展与结构决定的。可见，交换就一切要素来说，或者是直接包含在生产之中，或者由生产直接决定。"从本质意义上讲，生产决定交换，但如果从再生产过程看，作为再生产过程的一个阶段的交换不仅仅是一个消极的被决定的东西，在一定条件下，交换也能对生产产生反作用，有时会对生产产生巨大的推动作用或阻碍作用。生产与交换在每一瞬间都互相制约和影响，它们被称为经济曲线的横坐标和纵坐标。

（2）亚当·斯密的绝对利益理论。

亚当·斯密提出的动态生产理论和"剩余产品出口"模型对以后的理论发展有重要影响。亚当·斯密作为最早涉及国际贸易与经济增长相互关系问题的古典经济学家，他认为分工的发展是促进生产率长期增长的主要因素，而分工的程度则受到市场范围的强烈制约。对外贸易是市场范围扩展的显著标志，因而对外贸易的扩大必然能够促进分工的深化和生产率的提高，加速经济增长。斯密的这些论述包含了国际贸易具有带动经济增长作用的最初思想。其"剩余产品出口"理论更是着眼于贸易对经济增长的带动作用。他首先假定一国在开展国际贸易之前，存在着闲置的土地和劳动力，这些多余的资源可以用来生产剩余产品以供出口，这样对外贸易为一国提供了利用过去未能充分利用的土地和劳动力的机会，为本国的剩余产品提供了"出路"。而且，这种剩余产品的生产不需要从其他部门转移资源，也不必减少其他国内经济活动，因而出口所带来的收益以及换回的本国需要产品没有机会成本，必然促进该国的经济增长。

（3）李嘉图的比较成本理论。

李嘉图创立的比较成本理论，论证了贸易静态利益的基础。实际上在他的著作中，也包含着国际贸易带动经济增长的思想。他认为，对外贸易是实现英国工业化和资本积累的重要手段。并指出，经济增长的基本动力是资本积累。随着人口的增加，食品等生活必需品的价格会因土地收益的递减规律的作用而逐渐昂贵，工资（劳动力价格）也会随之上涨。在商品价格不变的条件下，工资上涨将使利润下降，从而妨碍资本积累。如果通过对外贸易从外国获得了较便宜的食品等生活必需品以及原料，就会阻止在本国发生作用的土地收益递减化倾向，促使经济增长。

以上对对外贸易与经济增长之间关系的几种论证，分别站在生产与交换、生产力提高与剩余产品出口、资本积累与边际成本的角度论证了对外贸易与经济增长的关系。而现代的一些经济学家则更多地站在宏观的角度来分析对外贸易与经济增长之间的关系。其中较为著名的是罗伯逊在20世纪30年代首次提出的"对外贸易是经济增长的发动机"命题。

20世纪50年代，纳克斯对这一学说又进行了进一步的充实和发展。纳克斯在分析19世纪国际贸易的性质时指出，19世纪的贸易不仅是简单地把一定数量的资源加以最适当配置的手段，它实际上是通过对外贸易把中心国家的经济成长传递到其他国家，即中心国家经济迅速增长引起的对发展中国家初级产品的大量需求引发的发展中国家的经济增长。因此，对外贸易是经济增长的发动机。这一理论认为：①较高的出口水平意味着这个国家有了提高其进口水平的手段。进口中包括资本货物的进口，而资本货物对于促进经济增长特别重要。资本货物的进口使这个国家取得了国际分工的利益，大大节约了生产要素的投入量，有助于提高工业的效益，它是经济成长的主要因素。②出口的增长趋向于使有关国家把资金投向国民经济中最有效的领域，即享有比较优势的领域，进行专业化生产，提高劳动生产率。③出口可获得规模经济利益。④世界市场上的竞争会给一国的出口工业造成很大的压力，促使其降低成本，改良出口产品质量，并淘汰那些效率低下的出口工业。⑤一个日益发展的出口部门还会鼓励国内外的投资，并刺激加工工业或所属工业以及交通运输、动力等部门的发展，同时促进国内外先进技术和管理知识的引进。

刘易斯在1954年提出的二元经济模型中，把一个发展中的经济划分为资本主义部门（即工业部门）和非资本主义部门（即传统农业部门）。前者运用再生资本，雇用工资劳动力，开展以利润最大化为目的的生产活动；后者受制度和组织形式及资源条件的制约。资本主义部门通过积累和吸收非资本主义部门的剩余劳动力，必然推动整个经济的增长，尤其是在剩余劳动力尚未吸收完毕，资本主义部门工资不断上升的情况下，利润和积累在国民收入中的比重将不断上升，经济增长将加速。如果资本主义部门生产的是出口产品，传统部门生产的是进口产品，对外贸易无疑将有助于扩大资本主义部门产品的市场和需求，并降低劳动力的工资（食品价格因进口而降低），从而进一步增加资本主义部门的利润与积累，促进经济增长。

20世纪70年代，克拉维斯提出了对外贸易不是增长的"发动机"而只是增长的"侍女"的著名见解。他明确指出，一国的经济增长主要是由国内其他因素决定的，外部需求只构成了对经济增长的额外刺激，这种刺激在不同国家的不同时期有不同的重要性；外贸既不是增长的充分条件也不是必要条件，而且还不一定必然对经济增长有益。但自20世纪70年代末以来，越来越多的人注意到，那些对外贸易发展较快，实行外向型战略的国家和地区，同时实现了较高的经济增长率。于是许多经济学家倡导"出口导向"。尔后，巴拉萨等人利用跨国家的横截面数据或单个国家的时间序列数据，对出口和经济增长的关系做了许多回归分析，并且得出了"外贸有利于促进经济增长"的结论。

5.2.2 生产要素的国际流动

1. 生产要素的概念和种类

（1）生产要素的定义。

生产要素是指使具体的生产过程得以正常进行所必需的各种物质条件和非物质条件。

（2）生产要素的种类。

生产要素通常包括资本、劳动力、技术、土地、经济信息和经济管理六种。

2. 生产要素分析的历史发展

生产要素理论出现于20世纪30年代，第二次世界大战以后，这一理论的研究取得了新的突破和进展。生产要素理论的渊源可以追溯到18世纪的古典经济学。

（1）绝对成本和比较成本理论中的要素分析。

亚当·斯密在1776年出版的《国富论》中，提出了作为国际贸易理论第一块基石的"绝对成本说"。

按照他的观点，在由两个国家和两种商品构成的所谓"2×2"模型中，两国各自在一种商品的生产效率上具有优势，而在另一种商品的生产效率上处于劣势，通过商品生产的专业化以及相互间的商品交换，两国皆可获得"绝对利益"。决定商品优劣势的根本原因在于各国在商品生产的劳动成本上存在差异，因而只有能生产出成本绝对低的产品才有可能进行国际交换。

1817年，大卫·李嘉图在《政治经济学及赋税原理》一书中提出了意义深远的"比较成本说"，该学说在西方国际贸易理论中一直占据着重要地位。该学说的主要观点是：即使一国在两种商品的生产上皆具备优势或皆处于劣势，也可通过国际的生产专业化以及商品交换而获取所谓的"比较利益"，即生产和出口优势较大（劣势较小）的商品，进口优势较小（劣势较大）的商品。

绝对成本理论、比较成本理论奠定了自由贸易理论的基础，对以后国际贸易理论的发展具有十分重要的意义。

（2）生产要素禀赋理论与列昂惕夫之谜。

生产要素禀赋理论是瑞典经济学家赫克歇尔和俄林提出的，人们又把该理论称为赫克歇尔－俄林定理。

生产要素禀赋理论认为：不同的商品需要不同的生产要素比例，而不同国家拥有的生产要素相对来说是不同的，因此各国应生产那些能密集地利用其较充裕的生产要素的商品，以换取那些需要密集地使用其稀缺的生产要素的进口商品。

生产要素禀赋理论认为，产生比较成本差异的两个前提条件是：两个国家的要素禀赋不一样，不同产品在生产过程中所使用的要素配置不一样。

生产要素禀赋理论为大多数西方经济学家所接受，较长时期以来一直是国际贸易理论的主流学说。但是，随着研究的深入，生产要素禀赋理论的两点不足逐渐暴露出来：一是它的一些假定与国际贸易的现实不符；二是它基本上采用的是静态分析方法。要克服这两点不足，就需要在研究上有所突破。

真正对生产要素禀赋理论构成挑战的是"列昂惕夫之谜"。

美国经济学家列昂惕夫于1947年利用美国的投入-产出表考察了美国200种产业，特别是其中直接进行对外贸易的产业，比较生产每百万美元的美国出口商品与进口竞争的商品所需的资本和劳动的比率。结果他发现，美国进口替代产品的资本密集程度高于出口产品，而美国出口产品的劳动密集程度大于进口替代产品。换言之，美国进口的商品是资本密集型产品，而出口的商品是劳动密集型产品，这正与一般公认的美国是全世界资本最为丰富的国家，其出口商品应较进口商品资本密集的先人之见相反，表明美国的贸易结构与方向同赫克歇尔-俄林模型所预测的背道而驰。列昂惕夫在其所著的《国内生产和对外贸易：美国资本状况的重新检验》（1953）中公布了这一发现，使美欧国际贸易学界大为震惊，被称为"列昂惕夫之谜"。

"列昂惕夫之谜"的提出，带动了其他经济学者对国际贸易各种新现象的分析，促进了现代国际贸易理论的创新和对生产要素禀赋理论更加全面的认识。

（3）第二次世界大战以后生产要素分析的新发展。

第二次世界大战以后，对生产要素的认识和分析不论在深度还是在广度上都取得了新的进展。

1）生产要素分析在深度方面的新发展。

①生产要素的非同一性（异质性）。

②生产要素禀赋的变动性。

③生产要素配置比例密集性特征的变换（生产要素密集度逆转）。

④技术进步与生产要素密集特征的转移。

2）生产要素分析在广度方面的扩展。新的要素观点提出了人力资本、研究与开发、规模经济等可以作为新的生产要素的见解。

①人力资本是指体现在劳动者身上，以劳动者的素质表示的资本。

②研究与开发要素是指开发某项产品时所投入的费用。

③规模经济的含义是指随着产出量的增加而发生的单位成本的下降，或者说企业达到一定的规模后所能得到的经济上的利益。

3. 生产要素国际流动的原因

(1) 各国间生产要素禀赋的差异性。

①各国间资本要素的差异。

②各国间劳动力要素的差异。

③各国间技术要素的差异。

④各国间在其他生产要素方面的差异。

(2) 各国间经济发展水平的不平衡性。

从各国经济结构角度来分析，各产业间、各部门间、各类产品生产间的比例在经济发展水平较悬殊的国家间会产生不一致，即使在经济发展水平相近的国家间也不会完全一致。

这种经济发展的不平衡性从两个方面促进了生产要素进行跨越国界的移动：一方面，各国在生产能力、生产结构上的不一致，导致了对于要素需求在种类、质量和数量上的不一致；另一方面，从要素供给的角度来看，各国在要素禀赋、要素创造方面的不一致，使各国在各类要素的可供量上也存在种类、质量和数量上的不一致。

(3) 各国政府的干预。

国际经济的现实说明，各国政府采取的鼓励性干预措施对生产要素的国际直接流动产生了巨大的推动作用，是促使生产要素流出和流入的一个重要原因。

这种干预措施所采取的主要手段有行政手段（颁布行政性的政策、条例、法律，以法律的形式固定有关条文）、经济手段（如税收方面的优惠政策）和国际协调手段（通过双边政府首脑会议或多边国际组织），干预的范围涉及各种生产要素。

政府干预的经济动机：政府的一切干预措施都是着眼于鼓励本国充裕要素的流出和本国稀缺要素的流入，从而缓解本国在生产要素数量、质量和结构方面的不平衡，直接和间接地提高本国生产要素的收益率。

4. 生产要素国际流动与重新组合配置的机制及生产要素市场的主要类型

(1) 生产要素国际流动与重新组合配置的机制。

生产要素国际流动与重新组合配置主要有市场机制和非市场机制两种。市场机制是一个自发的过程，它主要通过价格杠杆来进行调节；非市场机制主要指政府和有关国际经济组织的调节，它是一个自觉的过程，主要通过法律、行政、计划等手段和政策协调来实现调节。

(2) 生产要素市场的主要类型。

生产要素的国际市场为要素的跨国界流动提供了条件和动力。与商品的国际市场一样，它也是由需求方（买方）与供给方（卖方）构成的。

从市场理论角度来划分，生产要素市场分别属于如下几种类型：完全竞争的要素市场、完全垄断的要素市场、垄断性竞争的要素市场。不同类型的市场中，买卖双方的行为方式不同，要素流动的特点也存在差异。

5. 生产要素的国际流动与国际经济合作的内在联系

生产要素的国际流动与国际贸易之间既存在相互替代的关系，也存在相互补充的关系，一方不能取代另一方的功能。替代关系着眼于静态分析，补充关系着眼于动态分析。从本质上讲，国际贸易与生产要素国际流动的起因是相同的，都是由于各国生产要素禀赋不同所导致的生产要素价格差异，同时它们的进行又都会使各国生产要素的价格差异趋向均等化。

国家间借助于生产要素的直接流动与重新合理组合配置而进行的活动就是国际经济合作，生产要素的国际直接流动与重新合理组合配置是国际经济合作的实质和主要内容。

5.3 国际投资

经济危机之后，我们发现星巴克涨价了、肯德基涨价了，一边是日益增长的物质需求，一边是日常生活的成本提高，高消费吞噬着我们的血汗钱。这些是否对你有所启发呢？只要从身边的细节入手，学做一个精明的人，擦亮一双精明的眼，理财离我们并不遥远。快快行动起来，将辛苦积攒的每一分钱最大化地利用！

5.3.1 国际投资简述

国际投资是商品经济发展到一定阶段的产物，并随着国际资本的发展而发展。当商品经济发展到资本主义社会以后，银行资本与生产资本相融合并日益发展，促进了资本积累的进一步扩大，并形成了规模庞大的金融资本，出现了大量的资本过剩，以资本输出为早期形态的国际投资也随之产生。随着国际经济交易内容的不断丰富，投资的内容和形式也在不断发生着演化。从国际资本活动的历史进程来看，国际投资活动首先表现为货币资本的运动，即以国际借贷、国际证券投资为主要形式的国际间接投资，其标志是跨国银行的出现；其次表现为生产资本的运动，即国际直接投资，其标志是跨国公司的出现。

1. 国际投资的发展阶段

（1）国际投资的初始形成阶段（1870—1914年）。

这一时期，以电力革命为标志的第二次科技革命出现后，生产力得到了快速发展，国际分工体系和国际垄断组织开始形成，银行资本和产业资本相互渗透融合，从而形成了巨大的金融资本，为资本输出提供了条件，以资本输出为特征的国际投资也随之形成。

这一时期的国际投资表现出如下特点：①投资国的数目很少；②投资的形式以间接投资为主，直接投资比重极小；③投资的来源主要是私人投资，官方投资比重很低；④投资的主要流向是由英国、法国和德国流向其殖民地国家，其目的是寻找有利的投资场所，以便获得超额利润。

（2）国际投资的低速徘徊阶段（1915—1945年）。

由于两次世界大战和20世纪30年代的经济大危机，资本主义国家不同程度地受到了战争的破坏，资金极度短缺，市场萎缩，使得国际投资活动也处于低迷徘徊之中。

这一时期国际投资活动的基本特点可以概括为：①国际投资不甚活跃，规模较小，增长缓慢；②私人投资仍占主体，但比重有所下降，官方比重有所上升；③间接投资仍为主流，但直接投资的比重有所上升；④主要投资国地位发生变化，美国取代英国成为最大的对外投资国。

（3）国际投资的恢复增长阶段（1946—1979年）。

美国"马歇尔计划"的实施，使大规模的对外投资活动拉开了序幕。加之，这一阶段世界政治局势相对平稳以及第三次工业革命的兴起，使国际投资活动迅速恢复并快速增长。

这一时期国际投资活动的基本特点可以概括为：①投资规模迅速扩张；②对外投资方式由以间接投资为主转变为以直接投资为主；③许多发展中国家也加入到国际投资国的行列之中，特别是石油输出国，其"石油美元"成为国际对外投资的重要资金来源。

（4）国际投资的迅猛发展阶段（1980年以后）。

这一阶段，由于科技革命、金融改革和跨国公司全球化经营等多种因素的共同作用，国际投资蓬勃发展，成为世界经济发展中最为活跃的因素。但不同国家的国际投资增长速度并不一致。其中美国的增长速度放慢，而日本的增长速度加快。

这一时期国际投资活动的基本特点可以概括为：①国际直接投资继续高速增长；②国际间接投资也得到迅猛发展；③发达国家之间的资金对流，即相互投资成为国际投资的主流趋势；④形成了美国、日本、西欧"三足鼎立"的投资格局。

2. 国际投资的分类

1）以时间长短为依据，国际投资可分为长期投资和短期投资两种。

2）以投资经营权有无为依据，国际投资可分为国际直接投资和国际间接投资两种。

直接投资与间接投资的区别：①基本区分标志是投资者是否能有效地控制作为投资对象的国外企业，即对国外企业的有效控制权；②国际直接投资的性质和投资过程比国际间接投资复杂；③投资者获取收益的性质和风险不同。

3）以资本来源及用途为依据，国际投资可分为公共投资和私人投资两种。

企业受利益驱动,进行跨国投资时,成本、市场和要素投入决定投资国别的选择。

从地理学观点看,跨国投资的国别选择可追溯到韦伯等人"区位论"的基本思想。企业之所以要向他国跨国投资,主要是受利益驱动。具体为成本、市场和要素投入在决定其跨国投资国别选择上起了重要作用。

3. 国际投资的理论

(1) 成本学派。

根据区位论成本学派的观点,生产成本最低的区位便为企业所追求的最佳区位。最小成本可在一国之内找到,也可发生于多国之间。公司在国家间进行成本比较,当他国生产成本明显低于该国时,便会倾向于向这些国家投资。同样,沿着最大利润区位论的思路,企业在生产成本、运输费用和市场价格的综合考虑基础上,当投向他国比在该国可以获取更大收益,自然会选择后者。由此可以得出,生产成本最低或预期利润较高的国别,易于成为跨国投资地。

(2) 市场学派。

根据区位论市场学派观点,市场区位是企业是否盈利,甚至能否存在下去的关键。可以服务较大市场的区位,成为企业追求的最佳区位。该原则也可用于国际市场。当一国具有较大的潜在市场,而企业在国内生产出口这一国家受交通运输成本影响,或者更为重要的是受国家关税和其他贸易壁垒影响时,企业便会自然地选择在这一国家直接投资。

(3) 工业区位论。

韦伯的工业区位论中,将生产原料分为遍在性原料和地方性原料。地方性原料对区位具有一定的影响。地理学家对经济现象的研究,十分强调各地经济发展环境、生产要素的差异性。由于资源的区位差异,以及不同工业(企业)又有不同的要素需求,为了充分利用他国的资源优势,企业必然会在相应国家进行跨国投资。

从企业地理角度,企业本身是一个生产组织系统。为了企业整体利益,从战略上考虑,有时企业会在战略重点区位投资建立相应的生产或经营机构。这些战略重点区位,并不一定符合以上区位选择原则。故综合而论,跨国投资国别选择包括成本取向、利润取向、市场取向、要素取向和企业战略取向。

5.3.2 国际投资新动向

随着全球经济一体化步伐的加快,国际资本的跨国流动日趋活跃,并表现出许多新的特点。国际投资,特别是外国直接投资,在不断自由化和全球化的世界经济中发挥着日趋重要的作用,并成为世界经济中极其活跃的组成部分。

1. 增长速度加快,规模连创历史纪录

国际贸易在世界经济中曾经长期占据主导地位,但20世纪80年代以后,随着国际分工的深化,以利用当地生产要素和占领当地市场为主要目的的跨国投资作用逐步加强,规模日趋扩大,增长速度更是世界经济增长和国际贸易增长的几倍甚至几十倍。

2. 跨国投资由发展中国家逐步转向发达国家

20世纪90年代中期以前,发展中国家在跨国投资流入中所占份额增长很快,最高时达到40%。但1995年以后,份额却开始降低。在跨国投资高速增长的情况下,发展中国家吸收外商投资却增长缓慢。1998年发展中国家吸引外商投资占全球份额仅为26%,1999年更下降到24%。

发达国家既是对外投资的主要来源,也吸收了绝大部分新增跨国投资。1998年增加的1920亿美元,几乎全部为发达国家所吸纳;1999年增加的1670亿美元中,发达国家吸纳了84%。

这表明跨国投资取向发生了深刻变化,体现了投资领域发展中国家被"边缘化"的趋势。

3. 发展中国家吸收外国直接投资由东亚地区向拉美地区转移

进入20世纪90年代,大多数发展中国家都将借助外资发展本国经济作为发展战略,国际直接投资日益成为许多发展中国家获取国际资本的主要方式。外国直接投资占发展中国家资本总流量的比例已由1991年的28%增至1998年的56%。在发展中国家,20世纪90年代初期、中期吸收外资增长最快、最多的是东亚地区,尤其是中国表现最突出,但后来拉美地区成为跨国投资热点。

从今后发展趋势看,拉美地区由于私有化高潮已经过去,吸纳跨国投资将有所回落。前苏东地区由于政治、社会逐步稳定,经济形势趋向好转,对外资的吸引力越来越大,将成为新的跨国投资热点地区。非洲的大部分国家仍难以对外资产生真正的吸引力,只可能有个别国家或领域成为跨国投资的亮点。亚洲地区仍是跨国投资的重点地区,但内部结构会有变化,中国地位有所下降,印度有可能以其市场、劳动力和新兴产业成为新的吸收外资大国,韩国由于其产业结构调整和企业重组会进一步扩大外资进入规模,甚至日本也可能由于其国内市场的开放而使外商投资有大幅度增长。

4. 投资自由化趋势日益明显

跨国投资高速增长的内在原因是国际分工和全球竞争的发展,但得以实现的重要原因却是全球范围内投资自由化的发展。据统计,20世纪90年代各国对有关政策的修订中95%以上都是推进自由化、利于外国投资的,即放松管制加强市场作用和增加对外商投资的鼓励措施。发展中国家在吸引外资方面都不同程度地加大了政策力度。

5. 跨国并购已成为国际投资的主要形式,并仍然成为今后外国直接投资迅速增长的主要动力

跨国并购是国际直接投资增长的主要驱动力。跨国并购成为发达国家进入外国市

场的主要方式,其对发展中国家的重要性也日益增强。

今后,跨国并购可能进一步深化,规模会再创新高。金融、电信、医药、汽车等行业将在全球范围内实行资源重组,其主要手段就是跨国并购。发达国家依然是并购的重点区域,同时由于发展中国家市场开放程度进一步扩大,一些服务贸易领域、高新技术领域和某些资金技术密集行业也会出现大规模并购。

6. 跨国投资向金融、保险、电信、流通等行业转移

20世纪90年代中期以前的跨国投资,主要目的是利用当地生产要素或进入当地市场。而对东道国来说,也多是希望利用外商投资来解决资金、技术、管理等问题,达到解决国内就业、增加出口等目的。这决定了跨国投资的主要来源集中在传统制造业。目前服务贸易领域的跨国投资越来越多,已占到投资总额的近50%。随着全球化浪潮的发展,各国服务贸易领域的市场开放程度越来越大,金融、保险、电信、流通等行业的跨国并购成为推动跨国投资的最重要力量。而传统制造业领域,如汽车、电子、医药、化工等跨国并购也在更深程度上依赖于服务贸易自由化的发展。这种趋势今后在跨国投资中会更加明显。

5.3.3 国际直接投资的主要方式

1. 国际直接投资的股权参与方式

(1) 股权参与的含义。

股权参与是指以所有权为基础,以决策经营权为途径(持有普通股),以实现对企业有效控制或影响的直接投资方式。

(2) 拥有全部股权——独资企业。

1) 对投资者的意义与影响。

①可拥有绝对的经营控制权。

②可拥有全部的国外利润。

③有利于保守技术诀窍和商业秘密。

④必须独立承担风险。

2) 对东道国的意义与影响。

①可弥补东道国生产的不足。

②能增加东道国的收入(税收、土地使用费,在东道国内购买设备和原材料的收入)。

③增加就业。

④市场份额被占,不能分享利润。

(3) 拥有部分股权——合资企业(多数股权、对半股权、少数股权)。

①在合资问题上思想的逐步解放。

②出资方式。现金、实物、工业产权（商标、专利等）。

③积极方面。凝聚合资各方的力量，可引进和运用先进的技术和科学的管理方式，合资各方的责、权、利明确。

④消极方面。多股多权的经营管理机制对少数股权的股东不利，处于相对被动的局面。

2. 国际直接投资的非股权参与方式

（1）合作经营。

1）合作经营的含义。依照各方共同签订的合作经营合同，规定各方的投资条件、收益分配、风险责任及经营方式的一种非股权的契约式合营，通常通过设立契约式合营企业的形式来实现合作经营的目标。

2）合作经营的特征。

①合作经营双方的权利、义务通过协商，在合营企业中约定，而不像合资企业那样，以认股比例为准。

②合作经营的出资形态不同于合资经营（可不以货币单位计算投资比例）。

③合作经营的利益分配不同于合资经营（不是按资分配，而是按合作经营协议合同分配）。

3）合作经营的组织形式。

①"法人式"合作经营。双方在一国境内设立具有该国法人资格的经济实体，有独立的财产权和法律上的起诉权和应诉权。

②"非法人式"合作经营。双方所设置的实体对合作企业财产只有使用权而无独立的财产所有权，可设立联合管理机构，也可委托一方，或聘第三方管理。

4）合作经营的优势。简便，灵活，企业合作意识强；审批程序及手续十分简便；避免实物或技术入股作价等一系列复杂问题；管理机构可大可小，可繁可简，具有较强的灵活性。

（2）国际技术转让与技术投资。

技术是指制造物品方法与经营管理有关的知识、技术诀窍和能力。可分为制造力、设计力、新技术开发力、管理力。

（3）国际租赁。

1）国际租赁的含义。位于不同国家的出租人与承租人之间的在约定期内将出租资产交给承租人有偿使用的租赁关系。出租人和承租人及供货人可以是两国或三国的自然人、法人或国家和国际金融组织。出租对象一般是价值较高的动产或不动产，如成套设备、轮船、飞机等。

2）国际租赁的特点。集贸易、融资、投资为一体。

①所有权和使用权分离。

②货币信贷与实物信贷相结合。

③税收方面易得优惠（投资减税优惠或免缴财产税）。

④业务涉及面广，需多边合作，共同完成交易（如三方关系、买卖合同、租赁合同和贷款协议）。

3）国际租赁的方式。

①融资租赁。当企业需要筹款添置机械、设备时，投资者通过设在东道国的租赁公司，向用户转租大型成套的生产设备、运输设备。因此，融资租赁又被称为设备租赁。实质是以"融物"代替"融资"，即租赁公司并非直接给企业贷款，而是代其购进机器设备，然后租给企业使用。

②经营租赁。出租人在提供融资的同时，又提供特别服务（办理保险、维修等），二者合为一体的租赁方式。一般用于在保养和管理技术方面具有一定垄断性的机器设备。

③维修租赁。典型的维修租赁是汽车租赁。租赁公司要向承租人提供包括购车、登记、纳税、保养、维修等在内的所有服务。

④杠杆租赁。涉及的关系有承租人、出租人、长期贷款人（托管人），包括买卖合同（出租人与供货人）、贷款协议（出租人与贷款人）、租赁合同（出租人与承租人）。资金来源是贷款人而非出租人。

杠杆租赁的租金偿付相对平衡，租金费用较低，各期所付租金的金额也相对平衡（故也称衡平租赁）。

⑤回租租赁。出租人从拥有和使用标的物的人那里购进标的物，然后再将购进的标的物租给原来的物主使用（多用于不动产方面）。

（4）国际工程承包。

1）国际工程承包的主要内容。

①工程设计。

②提供机器、设备、技术、原材料及劳动力等。

③资金供应。

④施工与安装。

⑤试车。

⑥人员培训。

2）国际工程承包的特征。耗资多，获利多，竞争性强。

3）国际工程承包的分类。

①分项合同的工程承包（业主来分项）。

②交钥匙工程的承包。

③分包合同的工程承包（总承包商来分包）。

3. 国际投资的风险

在确定海外投资策略前，投资人必须要了解海外投资的风险。

1) 投资国货币和人民币兑换的汇率风险。投资国的货币汇率的不确定性和人民币的升值会影响最后投资的回报率。

2) 投资国法律和法规的健全性。海外投资，不论是购买资产类产品还是投资公司，如果没有投资国稳定和健全的法律保障，越高的回报越有可能伴随着越大的风险。

3) 投资国制度的透明度。投资国制度的透明度决定了在投资过程中是否会遇有贪污和受贿的可能，若有，将会大大增加投资操作的复杂程度。

4) 投资国的信用风险。投资国整体和金融机构的信用等级，会影响投资的长期价值。

5) 国内政策的风险。国内政策对海外投资的不一惯性可能会影响投资的连贯性和操作性。另外，投资人必须特别注意中国和投资国的外交和经济关系的变化。

6) 投资国的政策风险。投资国对中国的外交和经济关系的变化会影响投资的风险。

5.4 国际收支

5.4.1 贸易收支的弹性

国际收支弹性分析法是指通过对商品进出口供求弹性的分析，研究汇率变动对贸易差额影响的国际收支理论。

弹性分析法首先假定：①其他条件不变，只考虑汇率变动对商品进出口数量和总额产生的影响；②贸易商品的供给弹性无穷大；③充分就业，收入一定，进出口商品的需求是这些商品及其替代品的价格函数；④不考虑资本流动，国际收支等于贸易收支；⑤出口总值＝出口价格×出口数量，进口总值＝进口价格×进口数量，进出口值皆以外币表示。

在上述前提下，贬值能否成功地改善贸易收支，取决于商品进出口供给和需求弹性。贬值改善贸易差额的充要条件用公式表示为

$$\frac{\varepsilon_x(\eta_x-1)}{\varepsilon_x+\eta_x}+\frac{\eta_m(1+\varepsilon_m)}{\varepsilon_m+\eta_m}>0 \qquad (5-1)$$

式中，ε_x 表示出口的供给弹性；η_x 表示出口的需求弹性；ε_m 表示进口的供给弹性；η_m 表示进口的需求弹性。

式 (5-1) 称为马歇尔-勒纳-罗宾逊条件，简称马歇尔-勒纳条件。由于需求弹性和供给弹性一般规定为正数，因此从式 (5-1) 可以推论出，当出口需求缺乏弹性时，马歇尔-勒纳条件没有得到满足，在这种情况下，贬值反而会使贸易差额恶化。

马歇尔-勒纳条件有两种特殊情况：第一种是小国出口的需求弹性和进口的供给弹性无穷大，即对式（5-1）取 η_x 和 ε_m 趋向无穷大的极限，可得出

$$\lim_{\eta_x,\varepsilon_m\to\infty}\left[\frac{\varepsilon_x(\eta_x-1)}{\varepsilon_x+\eta_x}+\frac{\eta_m(1+\varepsilon_m)}{\varepsilon_m+\eta_m}\right]=\varepsilon_x+\eta_m>0 \qquad (5-2)$$

式（5-2）完全能够满足马歇尔-勒纳条件，因而贸易差额可以改善。

第二种特殊情况则是人们通常所说的马歇尔-勒纳条件。在这种情况下出口和进口的供给弹性都趋于无穷大，即 $\varepsilon_x=\varepsilon_m=\infty$，对式（5-1）再次取极限，则有

$$\lim_{\varepsilon_x,\varepsilon_m\to\infty}\left[\frac{\varepsilon_x(\eta_x-1)}{\varepsilon_x+\eta_x}+\frac{\eta_m(1+\varepsilon_m)}{\varepsilon_m+\eta_m}\right]=\eta_x+\eta_m-1>0 \quad 或 \quad \eta_x+\eta_m>1 \qquad (5-3)$$

从而，只有当出口与进口的需求弹性之和大于1时，贬值才会改善贸易差额。

5.4.2 弹性和J曲线

满足式（5-3）并不能立即导致贸易差额的改善。贬值后，商品进出口价格变动并不能立即引起贸易差额的变化。因为掌握市场信息、扩大出口或削减进口等都需要一定时间，即存在所谓的"时滞"问题。由于时滞的存在，贸易量对贬值引起的商品价格变化调整缓慢，这种现象产生了如图5-4所示的"J曲线"。图中的横轴用时间 t 来表示，纵轴用经常项目差额 ΔTB 表示。假定在 t_0 实行贬值，但是贬值引起的价格变化并不能立即反映在贸易合同上。由于进口以外币结算，进口数量还未能减少，因此用本币表示的进口额反而增加；由于出口以外币结算，出口数量还不能增加，因此用外币表示的出口在贬值后反而减少，贸易差额在贬值后反而恶化。这个过程一直持续到某个时期 t_1。从 t_1 开始，贸易额相对贬值引起的价格变化和调整才开始有所反映，到 t_2 点，贸易差额开始由逆差转变为顺差。因此贸易差额的变动经历了先恶化后改善的过程。这种过程曲线形状极像字母J，因此贬值后由于时滞的作用贸易差额的变动现象称为J曲线效应。

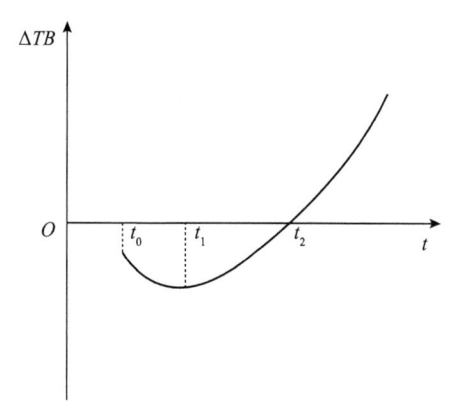

图5-4 J曲线

贬值也对贬值国的贸易条件产生影响。贸易条件就是一国出口物价指数与进口物价指数之比。一国出口价格水平相对于进口价格水平下降，意味着贸易条件的恶化，反之则表明贸易条件改善。贬值对贸易条件的影响是不确定的，要视进出口商品的供给弹性之积（$\varepsilon_x \varepsilon_m$）与进出口商品的需求弹性之积（$\eta_x \eta_m$）的大小而定。如果两个需求弹性之积小于两个供给弹性之积，贬值就会使贸易条件恶化；如果它们相等，贬值后贸易条件不变；只有当进出口需求弹性之积大于其供给弹性之积时，贸易条件才会改善。

5.4.3 汇率的贸易平衡

1. 基本概念

均衡汇率最先是指能够使国际收支实现平衡的汇率，这种内涵的均衡汇率侧重于外部均衡，但并非完全不考虑内部均衡，其前提条件之一是无过度的失业，这与后来内部均衡的衡量指标非常相似。后来，纳克斯（Nurkse）发展了均衡汇率理论。他将内部均衡定义为充分就业，外部均衡定义为国际收支的平衡。所谓的均衡汇率，是指与宏观经济内外部均衡相一致的汇率，也就是内外部均衡同时实现时决定的汇率。内部均衡是指经济实现了潜在的产出水平，外部均衡是指资本项目实现国家间可持续净要素流动。

2. 均衡汇率的测定

最早对均衡汇率进行测定的是威廉姆森（Williamson），他从经常项目和资本项目恒等式入手，将经常项目进一步表示为国内总产出、国外总产出和实际汇率的线性函数，在线性函数的基础上可以求出均衡汇率，其测算的最大问题在于如何确定资本项目的均衡水平。对均衡汇率的计算目前主要有下述方法：

①相对购买力平价法。

②局部均衡和贸易方程法，其局限是仅仅考虑贸易均衡。

③一般均衡的计算方法。

而国际货币基金组织的 McDonald 提出了行为均衡汇率理论（BEER），对美元、德国马克在 20 世纪 80 年代的变化有很强的解释力。行为均衡汇率理论利用协整分析方法，直接估计实际汇率与基本经济因素之间的长期的稳定关系，并可进一步利用向量误差校正模型（VECM）估计短期内汇率偏离长期均衡水平的方向和大小，以及调节到均衡水平的速度。

第 6 章　国际经济博弈

8岁的男孩问父亲："爸爸，战争是怎样发生的？"男孩的父亲回答："很简单。比如说第一次世界大战的爆发，是因为德国入侵比利时……"在一旁的妻子立即打断他的话："你讲得不对。第一次世界大战的起因是有人在萨拉热窝被刺杀了。"丈夫听了一脸不悦，冲着妻子不耐烦地说道："是你回答这个问题，还是我回答？"妻子听了也是一脸不高兴，转身跑进了厨房，"砰"的一声将门关上。紧接着，从厨房传来碗碟猛摔在地上的声音，过了一会儿，整个屋子陷入死一般的沉寂。男孩眼眶里含着泪水，轻声说："爸爸，你不用说了，我知道战争是怎样发生的了。"

无论国与国之间，还是人与人之间的合作和冲突，其中所蕴含的博弈原理是大同小异的。

学习目标

- 了解中美贸易的相关情况
- 掌握智猪博弈的概念
- 了解约束机制和文化博弈

6.1　中美贸易与智猪博弈

2015年9月25日，中华人民共和国主席习近平在华盛顿同美国总统奥巴马举行会谈时指出：中美关系是世界上最重要的双边关系之一。特朗普任美国总统后，通过行使美国总统的政治权力签署的一系列制裁政令，正式引爆了早已处于愈演愈烈态势中的中美贸易摩擦。

老布什总统任内，曾对美国国会多次动用否决权以支持给予中国最惠国待遇。克林顿总统任内，中美签订中国加入世界贸易组织的双边协定，同时美国承诺给予中国永久性正常贸易关系（即PNTR法案）。小布什总统任内，中美贸易摩擦开始频繁出现，美国政府实施"竞争性自由化"战略并推动人民币升值，虽然致使许多中国企业失去美国市场，但这些政策带来的压力弱于奥巴马和特朗普时期。奥巴马总统任内，为缓解经济危机带来的社会压力，美国政府一方面继续增加贸易壁垒，另一方面构建新的贸易框架（如TPP），但同时也开放了对华高科技产品的管制。

特朗普选择社交网络作为发声渠道，带起了一阵探讨中美贸易的热门话题之风，引导美国国内舆论环境支持"贸易战"。为什么特朗普与前几任总统对华贸易态度如此不同？以往的研究表明，这是经济危机造成的。2008年国际金融危机扩散，各国既存在引发危机的诱因，又没有科学的方法对这些政治和经济中的"暗疾"进行纠偏，致使连锁反应波及所有欧美主流发达资本主义国家。在特朗普看来，中国的发展就是对美国衰落的最好注解，认为前几任美国总统应对中国经济社会发展的方式对美国是不负责任的，因此他将政治因素更加深入地介入中美经济贸易关系中，杂糅成一个更加复杂的中美关系复合体。

6.1.1 博弈模型

合作冲突论本质上是一种博弈，只有博弈的结果才最符合各个博弈主体的利益，其两个基本条件是：①对中美两国来说，贸易合作整体收益大于中美贸易壁垒时的收益之和；②对中美贸易合作而言，应存在帕累托改进性质的分配原则，即两国在贸易合作时能够获得比贸易壁垒时更多的收益。在博弈中，中美两国需要分别在不同领域进行分析。

1. 服务贸易领域

在科技、金融等第三产业服务贸易（以下简称为"服务贸易"）领域，美国处于占据优势的出口国地位，中国处于进口国地位。中国通过进口美国研发的科技、完善的金融服务产品，依靠自身强大的工业生产能力，将技术转化为货物和产品，再将这些制造业产品销售到国内市场和全球市场获得利润。在这个过程中，假设将其简化为单次贸易，即美国向中国出口了一次服务贸易，使中国获得了生产科技产品的能力；中国进口了这次服务贸易，但产成品出口到全球的过程中是可以重复使用该服务的。因此，在这种情况下，服务贸易的价格是十分昂贵的，是相对高附加值的产品，而作为产成品的货物则是相对低附加值的廉价流水线工厂产品。那么，在文化、科技、金融等服务贸易领域中，中国倾向于从美国进口服务产品，而美国则倾向于向中国出口这些产品，迅速地回笼资金以进行下一轮产业升级和科技创新，以维持代际差异。中美两国的博弈收益矩阵见表6-1。

表6-1 中美服务贸易博弈收益矩阵

（中国，美国）	贸易	不贸易
贸易	（贸易净顺差+技术溢出，贸易顺差+高额利润）	（贸易顺差，0）
不贸易	（0，高额利润）	（0，0）

在服务贸易领域，中国对美国是贸易逆差，但对其他国家或者地区，假定存在贸易顺差，因而在正常贸易时，中国获得的是贸易净顺差以及通过进口服务带来的技术溢出，而美国则不但获取高额的利润，还有高额的贸易顺差。如果美国不对华进行服务贸易，那么其收益就是 0，而中国可以将现有的服务出口到其他国家，同样可以获取贸易顺差。如果中国采取不进出口服务贸易，那么我们获取的利益将为 0，而美国由于转让技术可以获取高额的利润。

在此博弈下，我们可以看到，纳什均衡的条件是（贸易，贸易）。

但实际上却发生中美贸易摩擦，因此，纯粹的经济博弈是无法正确认识国际经济的（在本章第 3 节"文化博弈"中将进行说明）。

2. 货物贸易领域

在制造业、货物出口等领域，中国在改革开放 40 多年后已经成长为世界上最大的制造业国家，是世界上唯一拥有联合国产业分类目录中所有工业门类的国家。这得益于巨大的人口劳动力红利和巨大的内需市场，也是中国不可替代、无可比拟的巨大优势所在；相对于美国，中国在制造业等实体经济领域拥有巨大的实力。

根据中美两国的贸易状态、社会状态以及经济状态可以得出判断，在任何情况下，由于体制、政治等因素的影响和控制，中国在包括制造业在内的众多实体产业的劳动生产率和全劳动生产率都是高于美国的，这是多种原因造成的既定事实，也不论国际关系和贸易经济关系如何变动。在以上的前提下，可以发现，中美两国在都开放货物贸易策略的前提下，中国能够获得经济的长远发展，但美国却因为实体产业的进一步空心化、虚拟化和金融化，反而不利于其实体经济的长远发展。当然，这并不是特朗普所谓的"中国从美国获得了巨大的利益，对美国造成了某种伤害"的论调，而是因为美国在服务贸易中获得的巨大利益已经远远超过了实体经济的"亏损"，完全能够填补这部分的"损失"。实际上，这也正是中美两国产业体系发展自然调配的结果。在贸易中，不论中美两国任何一方采取了阻碍贸易的策略，最终都会导致自身的经济无法获得长远发展和优化，而由于中美两国各自的国情，这种非利好的策略均会对两国的经济造成不同程度的影响。对于货物贸易来说，只要中美两国互相开放贸易，对于两国而言都是有利好的，只不过在其中对于中国是长远经济发展潜力，对于美国反而会使得这一等级的产业逐渐淘汰，进一步促进高新科技产业的发展。

6.1.2 中美贸易博弈

美国向中国出口科技、服务等产品，是其比较优势在发挥作用，因为中国是"在此类领域中虽处于已经有一定基础的层级，但尚未达到与美国平级技术水准"的国家。因此，美国可以通过向我国出口技术服务，赚取高额的利润，同时科技企业用这些利润进行更高等级的研发、技术创新，这一点从美国科技企业每年的研发经费中可以发现。这个过程促使美国在科技领域产生了长期最优增长，是美国的主要经济增长动力，也是处于产业最高端的一环。中国向美国出口贸易是发达的制造业生产出的商品，这也是源于中国的产业链完备齐全，人力成本较美国而言处于低位，基础设施逐渐完善，且中国国内拥有完善的产业供应链体系，因此在加工制造领域，中国相对于美国而言具有比较优势。美国国内的用工成本极高，其国内政治体系演进以及美国人的文化传统迭代使得其已经度过了"过去"的那种组织大工厂进行有效率的规模生产的年代。这也是特朗普不停在公共场合指控中国的表面上的原因，但是根据博弈模型可以发现，中国和美国只有在贸易正常的情况下，才能让美国的科技在中国变成资本回流到美国后继续循环开发新科技。这是一个完善的全球产业体系，贸然对中国进行贸易制裁，直接干预了整个体系的正常运转。

马克思主义最优经济理论正是对中国在此类情况下的指导，通过博弈模型可以发现，中国必须对自身的产业进行升级，对自身的科研创新能力进行提升，不然在产业发展中会处于劣势，美国可以在禁止向中国出口科技的同时依然获得正常的产业发展，而不是零发展。因而，如果中国不进行创新升级，那么中国会进入"中等收入陷阱"，无法继续向更高水平的发展前进。只有在中国能够获得一定程度的科技研发实力的时候，美国对中国科技封锁的影响才会逐渐减弱。马克思主义认为当代世界外交关系的基本关系是商品关系，因而中国在中美外交中的实践也基本上遵从马克思主义的理论指导。党的十九大已经强调了发展的重要性，"五位一体"的理念希望能够将中国建成一个现代化的社会主义强国。

一方想要维持霸权，另一方则极力奋进想要进入顶层设计，这就注定了中美之间一定会维持一种"斗而不破"的态势，也正是通过经贸这个"商品关系"来进行协调发展。中国在马克思经济发展理论的指导下，会变得越来越强，最终达到与美国能够进行产业博弈的等级，与美国在相同产业领域拥有相同的地位；同时，中国的发展也打破了西方经济学理论的桎梏，为世界带来了比较系统的中国特色的马克思经济发展理论体系。

中美两国并不是仅与对方进行贸易交流，因此都能够从其他国家得到相应的需求。这就使得二者构成了：①合作能够产生更好的结果。通过合作，双方都能够在一定程度上发展自身优势产业，以及进行更高阶层的产业转换升级，是一种双赢的结果。②不合作则无法产生相应的结果。如果二者中有任何一方选择不合作，或者二者均选择不合作，那么对于中美双方而言，均无法获得最优结果。由于替代效应的存在，会使得第三方（即其他国家）存在介入契机，能够弥补博弈双方的空缺，会对中美的相关产业产生一定程度的冲击。

6.1.3 智猪博弈

公元前529年（春秋时代），晋国在平丘召集天下诸侯，举行会盟。晋君为了夸耀自己作为盟主的实力，用兵车四千乘围在会场的四周。一眼望去，车马排布整齐，旌旗摇动，仪仗鲜明。晋君端坐会场中央，看着依次就座的各国使臣，心中不禁暗自得意。

各国使臣依次坐定以后，郑国代表子产劈头就向晋君提出减少会费分摊的问题。他说："自古以来，缴纳给天子的献款都依照爵位的等级而定，只有京畿地区的诸侯必须缴纳超出等级以上的献款。我们郑侯的等级是伯男，却和您一样，负担起公侯级的义务，实在太不合理了，务必请减少献款。近年来，诸侯息兵，致力于修睦邦交，每月都有使团往来交流，光是这些费用就不少，又要分摊这么重的会费，我们这般小国实在负担不起。举行会盟无非是为了维持小国的生存，会费的负担若使小国灭亡，岂不是有违会盟的宗旨吗？务请慎重考虑。"这样的理由提得有理有据，确实也反映了当时郑国权利与义务不相符的现实。但是晋国担心其他小国也会提出同样的要求，因此一口拒绝。然而子产作为一名出色的外交家惯用死缠烂打的交涉手法。他与晋国大夫从中午一直争论到傍晚，仍然僵持不下，时间都花在这桩议案上面，而会盟的主旨却还根本没有提及。最后晋君没办法，只好接受了子产的这项要求。

在上述故事中，子产用来说明郑国要减少献款的理由是：郑侯的等级是伯男，却按公侯的级别承担义务，这是不合适的。其实他在这里运用的是一种可以称为"智猪博弈"的策略。

智猪博弈：猪圈里有两头猪同在一个食槽里进食，一头大猪，一头小猪。我们假设它们都是有着实现自身利益的认知的充分理性的"智猪"，猪圈两头距离很远，一头安装了一只控制饲料供应的踏板，另一头是饲料的出口和食槽。每踩一下踏板，另一头就会有相当于10份的饲料进槽，但是踩踏板以及跑到食槽所需要付出的"劳动"，加起来要消耗相当于2份的饲料。

两头猪可以选择的策略有两个：自己去踩踏板或等待另一头猪去踩踏板。如果某一头猪做出自己去踩踏板的选择，不仅要付出劳动，消耗掉2份饲料，而且由于踏板远离饲料，它将比另一头猪后到食槽，从而吃到饲料的数量变少了。我们假定：若大猪先到（即小猪踩踏板），大猪将吃到9份的饲料，小猪只能吃到1份的饲料，最后双方得益为（9，-1）；若小猪先到（即大猪踩踏板），大猪和小猪将分别吃到6份和4份的饲料，最后双方得益为（4，4）；若两头猪同时踩踏板，同时跑向食槽，大猪吃到7份的饲料，小猪吃到3份的饲料，即双方得益为（5，1）；若两头猪都选择等待，那就都吃不到饲料，即双方得益均为0。

智猪博弈的收益矩阵可以用表6-2表示。表6-2中的数字表示不同选择下每头猪能吃到的饲料数量减去前去踩踏板的成本之后的净收益水平。

表6-2 智猪博弈的收益矩阵

（大猪的收益，小猪的收益）		大猪	
		踩踏板	等待
小猪	踩踏板	(1, 5)	(-1, 9)
	等待	(4, 4)	(0, 0)

这个博弈的均衡解是大猪选择踩踏板，小猪选择等待，这时大猪和小猪的净收益水平均为4个单位。

在找出上述智猪博弈的均衡解时，实际上是按照"重复剔除严格劣策略"的逻辑思路进行的。这一思路可以归纳如下：首先找出某参与人的严格劣策略，将它剔除，重新构造一个不包括已剔除策略的新博弈；然后，继续剔除这个新的博弈中某一参与人的严格劣策略；重复进行这一过程，直到剩下唯一的策略组合为止。剩下这个唯一的策略组合，就是这个博弈的均衡解，称为"重复剔除的占有策略均衡"。

在智猪博弈收益矩阵中可以看出：小猪踩踏板能得到1份最终损失1份，不踩踏板反而能得到4份。对小猪而言，无论大猪是否踩动踏板，小猪采取"搭便车"策略，也就是舒舒服服地等在食槽边，都是最好的选择。由于小猪有"等待"这个优势策略，大猪只剩下了两个选择：等待就吃不到，踩踏板最终可得到4份。所以"等待"就变成了大猪的劣势策略，当大猪知道小猪是不会去踩动踏板的，自己亲自去踩踏板总比不踩强，只好为自己的4份饲料不知疲倦地奔忙于踏板和食槽之间。也就是说，无论大猪选择什么策略，选择踩踏板对小猪都是一个严格劣策略，应首先加以剔除。在剔除小猪踩踏板这一选择后的新博弈中，小猪只有等待一个选择，而大猪则有两个可供选择的策略。在大猪这两个可供选择的策略中，选择等待是一个严格劣策略，再剔除大猪的严格劣策略——等待。剩下的新博弈中只有小猪等待、大猪踩踏板这一个可供选择的策略，这就是智猪博弈的最后均衡解，达到重复剔除的优势策略均衡。

在一场博弈中，如果每个参与人都有严格优势策略。那么严格优势策略均衡是合乎逻辑的。但是在绝大多数博弈中，这种严格优势策略均衡并不存在，而只存在重复剔除的优势策略均衡。所以，"智猪博弈"听起来似乎有些滑稽，但它却是一个根据优势策略的逻辑找出均衡的博弈模型。

智猪博弈模型可以用来解释为什么占有更多资源者，如本小节开头故事中的晋国，必须承担更多的义务。这样的现象在当代国际和国内经济生活中都十分普遍。

石油输出国组织（OPEC）的一个重要特点是其成员国的生产能力各不相同，特别是沙特阿拉伯的生产能力远远超出其他成员国。同属一个联盟组织的大成员国和小成员国，它们的作弊激励是不是一样大？为了简化这个问题，我们只看一个小成员国，即科威特。假定在合作的情况下，科威特应该每天生产100万桶石油，沙特阿拉伯则生产400万桶。对于它们两家，作弊意味着每天多生产100万桶。换言之，科威特的两种选择分别是100万桶和200万桶；沙特阿拉伯则为400万桶和500万桶。基于双方的不同选择，投入市场的总产量可能是500万桶、600万桶或700万桶。假定相应的边际利润（每桶价格减去每桶生产成本）分别为16元、12元和8元。通过分析，我们知道科威特有一个优势策略：作弊，每天生产200万桶。沙特阿拉伯也有一个优势策略：遵守合作协议，每天生产400万桶。沙特阿拉伯一定遵守协议，哪怕科威特作弊也一样。

沙特阿拉伯出于纯粹的自利心理，有一种合作的激励。假如它生产的数量较低，则市场价格攀升，OPEC全体成员国的边际利润上扬。假如它的产量只占OPEC总产量一个很小的份额，它自然不会发现，原来向整个联盟提供这种"公共服务"对自己也有好处。不过，假如它占的份额很大，那么上扬的边际利润会有很大一部分落在它自己手里，因此牺牲一些产量也是值得的。

在一个股份公司当中，股东都承担着监督经理的职能，但是大小股东从监督中获得的收益大小不一样。在监督成本相同的情况下，大股东从监督中获得的收益明显大于小股东。因此，小股东往往不会像大股东那样去监督经理人员，而大股东也明确无误地知道不监督是小股东的优势策略，知道小股东要搭大股东的便车，但是别无选择。大股东选择监督经理的责任、独自承担监督成本，是在小股东占优选择的前提下必须选择的最优策略。这样一来，与智猪博弈一样，从每股的净收益（每股收益减去每股分担的监督成本）来看，小股东要大于大股东。

这样的客观事实就为那些"小猪"提供了一个十分有用的成长方式，那就是"借"。有一句话叫作"业成气候人成才"。仅仅依靠自身的力量而不借助外界的力量，一个人很难成就一番大事业。在市场营销中更是如此。每一位营销者要想发展，都必须学会利用市场上已经存在的舞台和力量。只有具备更高的精神境界，才能借助外界力量，把自己托上广阔的天空。

《三十六计》之"树上开花"云："借局布势，力小势大。鸿渐于陆，其羽可用为仪也。"这是指利用别人的优势形成有利于自己的局面，虽然兵力不大，却能发挥极大的威力。大雁高飞横空列阵，全凭大家的长翼助长气势。

在商业运作中借用他人力量的前提是自己有主导产品。只是在自己的发展过程中力量不足时，才借"大猪"的活动来壮大自己的实力，扩大自己的市场份额。

20世纪50年代末期，美国的佛雷化妆品公司几乎独占了黑人化妆品市场。尽管有许多同类厂家与之竞争，却无法动摇其霸主的地位。这家公司有一名供销员名叫乔治·约翰逊，他邀集了三个伙伴自立门户经营黑人化妆品。伙伴们对这样的实力表示怀疑，因为很多比他们实力更强的公司都已经在竞争中败下阵来。约翰逊解释说："我们只要能从佛雷公司分得一杯羹就能受用不尽了。所以在某种程度上，佛雷公司越发达，对我们越有利！"

约翰逊果然不负伙伴们的信任，当化妆品生产出来后，他就在广告宣传中用了经过深思熟虑的一句话："黑人兄弟姐妹们！当你用过佛雷公司的产品化妆之后，再擦上约翰逊的粉质膏，将会收到意想不到的效果！"这则广告用语确有其奇特之处，它不像一般的广告那样尽力贬低别人来抬高自己，而是貌似推崇佛雷的产品，其实质是来推销约翰逊的产品。借着名牌产品这只"大猪"替新产品开拓市场的方法果然灵验。通过将自己的化妆品同佛雷公司的畅销化妆品排在一起，消费者自然而然地接受了约翰逊粉质膏。接着这只"小猪"进一步扩大业务，生产出一系列新产品。经过几年的努力，约翰逊化妆品终于成为黑人化妆品市场的新霸主。

6.2　囚徒困境与国际经济法律制度

国际经济交往中，各个成员之间始终面临一个博弈论中"囚徒困境"的难题，国际社会应该解开这个"囚徒困境"，寻求集体理性的实现。国际法律规则能够像国内法律规则那样有强制性的约束力。

6.2.1　囚徒困境

1950 年，担任斯坦福大学客座教授的数学家图克（Tucker），给一些心理学家解释他正在研究的完全信息静态博弈问题，为更形象地说明博弈过程，他用两个犯罪嫌疑人的故事构造了一个博弈模型，即囚徒困境模型。

这一模型是：两个共同偷窃的犯罪嫌疑人甲和乙被带进警察局，警方对两名犯罪嫌疑人实行隔离关押，隔离审讯，每个犯罪嫌疑人都无法观察到同伴的选择。警方怀疑他们作案，但手中并没有掌握确凿证据，于是明确地分别告知两名犯罪嫌疑人：对他们犯罪事实的认定及相应的量刑完全取决于他们自己的供认，如果其中一方与警方合作，供认偷窃之事，而对方抵赖，供认方将不受惩罚，无罪释放；另一方则会被判重刑 10 年；如果双方都与警方合作共同供认，各被判刑 5 年；而如果双方均不认罪，因为警察找不到其他证据则无罪释放。两名囚徒面临的选择及其带来的后果组合可以用表 6-3 表示。

表 6-3 囚徒博弈

（囚徒1的效用，囚徒2的效用）		囚徒1的策略	
		坦白	抵赖
囚徒2的策略	坦白	(-5, -5)	(-10, 0)
	抵赖	(0, -10)	(0, 0)

哪一种选择对犯罪嫌疑人更有利呢？从表6-3中可以看出，每个犯罪嫌疑人都有两种可供选择的策略：坦白（供认）或抵赖（不供认），而且每个犯罪嫌疑人选择的最优策略不依赖于其同伙的策略选择。

如果甲选择抵赖，那么就可能出现两种情况：如果乙选择供认，那么甲将被加重惩罚，判刑10年，而乙则无罪释放；如果乙也同样选择抵赖，那么他们两个都将因证据不足而被释放。很显然，第二种结果对于两个人都是最有利的。但是，因为警方没有把两名嫌疑人放在一间囚室里，因而这种合作难以顺利进行，使得结果预测的不确定性加大，或者说增加了抵赖合作的风险性。因此，基于人是理性的这一前提，由于犯罪嫌疑人不知道对方的想法，最理性的博弈策略，就是选择供认。这时的策略可以称为占优策略。而如果所有参与人都有占优策略存在，那么博弈将在所有参与人的占优策略的基础上达到均衡，这种均衡称为占优策略均衡。在囚徒困境中"甲供认，乙供认"的占优策略均衡中，不论所有其他参与人选择什么策略，一个参与人的优势策略都是他的最优策略。不管甲乙两人谁供认，都将得到减轻惩罚的结果：如果甲供认了，乙抵赖，甲将免于惩罚；如果乙也供认了，那么罪名各担一半，从甲个人看来，也减轻了惩罚；甲乙互换位置，结果依然是一样。显然，这一策略一定是所有参与人选择某一特定策略时该参与人的占优策略。

与占优策略相对应，劣势策略则是指在博弈中，不论其他参与人采取什么策略，某一参与人可能采取的策略中，对自己严格不利的策略。劣势策略是我们在日常生活中不应该选择的策略。

有一个要注意的问题是，采用优势策略得到的最坏结果，并不一定比采用另外一个策略得到的最佳结果要好。这是很多博弈论普及书中容易出错的一个问题。应该说，参与人采用优势策略时，无论对方采取任何策略总能够显示出优势。

6.2.2 国际经济交往的囚徒困境——关税博弈

如果把囚徒困境模型推广到国际经济交往领域，可以发现，国际社会的各个成员之间也始终面临一个博弈论中"囚徒困境"的难题。以关税问题为例，在表6-4所示的博弈模型中，各个国家面临着"维持高关税"还是"降低关税"的两种选择，如果把 A 国和 B 国看作一个整体，即经济学上所谓的单一所有人假设，则让两国都选择实施"低关税"政策所带来的国际社会总体收益是最大的（200 + 200 = 400 个单位）；但是当两个国家在进行单独决策时，任何一个理性的国家都能够算计到，对方国家无论是实施"高关税"制度还是"低关税"制度，对于本国来说，理性的选择都是实施"高关税"。由此，最终的博弈结果就是各国都不约而同地采取"高关税"策略，最终收获的国际社会总收益减少了 50%（100 + 100 = 200 个单位）。

表 6 – 4　关税博弈

（国家1的效用，国家2的效用）		国家1的策略	
		低关税	高关税
国家2的策略	低关税	(200, 200)	(250, 50)
	高关税	(250, 50)	(100, 100)

历史验证了这个模型。1929 年经济危机发生之后，世界主要国家竞相提高进口产品的关税税率，就连一向主张自由贸易的美国，总统胡佛也于 1930 年签署了历史上最严厉的关税法——《斯姆特-霍利关税法》，该部法律修订了 1125 种商品的进口税率，其中增加税率的商品有 890 种，有 50 种商品由过去的免税改为征税。这项法律的出台引起了其他国家的强烈贸易报复，各国为保护本国产业，纷纷提高关税、实施严格的进口管制，而由此引发的国际贸易战也进一步将美国本国的经济推向了深渊，道琼斯指数于 1932 年 7 月跌至 41 点的历史最低点，美国股市总市值比 1929 年 9 月时的高点缩水了 89%。这就是一个典型的关于"囚徒困境"的实例。

6.2.3　约束机制

同样结构的博弈重复多次，就是重复博弈。其中，每次博弈称为阶段博弈。重复无限次，为无限次重复博弈；反之，为有限次重复博弈。

重复博弈理论的最大贡献是对人们之间的合作行为提供了理性解释：在囚徒困境中，一次博弈的唯一均衡是不合作（即坦白）。但如果博弈无限重复，合作就可能出现。

无名氏定理：在无限次重复博弈中，当贴现因子足够大时，任何帕累托优于单阶段博弈纳什均衡的收益组合（支付向量）都可以实现，即都能够成为子博弈精炼纳什均衡结果。含义：在无限次重复博弈中，如果参与人对未来足够重视（足够大），那么任何程度的合作都可以通过一个特定的子博弈精炼纳什均衡得到。

这个补贴因子体现在两个方面：一个是惩罚，另一个是制度。

"一报还一报"是人类最古老的行为规则之一。它要求人们最初总以善意待人，在没有被欺骗之前，永远不要主动欺骗他人；但一旦发现他人的欺骗，下次交往时要毫不犹豫地报复、惩罚；惩罚过后，又回到起点，继续善意待人。这种行为规则中，永远只需记忆对方最近一次的行为，宽容看待对方的过往行为，除了上一次的背叛。

个人行动策略必须置于总体社会的演化过程之中，意义才可能凸显。行动者在选择行动策略时，真正要面对的不仅是单个竞争对手，还有各自所处的小团体和大团体，各式各样的显规则和潜规则。这时，威慑、法律、声誉、社会认同、成员身份等非经济约束都可能起到很大作用。

例如，由 7 个人组成的小团体，其中每个人都是平凡而且平等，但不免自私自利。

他们想通过制定制度来解决每天的吃饭问题——要分食一锅粥，但并没有称量用具。

大家试验了不同的方法。

方法一：指定一个人负责分粥事宜。很快大家就发现，这个人为自己分的粥最多。于是又换了一个人，结果总是主持分粥的人碗里的粥最多最好。

方法二：大家轮流主持分粥，每人一天。虽然看起来平等了，但是每个人在一周中只有一天吃得饱而且有剩余，其余 6 天都饥饿难挨。大家都认为这种办法造成了资源浪费。

方法三：大家选举一个信得过的人主持分粥。起初这位品德尚属上乘的人还能公平分粥，但不久他开始为自己和溜须拍马的人多分。

方法四：选举一个分粥委员会和一个监督委员会，形成监督和制约。这样基本上做到了公平，可是由于监督委员会常常提出种种议案，而分粥委员会又据理力争，等分粥完毕时，粥早就凉了。

方法五：每个人轮流值日分粥，但是分粥的那个人要最后一个领粥。令人惊奇的是，在这个制度下，7 只碗里的粥每次都是一样多。每个主持分粥的人都认识到，如果 7 只碗里的粥不相同，他确定无疑将享用那份最少的。

现代政治经济学是这样表述的：制度至关重要；制度是人选择的，是交易的结果。好的制度浑然天成，清晰而精妙，既简洁又高效，令人为之感叹。

对于国际经济中的囚徒困境，各个国家都能够意识到，可以通过某种方式的合作，改变理性个体的行为选择方向，最终使得个体理性的加总趋近甚至达到集体理性，这就是双赢的局面。而要实现这一目标，自然就是要改变理性人的外部制度约束和激励。以关税问题为例，如果国与国之间能够达成一项削减关税的国际协定，并且通过一种有效的约束机制来保证各国遵守协议中所约定的国际义务，在这种情况下，"囚徒困境"就可能被解开。这种约束机制就是本书第 7 章介绍的"国际组织"。

6.3 文化博弈

美国曾将文化作为武器，在国家整个战略利益的层面上安排国家的对外文化工作，以文化和意识形态"演变"作为美国冷战政策的核心内容。而苏联的最终失败，在很大程度上也归咎于在这场文化博弈中的失败。

6.3.1 国际文化博弈的类型和现状

全球化时代文化跨越边界的同化与融合，文化实力不同引发的竞争与合作，构成了国际社会广泛存在的文化博弈现象，主要呈现出以下几种类型。

1. 同化型

优势文化一方强制进入弱势文化，使接受方文化不能发挥其主体性，于是优势文化取替了原有的文化因素，导致后者本质上的改变甚至消失，进而被同化整合。近代以来，西方资本主义在全球的急剧扩张和殖民化过程使众多文明面临瓦解危机。以美国为首的西方国家秉持文化进化论的思维，将原始和野蛮的文化视为劣等文化，引入西方的宗教理念、生活方式等文化因素对其加以征服和改造。但是文化的适应性因地制宜，他们这种"善意"反而导致殖民地固有文化的断层和崩解。例如，哥伦布发现新大陆后，白人将印第安人逐出世居的土地，而印第安文化随着各种族的相继消亡遭受了毁灭性的打击。19 世纪初，美国开始以族为单位设立印第安保护区，并将白人的"先进"文化因素带入其中，但结果却导致印第安文化更加碎片化、边缘化，甚至加速消解。同样，非洲南部的各种族文化也在西方国家的殖民进程中被摧毁和改造，呈现出一种极度扭曲和落后的状态。殖民地时期，西方国家对落后地区的控制更加直接高效，对文化的同化和改造也更加彻底，但在当前以和平与发展为主题的时代潮流下，国家间文化交流很难出现一种文化完全被另一种文化同化甚至消失的状态，更多地表现为不同程度的融合。

2. 融合型

文化 A 和文化 B 在进行博弈后，两种文化在不同程度上受到对方的影响并进行了整合，但同时都还保留着自身的文化成分，这是当前最主要的文化博弈类型。根据所采取的博弈策略不同，具体可分为以下三类。

（1）主动适应型。

文化 A 在与文化 B 的博弈中首先调整自身文化以适应文化 B 的发展，导致文化 B

主动接受并融合了文化 A 的因素。美国与欧洲很多国家相比，文化历史资源并不丰富，但却始终是世界文化强国，在国际文化博弈中占据着绝对优势地位。这与其主动适应文化市场，善于使用文化博弈策略息息相关。面对不同国家丰富多样的文化形态，美国十分擅长找到共通性的因素，同时结合当地特色，进行适应性改造。美国拥有全球最强的文化产业实力和众多享誉全球的文化品牌：苹果、迪士尼、麦当劳、好莱坞等，在跨国文化公司的运作下，这些品牌产品及其背后的价值观念、思维方式、生活习惯被输出到世界各地。麦当劳在起初进入法国市场时困难重重，面临着法国本土快餐店的激烈竞争和自身管理不当导致的水土不服，于是开始进行"法国化"的经营策略调整。在保持美国特色和基本而普遍的菜谱与价格的同时，进一步迎合法国人的社交习惯，将座位改为可移动式设置，便于客人进行聚餐，因为法国人在餐馆花的时间普遍比美国人长；同时进一步融入法国的文化与生活习惯，开始提供具有法国特色的依云矿泉水和啤酒、出售各种甜点，最终打开了法国市场并大获成功。麦当劳提供的不仅是一种美国式的就餐体验，更是一种美国的文化格调：年轻、健康、随意、时髦，提升着美国文化的吸引力。

(2) 被动式微型。

文化 A 在与文化 B 的博弈中，由于难以抵制文化 B 的强大影响力或因自身文化存在缺陷而发生改变，导致自身文化的式微。文化 B 在博弈中处于文化优势地位，通常采取一种追求文化霸权的扩张性策略，对文化 A 进行影响和侵蚀，而文化 A 由于自身文化实力不足，无法采取有效的策略进行抵制，更加加剧了这种被动局面，使自身文化安全受到威胁。在东欧剧变、苏联解体的历史背景下，俄罗斯在与其他国家的文化博弈中经历了一个被动式微的过程。苏联解体前，以美国为首的西方阵营就不断推行"和平演变"策略，对其进行思想文化的侵蚀，而解体的事实更加为西方阵营提供了攻击甚至全面否定俄罗斯文化的机会。在东欧和独联体国家，俄罗斯的文化影响力也日益减弱，甚至逐渐消失。美国学者塞缪尔·亨廷顿在《文明的冲突》中总结了世界"七大文明"，俄罗斯被定义为"无所适从"的国家。同时国内政府去苏联化的文化政策，国际社会对苏联的否定和抨击，使许多俄罗斯民众甚至政治精英都对自身文化归属充满困惑，并出现身份认同危机，尤其是在这一时期成长起来的年青一代，深受美国大众文化的洗礼，这对他们的思维方式、生活习惯、价值观念产生了难以磨灭的深刻影响。

(3) 多元共赢型。

文化 A 与文化 B 在博弈中相互吸收借鉴，又各自保留自身的文化特色，形成一种相互依存的平等交流局面，实现了文化的多元共存，或者产生一种共同接受的文化 C，实现共赢。多元共赢型文化博弈在国际上主要表现为：国家间基于主权平等和互利共赢原则协商建立文化合作，在尊重彼此的文化差异基础上建立文化共同体，频繁友好地进行人文交流与不断深入促进文化认同。这是文化博弈的一种理想和共赢的状态，在促进双方文化交流与发展的同时，也有力地推动了文化创新，保护了世界文化的多样性，为国家间政治、经济交往奠定了文化和社会基础。欧盟的文化政策和博弈策略是多元共赢的典型。《欧洲联盟条约》第128条规定共同体将在尊重各个国家、地区的多样性，重点保护欧洲共同体共同文化遗产的同时，推动各个成员国的文化繁荣。

欧盟、加拿大、日本、韩国等国家在世界文化格局中占有重要地位，而且具有较强的文化输出能力，组成了强势文化群体。欧洲继承了古希腊古罗马的丰富遗产，历史文化底蕴深厚，又率先进行了资产阶级革命，传统与现代结合的文化具有强大的吸引力，同时拥有BBC和路透社、法新社等实力强大的世界级传播网络，成为仅次于美国的文化输出地；韩国的文化产业十分发达，音乐和电视剧制作体系成熟且创意性十足，形成独具一格的K-pop文化，引领着亚洲的生活和时尚潮流。但强势文化群体在进行全球文化输出的同时也面临着美国霸权文化的挤压和"美国化"的威胁。在欧盟的电影市场上，美国电影所占份额已经超过60%，而欧洲在全球电影市场也难以抵挡好莱坞的挤压，仅剩不到10%的份额。在语言方面，大量美式英文词汇的渗入，使法语、德语的纯洁性受到侵蚀。

6.3.2 博弈措施

在这种文化入侵之下，很多国家都采取了相应的措施，通过发展本国文化来对抗强势文化。

如法国提出了文化例外的新概念，反对美国将自由贸易范围扩大到文化领域；加拿大则直接颁布法令限制电影发行领域的外国投资；韩国也采取增加国产电影放映时间比例的办法限制美国电影的过分侵入。

西方文化旋风吹遍全球，阿拉伯国家虽不在旋风的中心，但也有了被猛烈吹袭的感觉。在全球化的时代，阿拉伯国家的年轻人更容易接受西方国家的产品，也更容易理解和受到影响。

一些父母开始担心自己的孩子过于西化，在这样的担忧下，产生了新的商业模式，商人们开始尝试将西方流行文化与阿拉伯文化进行融合，创造出符合阿拉伯人价值观的产品。例如，在阿拉伯国家，芭比娃娃被描述为关心、尊重父母的有爱心的女孩形象。这一传统的西方流行文化图腾在这里被披上了长袍和头巾，变为阿拉伯形象的女子。

美国是世界上的超级大国，但相比于历史上出现的大英帝国等世界霸主，美国有其独特的"手段"，其中之一就是美国的"软实力"，而文化影响力正是美国"软实力"的重要内容。伴随着全球化进程，美国的"好莱坞"电影在世界上大行其道，而其他国家的电影，也以能获得美国"奥斯卡"电影奖而自豪。在美国和西方文化的进攻面前，大多数地区的民族文化都败下阵来。

现在的"文化贸易战争"已经成为全球化潮流，如果不发展和促进文化贸易，中国就要失去这个机会，而沦为文化发达国家的文化原料产地和文化产品销售地。

尽管有着无比美好的前景，但与美好的前景相比，中国文化现实却面临着深刻的难题，这些难题表现在：传统文化与意义已面临某些危机；主流文化价值系统受到挑战。从国际上看，与中国正在崛起的大国地位相比较，中国文化在国际舞台上还缺少实际的影响力和足够的吸引力。

作为竞争的一部分，国家"十二五"规划纲要提出，要传承优秀民族文化，创新文化"走出去"模式，增强中华文化国际竞争力和影响力，提升国家软实力。

近年来，伴随中国经济高速增长，中国的文化事业也在蓬勃发展，并越来越多地走向世界。各种文化作品和产品通过不同渠道、载体走出国门，向世界展示中国多姿多彩、充满活力的国家形象。

孔子学院在海外各地的陆续成立，中国国产影片出口的不断加大，中国语言在世界范围的推广，一系列中国文化活动参与国际文化市场竞争，是文化"走出去"的主要内容。

6.3.3 海外版抖音 TikTok 的博弈

继华为之后，美国又开始打压另一家中国企业。特朗普曾表示，他将禁止抖音海外版应用 TikTok 在美国运营。

美国当地时间 2020 年 7 月 31 日，美国总统特朗普宣布准备禁止抖音海外版 TikTok 在美国运营，起因是美国外国投资委员会向特朗普建议称，TikTok 从数据方面威胁到了美国的国家安全。

TikTok 美国区总经理凡妮莎·帕帕斯随后否认 TikTok 与中国政府共享用户信息，称 TikTok 美国用户数据存储在美国，对员工访问进行严格控制，并表示"不会离开"。

针对所谓的数据安全问题，美国格知律师事务所律师叶俊指出，这一指控没有根据："从个人隐私信息这一点来看，TikTok 做的和其他公司没有什么区别，从这一点来说，（美国）总统并没有太多的法律基础来禁止这个应用本身。"

据了解，TikTok 进入美国市场之后，迅速进入苹果应用商店和谷歌应用商店的下载排行榜前十位。截至 2020 年 4 月底，TikTok 在美国的用户下载量为 1.65 亿次，约占其总人口的 50%，美国是 TikTok 在海外的第二大市场，月活跃用户在 3000 万左右。刘兴亮表示，此次 TikTok 被禁止在美国运营，将给全球互联网行业蒙上阴影。

2012 年 3 月北京字节跳动科技有限公司成立时，就是最早把人工智能技术大规模应用于信息分发的公司之一。无论是起家的搞笑社区"内涵段子"和推荐引擎"今日头条"，都是基于数据挖掘的算法技术为核心驱动，来实现资讯分发、内容分发。

这与微信、微博、Facebook 等以社交分发资讯有明显不同。社交分发是以用户的社交关系链作为分发的基础，用户关注的对象决定用户能看到什么。而算法分发则是基于用户的价值观念与兴趣爱好，通过各种算法琢磨出用户有什么兴趣和偏好，然后向用户精准"投喂"内容。表面上算法分发更能精准地匹配用户的需求，提升用户体验，但在另一方面却会禁锢甚至极化用户的价值观念，因而放大了"信息茧房"效应。

2020 年高考江苏卷作文题出现"信息茧房"这一概念。本来互联网就会加速构建使用者的信息茧房，如果加上算法主导的"审核系统+推荐系统"，那么用户会待在他适合的信息茧房中"乐不思蜀"了。如果说一个人被他的社交圈子（同学、同事、亲戚朋友等）影响，我们都可以接受，因为这本已被人的社交属性所决定了。但一个人的信息来源、思想观念被一个精密的算法所主导时，那么这个人就成为机器算法的奴隶了。因此，有自媒体文章说"抖音改变了世界，美国政府改变了抖音"！

然而，今日头条、抖音、TikTok 的问题远不止于"信息茧房"这类传播伦理问题，不然像日本这样媒体很开放的地方也不会采取行动。因为"算法分发"要做到精准匹配，就有两个命门罩在头上。

一是"隐私门"。必须时刻关注用户的动态，精准搜集用户信息，这样算法分发才能做到信息内容的精准匹配，才能精准投喂，与用户的癖好形成互动，用户的体验也才会更好。毫无疑问，大量搜集用户信息无疑对用户隐私权构成威胁。抖音出海以来，就不断遭到侵犯用户隐私的指控。2019 年 2 月，美国联邦贸易委员会指控 TikTok 非法收集儿童的个人信息，最后 TikTok 同意支付 570 万美元来解决司法部提交的美国联邦贸易委员会投诉。

更重要的是，如此大量的用户信息和隐私搜集对他国的信息安全形成极大挑战。算法分发除了基于用户兴趣、新闻时效、热点进行推荐之外，还会基于地域、时间、场景等推荐，因此需要追踪用户的搜索历史、地理位置等信息，甚至对用户发布内容的场景进行有针对性的分析以获取用户数据。在大数据下这些用户信息除了可以用于信息分发、广告推广之外，还可以有其他很多应用。因此，各国政府对于用户信息搜集都保持高度敏感。

尽管 TikTok 一再澄清不在中国运营，政府无法访问 TikTok 用户数据，在美国 TikTok 由美国实体运营，但是仍无法解除国外的担心。CyberInt 首席网络安全研究员 Jason Hill 认为，位于美国以外的科技公司"受制于不同的数据处理标准或治理"，"虽然很多人可能并不关心这一点，但在政府、军队或涉密部门工作的用户可能会考虑将他们的个人数据暴露给外国实体的后果。"

二是"审核门"。如前所述，在"信息茧房"中，算法不会分辨内容的善恶好坏，只知道用户喜欢什么就给用户"投喂"什么，只要用户感觉好、黏度高。为此，即使有强大的智能算法，还是免不了人工审核来判断算法分发的内容是否有违社会伦理道德。由于推荐的内容量很大，人工审核成本也很高。

更重要的是，有了人工干预（不管是人工审核还是对算法中权重进行调整），分发内容就会有偏向性，从而影响到用户。尤其是在拥有庞大用户后，算法分发平台已经不是一个媒体平台，也不是一个社交平台，而是拥有强大影响力的实体。

第7章 国际组织与知识管理

美国知名主持人林克莱特一天访问一名小朋友,问道:"你长大后想要当什么呀?"小朋友天真地回答:"我要当飞机的驾驶员!"林克莱特接着问:"如果有一天,你的飞机飞到太平洋上空所有引擎都熄火了,你会怎么办?"小朋友想了想说:"我会先告诉坐在飞机上的人绑好安全带,然后我挂上我的降落伞跳出去。"当现场观众笑得东倒西歪时,林克莱特继续注视着孩子,想看他是不是自作聪明的家伙。没想到,孩子的两行热泪夺眶而出,林克莱特发觉这孩子的悲悯之情远非笔墨所能形容。于是林克莱特问他:"为什么要这么做?"孩子的答案非常真挚:"我要去拿燃料,我还要回来!"

学习目标
- 了解特惠贸易协定
- 了解世界银行
- 了解国际货币基金组织
- 了解世界贸易组织

7.1 特惠贸易与经济增长

7.1.1 特惠贸易协定与知识共享

特惠贸易协定(Preferential Trade Arrangement)是各成员之间通过协定或其他形式,对全部商品或部分商品规定较为优惠的关税,但各成员保持其独立的对非成员的关税和其他贸易壁垒,是区域经济合作中最低级和最松散的组织形式。第二次世界大战前的"英联邦特惠制"和战后的"东南亚国家联盟"(东盟)就属于这种形式。值得一提的是,特惠贸易协定的成员之间只是提供关税减让的优惠,还有一定程度的关税存在。

特惠贸易协定过去被更多地译为"自由贸易区协定",但实际上其涵盖的内容比惯常理解的自由贸易区协定要宽泛得多。特惠贸易协定是少数成员之间的自由贸易协定、服务协定、关税同盟的总称,它与多边贸易协定的概念相对应。近年来,不仅是区域性成员之间有了更多此类安排,互补型贸易伙伴之间、经济发展阶段相似的国家之间以及出于政治结盟考虑的国家之间,都开始尝试并且也有效地结成了许多特惠贸易协定。关于特惠贸易协定到底是多边贸易协定的威胁还是必要的补充,始终是一个有争议的问题。甚至特惠贸易协定到底是促进了全球范围的贸易自由化,还是造成了更大的沟壑和歧视性贸易也一直困扰着学术界。

20世纪90年代开始,特惠贸易协定(以下简称PTA)的数量迅猛增长。根据WTO的统计,向它通报的成员缔结的特惠贸易协定从1992年的累计20件,增长到2012年1月15日的累计511件。WTO所有成员,除了蒙古国以外,都同时又是1项以上PTA的成员。以加拿大为例,就同时谈判着14项PTA。发展中国家也成为这类协定的主要参加国。平均每个非洲国家都同时参加了4项不同的协定,而平均每个拉美国家则可能隶属于7项不同的协定。PTA呈现出成员重叠、数量增长迅猛、内容涵盖广等蓬勃发展的势头。为什么有这么多的国家越来越主动地参加或谈判PTA呢?曾经有经济学家试图使用多米诺理论来解释一国可能出于对被排除在这一协定外的成本的考虑,而选择置身其中而不是其外。后来更多的经济学家解释集中于规模效应和经济的相似性对PTA的推动。政治经济学家的观点又有些不同,他们认为政府对外签署这些协定可能是为了对抗国内的改革阻力、国家安全、加固在多边谈判中的地位,或者为了应对其他协定。最近的研究则更多地关注国内体制、政治集团和官僚利益以及国际冲击。在最新的经验性研究成果中,通过对1990年以后的历年PTA数据的实证研究,认为贸易转移的威胁是各国达成PTA的重要原因;另外,历史性或天然的贸易伙伴之间也容易达成PTA,还有地理相近仍是重要促因。大多数PTA最初的目标就是自由化和一体化,所以有很多研究聚焦于其对成员之间贸易的影响。但是,近几年也有研究更关注这样一种趋势:自由化的安排越来越朝向纳入更具体和更精确的规则。还有一方面的研究则关注于哪些国家之间能更快地达成PTA。Baier和Bergstrand在前人Krugman和Frankel研究成果的基础上,发现从经验和理论上显示,一项双边PTA的净收益取决于两个国家的经济规模和相似性、距离和相对要素禀赋。另一项研究显示,PTA之间具有连锁效应,所以PTA的盛行正是这种唯恐被边缘化的现状的反映,其他国家参与或缔结PTA也会促使相邻的国家参加或缔结该PTA,类似多米诺效应。美国参加或签署的PTA有17项,对方成员包括澳大利亚、加拿大、智利、多米尼加、新加坡等多个贸易伙伴。但必须承认,美国的主要签约对象来自中东和北美,这是它重点发展的战略区域,有明显的政治考虑。美国也有普惠计划(Generalized System of Preferences,GSP),对来自131个指定国家或地区(关税区)的4800多项产品给予特惠的免税准入。美式协定的另一重大特征是将更多的政治性问题纳入其中,包括环境、劳工、国家安全和知识产权保护等，美国正在全球推广这样的"美式协定"。欧洲本身的 PTA——欧盟大概是最成功的经历。同样，欧洲签署或参加的 PTA 数量与涵盖的国家（地区）范围超过美国。值得一提的是，欧洲参加的 PTA 中经常涉及技术标准的协定、知识产权的保护、竞争政策的合作、投资与资本流动的自由化、政府采购、保障措施和争端解决等内容，甚至政治、文化与安全合作等。显然，欧洲在 PTA 中推广这些非贸易问题，比在 WTO 项下要成功得多。

7.1.2 北美自由贸易协定

1992 年 8 月 12 日，墨西哥工商部长海梅·塞拉，加拿大工业、科技和国际贸易部长迈克尔·威尔逊和美国贸易代表卡拉·希尔斯结束了北美自由贸易协定（NAFTA）的谈判。

NAFTA 的前几项条款确定，根据关税及贸易总协定，在墨西哥、加拿大、美国之间正式建立一个自由贸易区。条款规定了履行协定时各国应遵循的规则和基本原则，阐明了协定的基本宗旨。

NAFTA 的宗旨是：取消贸易壁垒，创造公平竞争的条件，增加投资机会，对知识产权提供适当的保护，建立执行协定和解决争端的有效程序，以及促进三边的、地区的和多边的合作。NAFTA 的成员将通过执行协定的原则和规则，如国民待遇、最惠国待遇、程序上的透明等来实现这些宗旨。

三国确认各自对关贸总协定和其他国际协定所享有的权利和承担的义务。

在 NAFTA 与其他协议的规定发生冲突的情况下，一般以协定的规定为准，但也有例外，如当某些环境协议有关贸易的规定与 NAFTA 相矛盾时，根据尽可能减少这些协议与 NAFTA 之间的不一致性的原则，以前者为准。

NAFTA 的前几项条款还确定了各国各级政府部门执行协定的一般规则，同时在第一部分还确定了协定中使用的一般概念，以保证这些概念在使用时保持统一和一致。

1. 原产地规则

自由贸易协定规定将在一个过渡期内取消墨西哥、加拿大和美国所生产商品的所有关税，为确定哪些商品可享受优惠关税待遇，必须制定原产地规则。

制定协定有关原产地规则条款的目的是确保 NAFTA 的优惠只给予北美地区生产的商品，而不给予那些全部或大部分在其他国家加工的商品，并取得预期的效果；减少对 NAFTA 范畴内进行贸易活动的出口商、进口商和生产者管理上的障碍。

原产地规则规定，全部在北美国家生产的商品将被视为该地区产的商品。含有地区外材料的商品，只要这些材料在 NAFTA 的任何成员国里得到加工，也被视为本地区产的商品，但这种加工应足以改变其根据 NAFTA 有关条款规定的关税类别。在某些情况下，除需具备关税类别的条件外，商品还应含有地区成分的专门比例。NAFTA 一个条款同美加自由贸易协议的一个条款相似，即当最终商品和其零配件被专门列为一个分税目并具备地区成分的条件时，该商品也被视为本地产商品。

地区成分的专门比例将以贸易额或净成本额的方式计算。贸易额方式的基础是对某商品的已付或应付价格，以避免使用复杂的会计制度。净成本方式即从商品的总成本中扣除特许权、促销、包装和运输的成本。净成本方式对能包括在计算中的金融负担做了限制。一般来说，生产者可选择其中任何一种方式；但是，当根据关贸总协定海关估价法贸易额方式不被接受时，或对某些产品（如汽车工业产品）使用净成本方式。

为使汽车工业产品享受优惠关税待遇，应具备按净成本方式计算的地区成分的一定比例（客车、轻型货车以及此类车的发动机和传动装置为62.5%，其他类车辆和部件为60%）。为了更精确地计算汽车产品的地区成分，从地区外国家进口的部件价格将在整个生产环节中加以确认。为灵活管理汽车整件和部件产品，NAFTA规定允许使用地区成分作为平均值。

"最低限度"的条款旨在避免商品仅因含有极少量的"非本地区"的材料而失去享受优惠待遇的可能。根据这一条款，某一商品在其他方面不符合特定的原产地规则，但其外来材料的价值低于该商品总成本或价格的7%时，也将被视为地区产商品。

2. 海关管理

为了确保只给符合原产地规则的商品以优惠关税待遇，以及保证使三国的进口商、出口商和生产者树立信心和简化管理，NAFTA有关海关的条款规定：

1）统一的条例，保证其执行、管理和解释与原产地规则相一致。

2）统一的产地证书，以及要求优惠关税待遇的进口商和出口商必须履行的手续和证明的条件。

3）这些商品入账的共同条件。

4）进口商和海关当局关于核实商品产地的规则。

5）商品输出国海关当局事先签发商品产地的决定。

6）进口国给予在其领土的进口商和NAFTA其他国家的出品商和生产者同样的权利，以申请核查和反驳对产地的确定和预先决定。

7）三国工作组负责进一步修改原产地规则和统一条例。

8）迅速解决三国关于原产地规则分歧的特定期限。

NAFTA遵循关贸总协定的国民待遇的基本原则。从NAFTA成员国进口到另一成员国的商品不得遭受歧视。这一保证同样适用于有关省和州的条款规定。

3. 市场准入

市场准入条款确定了与税率和其他税费，以及与数量限制有关的规则，其中包括配额、许可证和准单以商品交易需遵循的进出口价格条件的规则。同样，这些条款将使在北美地区生产和交易的商品更方便和更可靠地进入市场。

4. 取消关税

NAFTA 规定，对根据原产地规则被视为北美的商品逐步取消所有的关税。大多数商品的现行关税将立即或在 5 年或 10 年内逐步取消。对某些敏感产品现行的税率将最多在 15 年的时期内按每年减少相同的百分比逐步取消。取消关税均以 1991 年 7 月 1 日执行的税率为基点，包括加拿大的普遍优惠税率和美国的普遍优惠制税率。三国有可能以比预计更快的速度进行协商，并就取消关税达成一致意见。

5. 对进口和出口的限制

三国将取消数量上的禁止和限制，如在边境实行的进口许可或配额。但是，每个成员国保留在边境实行有限限制的权利，以保障人和动植物的生命或健康，或保护环境。另外，对农牧业、汽车、能源和纺织业产品还实行特殊规则。

NAFTA 对随后出口到协定另一成员国的商品的生产中使用的材料规定了退税。

6. 免税方案的规则

对墨西哥和美国以及墨西哥和加拿大间的贸易来说，施行的退税方案从 2001 年 1 月 1 日取消。NAFTA 把美加自由贸易协定中规定的取消退税方案的期限延长 2 年。在这些方案取消后，各国采取措施，以避免对那些在自由贸易范畴内仍需课税的商品在两个国家"双重征税"。

按照这些程序，一个国家按退税方案可免除或退还的海关税额，不得超过下列税款中的最低数：

1) 为从北美以外地区进口的，并在将出口到 NAFTA 另一成员国的某商品的生产中所使用的材料所付的或所欠的税额。

2) 因进口该类商品而付给那个国家的税款。

7. 海关手续费

三国已同意不再设置新的诸如美国的"商品加工费"和墨西哥的"海关手续费"此类的收费。墨西哥最迟在 1999 年 6 月 30 日取消对北美生产的商品所收的这类费用；同样，美国也在这一日期前取消对墨西哥生产的商品所收的此类费用。至于加拿大生产的商品，根据美加自由贸易协定的规定，这类费用于 1994 年 1 月 1 日取消。

8. 免税

NAFTA 禁止根据执行的条件通过新的免税或退税方案。墨西哥执行的方案最迟于 2001 年 1 月 1 日前取消。根据美加自由贸易协定的规定，加拿大的退税方案于 1998 年 1 月 1 日取消。

9. 出口税

NAFTA 禁止设立出口税，除非这种税同样也对用于国内消费的商品征收。但作为例外，允许墨西哥征出口税，以对付粮食和基本消费品的严重短缺。

10. 其他与出口有关的措施

当 NAFTA 的一成员国对某产品的进口实施限制时：

1）不应减少该产品总供应的比例，使由自由贸易协定其他成员国供应的比例低于前3年或一致同意的其他时期的实际水平以下。

2）在对NAFTA另一个成员国的出口中，不应规定一个高于国内的价格，或不应对供应的正常渠道设置障碍。

根据为墨西哥制定的一项保留规定，这些义务在墨西哥和NAFTA其他成员国间不执行。

7.1.3　欧盟

欧洲联盟（EU），总部设在比利时首都布鲁塞尔，是由欧洲共同体发展而来的，初始成员国有6个，分别是法国、联邦德国、意大利、比利时、荷兰及卢森堡。主要经历了三个阶段：荷卢比三国经济联盟、欧洲共同体、欧洲联盟。欧盟其实是一个集政治实体和经济实体于一身、在世界上具有举足轻重的巨大影响力的区域一体化组织。1991年12月，欧洲共同体马斯特里赫特首脑会议通过《欧洲联盟条约》，通称《马斯特里赫特条约》（简称《马约》）。1993年11月1日，《马约》正式生效，欧盟正式诞生。2012年，欧盟获得诺贝尔和平奖。

欧盟的宗旨是"通过建立无内部边界的空间，加强经济、社会的协调发展和建立最终实行统一货币的经济货币联盟，促进成员国经济和社会的均衡发展"，"通过实行共同外交和安全政策，在国际舞台上弘扬联盟的个性"。

欧盟实行一系列共同政策和措施。

（1）实现关税同盟和共同外贸政策。

1967年起欧共体对外实行统一的关税率，1968年7月1日起成员国之间取消商品的关税和限额，建立关税同盟（西班牙、葡萄牙1986年加入后，与其他成员国间的关税需经过10年的过渡期后才能完全取消）。1973年，欧共体实现了统一的外贸政策。《马约》生效后，为进一步确立欧洲联盟单一市场的共同贸易制度，欧盟各国外长于1994年2月8日一致同意取消此前由各国实行的6400多种进口配额，而代之以一些旨在保护低科技产业的措施。

（2）实行共同的农业政策。

1962年7月1日欧共体开始实行共同农业政策。1968年8月开始实行农产品统一价格，1969年取消农产品内部关税，1971年起对农产品贸易实施货币补贴制度。

（3）建立政治合作制度。

1970年10月建立政治合作制度。1986年签署，1987年生效的《欧洲单一文件》，把在外交领域进行政治合作正式列入欧共体条约。为此，部长理事会设立了政治合作秘书处，定期召开成员国外交部长参加的政治合作会议，讨论并决定欧共体对各种国际事务的立场。《马约》生效后，政治合作制度被纳入欧洲政治联盟活动范围。

(4) 基本建成内部统一大市场。

1985年6月欧共体首脑会议批准了建设内部统一大市场的白皮书，1986年2月各成员国正式签署为建成大市场而对《罗马条约》进行修改的《欧洲单一文件》。统一大市场的目标是逐步取消各种非关税壁垒，包括有形障碍（海关关卡、过境手续、卫生检疫标准等）、技术障碍（法规、技术标准）和财政障碍（税别、税率差别），于1993年1月1日起实现商品、人员、资本和劳务自由流通。为此，欧共体委员会于1990年4月前提出了实现上述目标的282项指令。1993年1月1日，欧盟宣布其统一大市场基本建成，并正式投入运行。

(5) 建立政治联盟。

1990年4月，法国总统和联邦德国总理联合倡议于当年年底召开关于政治联盟问题的政府间会议。同年10月，欧共体罗马特别首脑会议进一步明确了政治联盟的基本方向。同年12月，欧共体有关建立政治联盟问题的政府间会议开始举行。经过1年的谈判，12国在1991年12月召开的马斯特里赫特首脑会议上通过了政治联盟条约。其主要内容是12国将实行共同的外交和安全政策，并将最终实行共同的防务政策。此外还实行了共同的渔业政策、建立欧洲货币体系、建设经济货币联盟等措施。

7.2 世界银行

1944年在美国召开的布雷顿森林会议，为世界银行和国际货币基金组织的成立打下了基础。世界银行由5个相关的机构组成：国际复兴开发银行（IBRD）、国际开发协会（IDA）、国际金融公司（IFC）、多边投资担保机构（MIGA）和解决投资争端国际中心（ICSID）。世界银行集团成立于1944年，1946年6月开始营业。凡是参加世界银行的国家必须首先是国际货币基金组织的会员。世界银行总部设在美国首都华盛顿，有员工10000多人，分布在全世界130多个办事处。狭义的"世界银行"仅指国际复兴开发银行和国际开发协会。按惯例，世界银行集团最高领导人由美国人担任，为期5年。

一开始世界银行的目的是帮助欧洲国家和日本在第二次世界大战后进行重建，此外它应该辅助非洲、亚洲和拉丁美洲国家的经济发展。初期世界银行的贷款主要集中于大规模的基础建设如高速公路、飞机场和发电厂等。日本和西欧国家"毕业"（达到一定的人均收入水平）后世界银行完全集中于发展中国家的建设。

2010年4月25日，世界银行发展委员会春季会议通过了发达国家向发展中国家转移投票权的改革方案，这次改革使中国在世界银行的投票权从2.77%提高到4.42%，成为世界银行第三大股东国，仅次于美国和日本；韩国则从1%提高至1.6%。

7.2.1　宗旨原则

按照《国际复兴开发银行协定条款》的规定，世界银行的宗旨是：

1）通过对生产事业的投资，协助成员经济的复兴与建设，鼓励不发达国家对资源的开发。

2）通过担保或参加私人贷款及其他私人投资的方式，促进私人对外投资。当成员不能在合理条件下获得私人资本时，可运用该行自有资本或筹集的资金来补充私人投资的不足。

3）鼓励国际投资，协助成员提高生产能力，促进成员国际贸易的平衡发展和国际收支状况的改善。

4）在提供贷款保证时，应与其他方面的国际贷款配合。

世界银行在成立之初，主要是资助西欧国家恢复被战争破坏了的经济。但在1948年后，欧洲各国开始主要依赖美国的"马歇尔计划"来恢复战后的经济，于是世界银行主要转向向发展中国家提供中长期贷款与投资，促进发展中国家经济和社会发展。

世界银行在努力缩小这种差距，把富国的资源转化成促进穷国的经济增长。作为世界上提供发展援助最多的机构之一，世界银行支持发展中国家建造学校和医院、供水供电、防病治病和保护环境的各项努力。

7.2.2　股份原则

世界银行按股份公司的原则建立。

成立初期，世界银行法定资本为100亿美元，全部资本为10万股，每股10万美元。凡是会员均要认购银行的股份，认购额由申请国与世界银行协商并经世界银行董事会批准。一般来说，会员认购股份的多少根据会员的经济实力，同时参照该会员在国际货币基金组织缴纳的份额大小而定。会员认购股份的缴纳有以下两种方法：

1）会员认购的股份，先缴20%。其中2%要用黄金或美元缴纳，18%用会员本国的货币缴纳。

2）其余80%的股份，当世界银行催缴时，用黄金、美元或世界银行需要的货币缴付。

世界银行和国际货币基金组织采用加权投票制。《国际复兴开发银行协议条款》规定，世界银行成员资格面向国际货币基金组织的所有成员开放。申请加入国际货币基金组织的国家（或地区）须提供其经济数据以供国际货币基金组织与其他经济规模类似的成员的数据进行比较，然后获得一个相当于向国际货币基金组织认缴额度的配额，该配额决定该会员在国际货币基金组织的投票权重。

每个世界银行新成员获得 250 票，加上在世界银行股本中所持股份每股为 1 票。国际货币基金组织给予的配额用于确定配给每个世界银行新成员的股份数量。

世界银行的重要事项都需会员投票决定，投票权的大小与会员认购的股本成正比，与国际货币基金的有关投票权的规定相同。世界银行每个会员拥有 250 票基本投票权，每认购 10 万美元的股本即增加 1 票。美国认购的股份最多，有投票权 226178 票，占总投票数的 17.37%，对世界银行事务与重要贷款项目的决定起着重要作用。

世界银行第二阶段投票权改革完成，IBRD 执行董事会由 25 名执董组成，其中 6 名由掌握股份最多的国家——美国、日本、中国、德国、法国、英国直接派任，不参加选举。其余 20 名执董由其他成员的理事按地区组成 20 个选区，每两年选举一次，其中沙特阿拉伯、俄罗斯为单独选区。世界银行集团各机构的投票权重分布各不相同。

7.2.3 资金来源

世界银行资金的主要来源如下：
1）各成员缴纳的股金。
2）向国际金融市场借款。
3）发行债券和收取贷款利息。

世界银行向政府或公共企业贷款，不过货款方必须保证贷款能够偿还。贷款的基金主要来自发行世界银行债券。这些债券的信用被列为 AAA 级（最高），因为成员的分享资本支持它们，而且借款人有一个主权的保证。由于世界银行的信用非常高，它可以以非常低的利率贷款。由于大多数发展中国家的信用比这个贷款的信用低得多，即使世界银行向受贷人收取约 1% 的管理费，世界银行的贷款对这些国家来说仍是非常有吸引力的。

除此之外，世界银行集团的国际开发协会向最穷的国家（一般人均年收入少于 500 美元）提供"软"的贷款，贷款期约 30 年，不收利息。国际开发协会的基金直接来自成员的贡献。

7.2.4 主要目标

世界银行向发展中国家提供长期贷款和技术协助来帮助这些国家实施它们的脱贫政策。世界银行的贷款被用在非常广泛的领域中，从对医疗和教育系统的改革到诸如堤坝、公路和国家公园等环境和基础设施的建设等。除财政帮助外，世界银行还在所有的经济发展方面提供顾问和技术协助。1996 年，詹姆斯·沃尔芬森担任总裁后，世界银行将其重点集中在反贪污运动上。有人认为这个做法违反了世界银行协议第 10 节第 10 款中规定的"非政治性"。不过世界银行在社会经济学的名义下曾多次涉及国家改革乃至选举活动。

世界银行开始放弃它一直追求的经济发展而更加集中于减轻贫穷。它也开始更重视支持小型地区性的企业，它意识到干净的水、教育和可持续发展对经济发展是非常关键的，并开始在这些项目中投以巨资。作为对一些批评的反应，世界银行采纳了许多环境和社会保护政策来保证其项目在受贷国内不造成对当地人或人群的损害。虽然如此，一些非政府组织依然经常谴责世界银行集团的项目带来环境和社会的破坏以及未达到它们原来的目的。

支持私营部门发展是世界银行的一个战略，其目的是推动发展中国家的私营化。世界银行的所有其他战略都必须与这个战略相协调。

世界银行为全世界设定了到2030年要实现的两大目标：

1）终结极度贫困，将日均生活费低于1.25美元的人口比例降低到3%以下。

2）促进共享繁荣，促进每个国家底层40%人口的收入增长。

7.2.5 理事会

世界银行理事会由每个成员任命的一名理事和副理事组成。该职位通常由该成员的财政部长、中央银行行长或级别相当的一名高级官员担任。理事和副理事任期五年，可以连任。

如果一个国家同时是世界银行、IFC或IDA成员，其任命的理事和副理事同时也担任IFC和IDA理事会的理事和副理事。除非另行说明，否则他们也在ICSID行政理事会中担任本国的代表。MIGA的理事和副理事单独任命。

1. 理事会职责

依据《国际复兴开发银行协议条款》（以下简称《协议条款》），世界银行的所有权力由其最高决策机构理事会掌管。但理事会将《协议条款》中所提及权力除外的所有权力下放给了执行董事。具体权力包括：

1）接受成员和中止成员资格。

2）增加或减少核定股本。

3）决定世界银行净收入的分配。

4）决定执行董事根据《协议条款》中的诠释提出的申诉。

5）做出同其他国际组织合作的正式和全面安排。

6）终止世界银行业务。

7）增加当选执行董事人数。

8）审批《协议条款》修正案。

2. 执行董事会

执行董事会成员包括世界银行行长和25名执行董事。行长主持执董会会议，通常无表决权,但在赞成票和反对票持平的情况下有决定性的一票。未经执董会明确授权,执行董事不能单独行使任何权力,也不能单独做出承诺或代表世界银行。

如遇执行董事缺席,副执行董事可全权代表执行董事行使职权。此外,高级顾问和顾问协助执行董事开展工作,他们可以顾问身份和副执行董事一起出席大部分执董会会议,但无表决权。

按照《国际复兴开发银行协议条款》第 5 条第 4(b)款的规定,首任执董会由 12 名执行董事构成。要增加当选执行董事人数,需经理事会投票决定,赞成票需达到总票数的 80%。

3. 世界银行秘书处

世界银行秘书处负责成员完成国际复兴开发银行、国际开发协会、国际金融公司和多边投资担保机构定期增资程序的协调。

世界银行秘书处就成员按照理事会批准的决议认购额外股份的程序提出指导意见,包括所需文件和认购股份的付款程序。

7.3 国际货币基金组织

国际货币基金组织(International Monetary Fund,IMF)是根据 1944 年 7 月在布雷顿森林会议签订的《国际货币基金协定》,于 1945 年 12 月 27 日在华盛顿成立的。IMF 与世界银行并列为世界两大金融机构。其职责是监察货币汇率和各国贸易情况,提供技术和资金协助,确保全球金融制度运作正常。总部设在华盛顿。"特别提款权"就是该组织于 1969 年创设的。

IMF 的最高权力机构为理事会,由各成员派正、副理事各一名组成,一般由各成员的财政部长或中央银行行长担任。每年 9 月举行一次会议,各成员理事单独行使各自的投票权(各成员投票权的大小由其所缴基金份额的多少决定);执行董事会负责日常工作,行使理事会委托的一切权力,由 24 名执行董事组成。

该组织临时委员会被看作国际货币基金组织的决策和指导机构。该委员会在政策合作与协调,特别是在制定中期战略方面充分发挥作用。委员会由 24 名执行董事组成。国际货币基金组织每年与世界银行共同举行年会。

7.3.1 组织宗旨

国际货币基金组织的宗旨是通过一个常设机构来促进国际货币合作,为国际货币问题的磋商和协作提供方法;通过国际贸易的扩大和平衡发展,把促进和保持成员的就业、生产资源的发展、实际收入的高低水平作为经济政策的首要目标;稳定国际汇率，在成员之间保持有秩序的汇价安排，避免竞争性的汇价贬值；协助成员建立经常性交易的多边支付制度，消除妨碍世界贸易的外汇管制；在有适当保证的条件下，基金组织向成员临时提供普通资金，使其有信心利用此机会纠正国际收支的失调，而不采取危害本国（本地区）或国际繁荣的措施；按照以上目的，缩短成员国际收支不平衡的时间，减轻不平衡的程度等。

1. 主要职能

1）制定成员间的汇率政策和经常项目的支付以及货币兑换性方面的规则，并进行监督。

2）对发生国际收支困难的成员在必要时提供紧急资金融通，避免其他国家（或地区）受其影响。

3）为成员提供有关国际货币合作与协商等会议场所。

4）促进国际的金融与货币领域的合作。

5）促进国际经济一体化的步伐。

6）维护国际的汇率秩序。

7）协助成员之间建立经常性多边支付体系等。

2. 援助使命

国际货币基金组织的使命是为陷入严重经济困境的国家提供协助。对于严重财政赤字的国家，基金组织可能提出资金援助，甚至协助管理国家财政。受援助国需要进行改革。

7.3.2 会员资格

国际货币基金组织是由 190 个成员参与的组织。加入 IMF 的申请，首先由 IMF 董事局审议。之后，董事局向管治委员会提交"会员资格决议"的报告，报告中会建议该申请人可以在基金中分到多少配额以及条款。管治委员会接纳申请后，该申请人需要修改法律，确认签署的入会文件，并承诺遵守基金的规则。而且会员的货币不能与黄金挂钩（不能兑换该成员的储备黄金）。

成员的"配额"决定了该成员的应付会费、投票力量、接受资金援助的份额，以及特别提款权的数量。

1980 年 4 月 17 日，IMF 正式恢复中国的代表权。中国当时在该组织中的份额为 80.901 亿特别提款权，占总份额的 4%。

2010 年 11 月 6 日，IMF 执行董事会通过改革方案，中国份额占比计划从 4% 升至 6.39%。中国自 1980 年恢复在 IMF 的席位后单独组成一个选区并指派一名执行董事。1991 年，IMF 在北京设立常驻代表处。

7.3.3 议事规则

IMF 的议事规则很有特点，执行加权投票表决制。投票权由两部分组成，每个成员都有 250 票基本投票权，以及根据各成员所缴份额所得到的加权投票权。由于基本票数各成员一样，因此在实际决策中起决定作用的是加权投票权。加权投票权与各成员所缴份额成正比，而份额又是根据该成员的国民收入总值、经济发展程度、国际贸易幅度等多种因素确定的。

IMF 的投票权主要掌握在美国、欧盟手中。

美国是 IMF 的最大股东，IMF 这种以经济实力划分成员发言权和表决权的做法与传统国际法的基本原则显然是背离的，引起了不少国家尤其是发展中国家的不满。

特别提款权是 IMF 创设的一种储备资产和记账单位，是 IMF 分配给会员的一种使用资金的权利。会员在发生国际收支逆差时，可用它向 IMF 指定的其他会员换取外汇，以偿付国际收支逆差或偿还 IMF 的贷款，还可与黄金、自由兑换货币一样充当国际储备。但由于其只是一种记账单位，不是真正货币，使用时必须先换成其他货币，不能直接用于贸易或非贸易的支付。

7.3.4 运营资金

IMF 的资金来源于各成员认缴的份额。成员享有提款权，即按所缴份额的一定比例借用外汇。1969 年又创设"特别提款权"的货币（记账）单位，作为国际流通手段的一个补充，以缓解某些成员的国际收入逆差。成员有义务提供经济资料，并在外汇政策和管理方面接受 IMF 的监督。

成员在国际收支困难时，可以向 IMF 申请贷给外汇资金。但其用途限于短期性经济收支的不均衡，各成员可利用 IMF 的资金，其最高限额为该成员摊额的 2 倍，而在此限额内 1 年仅能利用摊额的 25%。后 IMF 已慢慢放宽成员对于资金利用的限制，以配合实际的需要。

规定各成员汇率、资金移动和其他外汇管制措施：成员的国际收支，除非发生基本不均衡，否则不得任意调整其本国货币的平价。所谓基本不均衡，是指除了因季节性、投机性、经济循环等短期因素外的原因，所产生的国际收支不均衡。对于资金移动，IMF 则规定：各成员不得以 IMF 的资金，用于巨额或持续的资本流出的支付。对于此种资本流出，成员得加以管制，但不得因此而妨碍经济交易的对外支付。

IMF 对于外汇汇率采取平价制度，规定各成员均须设定本国货币的平价。经 IMF 公布的平价，非经 IMF 同意不得变更。但当成员的国际收支发生基本不均衡时，即可向 IMF 提出调整平价的要求。若整幅度在平价的 10% 以内，成员得自行调整后，由

IMF 予以追认。若超过 10% 以上，则须先经 IMF 同意才能调整。此种平价制度就是"可调整的盯住汇率"。虽然与金汇兑本位制颇接近，但 IMF 的平价是由 IMF 与成员决定的，而金汇兑本位制则由黄金含量比率所决定。

7.3.5 组织机构

执行董事会是 IMF 负责处理日常业务工作的常设机构，由 24 名执行董事组成，任期 2 年。执行董事包括指定与选派两种。执行董事会的职权主要有：接受理事会委托定期处理各种政策和行政事务，向理事会提交年度报告，并随时对成员经济方面的重大问题，特别是有关国际金融方面的问题进行全面研究。执行董事会每星期至少召开三次正式会议，履行基金协定指定的和理事会赋予它的职权。当执行董事会需要就有关问题进行投票表决时，执行董事按其所代表的国家或选区的投票权进行投票。

总裁是 IMF 的最高行政长官，其下设副总裁协助工作。总裁负责管理 IMF 的日常事务，由执行董事会推选，并兼任执行董事会主席，任期 5 年。总裁可以出席理事会和执行董事会，但平时没有投票权，只有在执行董事会表决双方票数相等时，才可以投决定性的一票。

7.4 世界贸易组织

1994 年 4 月 15 日，在摩洛哥的马拉喀什市举行的关贸总协定乌拉圭回合部长会议决定，成立更具全球性的世界贸易组织（WTO），以取代成立于 1947 年的关贸总协定。WTO 是当代最重要的国际经济组织之一，拥有 164 个成员，各成员贸易总额达到全球的 97%，有"经济联合国"之称。

7.4.1 历史沿革

1995 年 1 月 1 日，WTO 成立，"关贸总协定"与 WTO 并存 1 年。

1995 年 1 月 1 日 WTO 正式开始运作，负责管理世界经济和贸易秩序，总部设在瑞士日内瓦莱蒙湖畔。其基本原则是通过实施市场开放、非歧视和公平贸易等原则，来实现世界贸易自由化的目标。1996 年 1 月 1 日，它正式取代关贸总协定临时机构。WTO 是具有法人地位的国际组织，在调解成员争端方面具有较高的权威性。

自 2001 年 12 月 11 日开始，中国正式加入 WTO，标志着中国的产业对外开放进入了一个全新的阶段。

建立 WTO 的设想是在 1944 年 7 月举行的布雷顿森林会议上提出的，当时设想在成立世界银行和国际货币基金组织的同时，成立一个国际性贸易组织，从而使它们成为第二次世界大战后左右世界经济的"货币－金融－贸易"三位一体的机构。1947 年联合国贸易及就业会议签署的《哈瓦那宪章》同意成立 WTO，后来由于美国的反对，WTO 未能成立。同年，美国发起拟订了关贸总协定，作为推行贸易自由化的临时契约。1986 年，关贸总协定乌拉圭回合谈判启动后，欧共体和加拿大于 1990 年分别正式提出成立 WTO 的议案，1994 年 4 月在摩洛哥马拉喀什举行的关贸总协定部长级会议正式决定成立 WTO。

1947—1993 年，关贸总协定主持了八轮多边关税与贸易谈判，第八轮谈判于 1986 年至 1993 年 12 月 15 日在日内瓦举行，称为"乌拉圭回合"。其中第五轮称为"狄龙回合"，第六轮称为"肯尼迪回合"，第七轮称为"东京回合"。

2003 年 8 月 30 日，WTO 总理事会一致通过了关于实施专利药品强制许可制度的最后文件。根据这份文件的规定，发展中成员和最不发达成员因艾滋病、疟疾、肺结核及其他流行疾病而发生公共健康危机时，可在未经专利权人许可的情况下，在其内部通过实施专利强制许可制度，生产、使用和销售有关治疗导致公共健康危机疾病的专利药品。这不仅会大大降低相关专利药品的市场价格，而且将有利于更迅速和更有效地控制、缓解公共健康危机，确保生命健康基本权利得到尊重和保护。

7.4.2 组织宗旨

1）提高人民生活水平，保证充分就业和大幅度、稳步提高实际收入和有效需求。

2）扩大货物和服务的生产与贸易。

3）坚持走可持续发展之路，各成员应促进对世界资源的最优利用、保护和维护环境，并以符合不同经济发展水平下各成员需要的方式，加强采取各种相应的措施。

4）积极努力确保发展中国家，尤其是最不发达国家在国际贸易增长中获得与其经济发展水平相适应的份额和利益；建立一体化的多边贸易体制。

5）通过实质性削减关税等措施，建立一个完整的、更具活力的、持久的多边贸易体制。

6）以开放、平等、互惠的原则，逐步调降各成员关税与非关税贸易障碍，并消除各成员在国际贸易上的歧视待遇。

WTO 的目标是建立一个完整的，包括货物、服务、与贸易有关的投资及知识产权等内容的，更具活力、更持久的多边贸易体系，使之可以包括关贸总协定贸易自由化的成果和"乌拉圭回合"多边贸易谈判的所有成果。

7.4.3 组织机构

1. 部长级会议

部长级会议是 WTO 的最高决策权力机构，由所有成员主管外经贸的部长级、副部长级官员或其全权代表组成，一般两年举行一次会议，讨论和决定涉及 WTO 职能的所有重要问题，并采取行动。

第一次会议于 1996 年 12 月在新加坡举行。会议主要审议了 WTO 成立以来的工作及上一轮多边贸易谈判，即"乌拉圭回合"协议的执行情况，并决定成立贸易与投资、贸易与竞争、政府采购透明度三个工作组，同时将贸易便利化纳入货物理事会的职责范围。会议最后通过了《新加坡宣言》。

第二次会议于 1998 年 5 月在瑞士日内瓦举行。会议主要讨论了已达成的贸易协议的执行情况、既定日程和未来谈判日程等问题以及第三次部长级会议举行的时间和地点。会议的主要目的是为第三次部长级会议启动新一轮多边贸易谈判做准备。

第三次会议于 1999 年 11 月 30 日至 12 月 3 日在美国西雅图举行。由于非政府组织的示威游行和干扰所产生的压力以及成员在一系列重大问题上的意见分歧，会议未能启动拟议中的新一轮多边贸易谈判，最终以失败告终。

第四次会议于 2001 年 11 月在卡塔尔首都多哈举行。会议启动了被称为"多哈发展议程"即所谓"多哈回合"的新一轮多边贸易谈判。"多哈回合"涵盖大约 20 个议题。其中农业和非农产品市场准入被认为是最关键也是 WTO 成员分歧最集中的两个议题。这两个议题不解决，其他议题的谈判便无法取得进展。会议的另一个重要成果是批准中国加入 WTO。

第五次会议于 2003 年 9 月在墨西哥坎昆举行。会议对 WTO 新一轮谈判进行了中期评估，同意接纳柬埔寨和尼泊尔两国为 WTO 正式成员，发表了《部长会议声明》。由于各方对《部长宣言草案》存在巨大分歧，大会未取得实质性成果，这是 WTO 成立 8 年中无果而终的第二次部长级会议。

第六次会议于 2005 年 12 月 13 日至 18 日在中国香港举行。会议通过了《部长宣言》，规定发达成员和部分发展中成员 2008 年前向最不发达国家所有产品提供免关税、免配额的市场准入；发达成员 2006 年取消棉花的出口补贴，2013 年年底前取消所有形式农产品的出口补贴。

第七次会议于 2009 年 11 月 30 日至 12 月 2 日在瑞士日内瓦举行。会议的主题是"WTO，多边贸易体制和当今全球经济环境"，会议回顾了自 2005 年中国香港部长级会议以来，WTO 各项工作包括多哈回合谈判的进展情况，同时讨论 WTO 对世界经济复苏和增长的贡献。

第八次会议于 2011 年 12 月 15 日至 17 日在瑞士日内瓦举行。会议将讨论的重点放在发展问题上，以认真务实的态度，研究对最不发达国家经济体进行贸易援助等具体问题。

部长级会议的主要职能是：任命 WTO 总干事并制定有关规则；确定总干事的权力、职责、任职条件和任期以及秘书处工作人员的职责及任职条件；对 WTO 协定和多边贸易协定做出解释；豁免某成员对 WTO 协定和其他多边贸易协定所承担的义务；审议其成员对 WTO 协定或多边贸易协定提出修改的动议；决定是否接纳申请加入 WTO 的国家或地区为 WTO 成员；决定 WTO 协定及多边贸易协定生效的日期等。下设总理事会和秘书处，负责 WTO 日常会议和工作。WTO 成员资格有创始成员和新加入成员之分，创始成员必须是关贸总协定的缔约方，新成员必须由其决策机构——部长级会议以三分之二多数票通过方可加入。

2. 总理事会

在部长级会议休会期间，其职能由总理事会行使，总理事会也由全体成员组成。总理事会可视情况需要随时开会，自行拟订议事规则及议程。同时，总理事会还必须履行其解决贸易争端和审议各成员贸易政策的职责。

总理事会下设货物贸易理事会、服务贸易理事会、知识产权理事会。这些理事会可视情况自行拟订议事规则，经总理事会批准后执行。所有成员均可参加各理事会。

3. 专门委员会

各专门委员会部长会议下设立专门委员会，以处理特定的贸易及其他有关事宜。已设立贸易与发展委员会，国际收支限制委员会，预算、财务与行政委员会，贸易与环境委员会等 10 多个专门委员会。

4. 秘书处与总干事

由部长级会议任命的总干事领导的世界贸易组织秘书处（下称"秘书处"），设在瑞士日内瓦。秘书处工作人员由总干事指派，并按部长级会议通过的规则决定他们的职责和服务条件。部长级会议明确了总干事的权力、职责、服务条件及任期规则。WTO 总干事主要有以下职责：可以最大限度地向各成员施加影响，要求他们遵守 WTO 规则；总干事要考虑和预见 WTO 的最佳发展方针；帮助各成员解决他们之间所发生的争议；负责秘书处的工作，管理预算和所有成员有关的行政事务；主持协商和非正式谈判，避免争议。

7.4.4 基本职能

制定监督、管理和执行共同构成 WTO 的多边及诸边贸易协定；作为多边贸易谈判的讲坛；寻求解决贸易争端；监督各成员贸易政策，并与其他共同制定全球经济政策有关的国际机构进行合作。

具体说有五大职能：

1）管理职能。WTO 负责对各成员贸易政策和法规进行监督和管理，定期评审，以保证其合法性。

2）组织职能。为实现各项协定和协议的既定目标，WTO 有权组织实施其管辖的各项贸易协定和协议，并积极采取各种有效措施。

3）协调职能。WTO 协调其与国际货币基金组织和世界银行等国际组织和机构的关系，以保障全球经济决策的一致性和凝聚力。

4）调节职能。当成员之间发生争执和冲突时，WTO 负责解决。

5）提供职能。WTO 为其成员提供处理各项协定和协议有关事务的谈判场所，并向发展中国家提供必要的技术援助以帮助其发展。

7.4.5 基本原则

1. 互惠原则

互惠原则又称对等原则，是 WTO 最为重要的原则之一，是指两成员在国际贸易中相互给予对方贸易上的优惠待遇。它明确了成员在关税与贸易谈判中必须采取的基本立场和相互之间必须建立一种什么样的贸易关系。

WTO 的互惠原则主要有以下几种形式：

1）通过举行多边贸易谈判进行关税或非关税措施的削减，对等地向其他成员开放本国或本地区市场，以获得本国或本地区产品或服务进入其他成员市场的机会，即所谓"投之以桃、报之以李"。

2）当一国或地区申请加入 WTO 时，由于新成员可以享有所有老成员过去已达成的开放市场的优惠待遇，老成员会一致地要求新成员必须按照 WTO 现行协定、协议的规定缴纳"入门费"——开放申请方商品或服务市场。

3）互惠贸易是多边贸易谈判及一成员贸易自由化过程中与其他成员实现经贸合作的主要工具。关贸总协定及 WTO 的历史充分说明，多边贸易自由化给某一成员带来的利益要远大于一个国家或地区自身单方面实行贸易自由化的利益。因为一国或地区单方面自主决定进行关税、非关税的货物贸易自由化及服务市场开放时，所获得的利益主要取决于其他贸易伙伴对这种自由化改革的反应，如果反应是良好的，即对等地也给予减让，则获得的利益就大；反之，则获利较小。在 WTO 体制下，由于一成员的贸易自由化是在获得现有成员开放市场承诺范围内进行的，自然这种贸易自由化改革带来的实际利益由 WTO 机制作为保障，而不像单边或双边贸易自由化利益具有不确定性。因此，多边贸易自由化要优于单边贸易自由化，尤其对于中国这样的发展中的大国。

2. 透明度原则

透明度原则是指 WTO 成员应公布所制定和实施的贸易措施及其变化情况，没有公布的措施不得实施，同时还应将这些贸易措施及其变化情况通知 WTO。此外，成员所参加的有关影响国际贸易政策的国际协定，也应及时公布和通知 WTO。

透明度原则是 WTO 的重要原则，它体现在 WTO 的主要协定、协议中。根据该原则，WTO 成员需公布有效实施的、现行的贸易政策法规如下：

1）海关法规。即海关对产品的分类、估价方法的规则，海关对进出口货物征收的关税税率和其他费用。

2）进出口管理的有关法规和行政规章制度。

3）有关进出口商品征收的国内税、法规和规章。

4）进出口商品检验、检疫的有关法规和规章。

5）有关进出口货物及其支付方面的外汇管理和对外汇管理的一般法规和规章。

6）利用外资的立法及规章制度。

7）有关知识产权保护的法规和规章。

8）有关出口加工区、自由贸易区、边境贸易区、经济特区的法规和规章。

9）有关服务贸易的法规和规章。

10）有关仲裁的裁决规定。

11）成员方政府及其机构所签订的有关影响贸易政策的现行双边或多边协定、协议。

12）其他有关影响贸易行为的内部立法或行政规章。

透明度原则规定各成员应公正、合理、统一地实施上述的有关法规、条例、判决和决定。统一性要求在成员领土范围内管理贸易的有关法规不应有差别待遇，即中央政府统一颁布有关政策法规，地方政府颁布的有关上述事项的法规不应与中央政府有任何抵触。但是，中央政府授权的特别行政区、地方政府除外。公正性和合理性要求成员对法规的实施履行非歧视原则。

透明度原则还规定，鉴于对海关行政行为进行检查和纠正的必要，要求各成员应保留或尽快建立司法的或仲裁的或行政的机构和程序。这类法庭或程序独立于负责行政实施的机构之外。除进口商在所规定允许的上诉期内可向上级法庭或机构申诉外，其裁决一律由这些机构加以执行。

透明度原则对公平贸易和竞争的实现起到了十分重要的作用。

3. 市场准入原则

WTO 市场准入原则是指可见的和不断增长的，以要求各国开放市场为目的，有计划、有步骤、分阶段地实现最大限度的贸易自由化。市场准入原则的主要内容包括关税保护与减让，取消数量限制和透明度原则。WTO 倡导最终取消一切贸易壁垒，包括关税和非关税壁垒，虽然关税壁垒仍然是 WTO 所允许的合法的保护手段，但是关税的水平必须是不断下降的。

4. 促进公平竞争原则

WTO 不允许成员以不公正的贸易手段进行不公平竞争，特别禁止采取倾销和补贴的形式出口商品，对倾销和补贴都做了明确的规定，制定了具体而详细的实施办法，WTO 主张采取公正的贸易手段进行公平的竞争。

5. 经济发展原则

经济发展原则也称为鼓励经济发展与经济改革原则，该原则以帮助和促进发展中国家的经济迅速发展为目的，针对发展中国家和经济接轨国家而制定，是给予这些国家的特殊优惠待遇。如允许发展中国家在一定范围内实施进口数量限制或是提高关税的"政府对经济发展援助"条款，仅要求发达国家单方面承担义务而发展中国家无偿享有某些特定优惠的"贸易和发展条款"，以及确立了发达国家给予发展中国家和转型国家更长的过渡期待遇和普惠制待遇的合法性。

6. 非歧视性原则

非歧视性原则包括两个方面：一个是最惠国待遇，另一个是国民待遇。成员一般不能在贸易伙伴之间实行歧视；给予一个成员的优惠，也应同样给予其他成员。这就是最惠国待遇。这个原则非常重要，在管理货物贸易的《关税与贸易总协定》中位居第一条，在《服务贸易总协定》中是第二条，在《与贸易有关的知识产权协议》中是第四条。因此，最惠国待遇适用于 WTO 所有三个贸易领域。国民待遇是指对外国的货物、服务以及知识产权应与本地的同等对待。最惠国待遇的根本目的是保证本国以外的其他缔约方能够在本国的市场上与他国企业在平等的条件下进行公平竞争。非歧视性原则是 WTO 的基石，是避免贸易歧视和摩擦的重要手段，是实现各方平等贸易的重要保证。

（1）最惠国待遇原则。

一成员将在货物贸易、服务贸易和知识产权领域给予任何其他国家和地区的优惠待遇，立即和无条件地给予其他各成员。

要点：①自动性：立即和无条件；②同一性：受惠标的必须相同；③相互性：既是受惠方又是给惠方，承担义务同时享受权利；④普遍性：适用于全部进出口产品、服务贸易和所有种类的知识产权所有者和持有者。

例外：①以关税同盟和自由贸易区等形式出现的区域经济安排，在这些区域内部实行的比最惠国待遇更优惠的待遇，区域外 WTO 成员无权享受；②对发展中成员方实行的特殊和差别待遇，如普遍优惠制；③在边境贸易中对毗邻国家给予更多的贸易便利；④在知识产权领域允许成员就一般司法协助国际协定中享有的权利等方面保留例外。

（2）国民待遇原则。

对其他成员的产品、服务和服务提供者及知识产权所有者和持有者所提供的待遇，不低于本国或本地区同类产品、服务和服务提供者及知识产权所有者和持有者所享有的待遇。

要点：①适用的对象是产品、服务和服务提供者及知识产权所有者和持有者，但因这些领域具体受惠对象不同，国民待遇条款的适用范围、具体规则和重要性有所不同；②只涉及其他成员的产品、服务和服务提供者及知识产权所有者和持有者，在进口方成员境内所享有的待遇；③定义中不低于一词的含义是指，其他成员的产品、服务和服务提供者及知识产权所有者和持有者应与进口成员同类产品、相同服务和服务提供者及知识产权所有者和持有者享有同等待遇，若进口成员给予前者更高的待遇，并不违反国民待遇原则。

7.4.6 权利和义务

1．基本权利

1）能使产品和服务及知识产权在164个成员中享受无条件、多边、永久和稳定的最惠国待遇以及国民待遇。

2）对大多数发达国家出口的工业品及半制成品享受普惠制待遇。

3）享受发展中国家成员的大多数优惠或过渡期安排。

4）享受其他WTO成员开放或扩大货物、服务市场准入的利益。

5）利用WTO的争端解决机制，公平、客观、合理地解决与其他国家的经贸摩擦，营造良好的经贸发展环境。

6）参加多边贸易体制的活动获得国际经贸规则的决策权。

7）享受WTO成员利用各项规则、采取例外、保证措施等促进本国经贸发展的权利。

2．基本义务

1）在货物、服务、知识产权等方面，依WTO规定，给予其他成员最惠国待遇、国民待遇。

2）依WTO相关协议规定，扩大货物、服务的市场准入程度，即具体要求降低关税和规范非关税措施，逐步扩大服务贸易市场开放。

3）按《知识产权协定》规定进一步规范知识产权保护。

4）按争端解决机制与其他成员公正地解决贸易摩擦，不能搞单边报复。

5）增加贸易政策、法规的透明度。

6）规范货物贸易中对外资的投资措施。

7）按在世界出口中所占比例缴纳一定会费。

7.4.7 法律框架

WTO的法律框架，由《建立世界贸易组织的马拉喀什协议》及其四个附件组成。

附件 1 包括《货物贸易多边协定》《服务贸易总协定》和《与贸易有关的知识产权协定》，分别称为附件 1A、附件 1B 及附件 1C；附件 2 为《关于争端解决规则与程序的谅解》；附件 3 为《贸易政策审议机制》；附件 4 是诸边协议。

7.4.8 争端解决

随着国际社会经济贸易的不断发展，国际经贸领域的贸易战也日见频繁。在解决国际经济贸易纠纷方面，WTO 自成立以来就发挥着重要作用。

WTO 的争端解决机构是总理事会，该机构负责处理围绕"乌拉圭回合"最后文件所包括的任何协定或协议而产生的争端。根据 WTO 成员的承诺，在发生贸易争端时，当事各方不应采取单边行动对抗，而是通过争端解决机制寻求救济并遵守其规则及其所做出的裁决。

争端解决的程序如下：

1）磋商。根据《争端解决规则和程序谅解》规定，争端当事方应当首先采取磋商方式解决贸易纠纷。磋商要通知争端解决机构。磋商是秘密进行的，是给予争端各方能够自行解决问题的一个机会。

2）成立专家小组。如果有关成员在 10 天内对磋商置之不理或在 60 天后未获解决，受损害的一方可要求争端解决机构成立专家小组。专家小组一般由 3 人组成，依当事人的请求，对争端案件进行审查，听取双方陈述，调查分析事实，提出调查结果，帮助争端解决机构做出建议或裁决。专家组成立后一般应在 6 个月内向争端各方提交终期报告，在紧急情况下，终期报告的时间将缩短为 3 个月。

3）通过专家组报告。争端解决机构在接到专家组报告后 20~60 天内研究通过，除非当事方决定上诉，或经协商一致反对通过这一报告。

4）上诉机构审议。专家小组的终期报告公布后，争端各方均有上诉的机会。上诉由争端解决机构设立的常设上诉机构受理。上诉机构可以维持、修正、撤销专家小组的裁决结论，并向争端解决机构提交审议报告。

5）争端解决机构裁决。争端解决机构应在上诉机构的报告向 WTO 成员发送后的 30 天内通过该报告，一经采纳，则争端各方必须无条件接受。

6）执行和监督。争端解决机构监督裁决和建议的执行情况。当违背义务的一方未能履行建议并拒绝提供补偿时，受侵害的一方可以要求争端解决机构授权采取报复措施，中止协议项下的减让或其他义务。

参考文献

[1] 克鲁格曼. 国际经济学理论与政策[M]. 8版. 黄卫平,译. 北京:中国人民大学出版社,2011.

[2] 克鲁格曼. 萧条经济学的回归和2008年经济危机[M]. 刘波,译. 北京:中信出版社,2009.

[3] 加文. 黄金、美元与权力[M]. 严荣,译. 北京:社会科学出版社,2011.

[4] 龚一轮. 中美贸易摩擦的关税模拟分析[D]. 北京:北京外语大学,2019.

[5] 胡涵钧. 当代中美贸易[M]. 上海:复旦大学出版社,2002.

[6] 姜欣颜. 中美贸易战对我国对外贸易的影响研究[D]. 广州:华南理工大学,2019.

[7] 李晓,丁一兵. 亚洲的超越:构建东亚区域货币体系与"人民币亚洲化"[M]. 北京:当代中国出版社,2006.

[8] 芬斯特拉,等. 国际贸易[M]. 张友仁,等译. 北京:中国人民大学出版社,2011.

[9] 希勒. 非理性繁荣[M]. 廖理,译. 北京:中国人民大学出版社,2004.

[10] 斯密. 国富论(全新修订版)[M]. 胡长明,译. 重庆:重庆出版社,2015.

[11] 奥德尔. 美国国际货币政策[M]. 李丽军,等译. 北京:中国金融出版社,1991.

[12] BALSSA B. Comparative Advantage, Trade and Economic Development[M]. New York:New York University Press, 1989.

[13] BELLORA C, FONTAGNE L. Shooting Oneself in the Foot? Trade War and Global Value Chains[R]. CEPII WP, 2019.

[14] DIXON P B, RIMMER M T. Dynamic General Equilibrium Modeling for Forecasting and Policy:A Practical Guide and Documentation of MONASH[M]. Amsterdam:North-Holland, 2002.

[15] Porter M E. The Competitive Advantage of Nations[M]. New York:Free Press, 1990.

[16] 卜伟. 中国对外贸易商品结构对产业结构升级的影响研究[J]. 宏观经济研究,2019(8):55-70.

[17] 陈继勇,陈大波. 特朗普经贸保护政策对中美经贸关系的影响[J]. 经济学家,2017(10):96-104.

[18] 陈继,刘卫平. 美国经济政策转向对全球经济的影响[J]. 人民论坛学术前沿,2017(6):33-39.

[19] 程晨,臧新. 中美贸易的商品结构及类型性质的实证研究[J]. 经济纵横,2007(9):5-9.

[20] 程强,刘天天,李超. 贸易战为高端制造业发展背书[J]. 国际金融,2018(5):33-38.

[21] 邓仲良. 中美贸易结构看中美贸易摩擦[J]. 中国流通经济,2018(10):80-92.

[22] 杜莉,谢皓. 中美货物贸易互补性强弱及性质的动态变化研究 [J]. 世界经济研究, 2011 (4): 36-42.

[23] 冯耀祥. 中美产业内贸易结构分析 [J]. 当代财经, 2009 (6): 102-106.

[24] 鞠建东, 马弘, 魏自儒, 等. 中美贸易的反比较优势之谜 [J]. 经济学 (季刊), 2012 (3): 805-812.

[25] 林毅夫. 中国的新时代与中美贸易争端 [J]. 武汉大学学报 (哲学社会科学版), 2019 (3): 159-165.

[26] BOLLEN J, ROJAS-ROMAGOSA H. Trade Wars: Economic Impacts of US Tariff Increases and Retaliations, An International Perspective [J]. CPB Background Document, 2018.

[27] GUO M X, LU L, SHENG L G, et al. The Day after Tomorrow: Evaluating the Burden of Trump's Trade War [J]. Asian Economic Papers, 2018, 17 (1): 101-120.

[28] LI C D, HE C T, LIN C W. Economic Impacts of the Possible China - US Trade War [J]. Emerging Markets Finance and Trade, 2018, 54 (7): 1557-1577.

[29] IMBRUNO M. China and WTO Liberalization: Imports, Tariffs and Non-tariff Barriers [J]. China Economic Review, 2016 (38): 222-237.